JAKOBUS IN FRANKEN

Klaus-D. Kniffki (Hrsg.)

JAKOBUS IN FRANKEN

Unterwegs im Zeichen der Muschel

echter

Herausgeber:
KLAUS-D. KNIFFKI

Autoren:
HELMUT BAUER
WILLIGIS JÄGER
EMMANUEL JUNGCLAUSSEN
ELISABET PETERSEN
ROBERT PLÖTZ
WOLFGANG SCHNEIDER
ERIK SODER VON GÜLDENSTUBBE
JOSEF SUDBRACK
PAUL-LUDWIG WEINACHT
DIETMAR WILLOWEIT
MANFRED ZENTGRAF
und fränkische Pilger

Die Deutsche Bibliothek – CIP-Einheitsaufnahme

Jakobus in Franken : unterwegs im Zeichen der Muschel /
Klaus-D. Kniffki (Hrsg.). [Autoren: Helmut Bauer ...]. –
Würzburg : Echter, 1992
 ISBN 3-429-01497-2
NE: Kniffki, Klaus-Dietrich [Hrsg.]

© 1992 Echter Verlag Würzburg
Umschlag: Ernst Loew (Foto: Andreas Bestle)
Gesamtherstellung: Echter Würzburg
Fränkische Gesellschaftsdruckerei und Verlag GmbH
ISBN 3-429-01497-2

Inhalt

Vorwort 10

HELMUT BAUER
St. Jakobus – »Merkwürdigkeiten« meines Lebens 11

ERIK SODER VON GÜLDENSTUBBE
Der »wahre« Jakob 13
    Wer war dieser Jakobus? Antwort aus der Bibel 13

ROBERT PLÖTZ
Die Entdeckung des Grabes des Apostels Jakobus in Galicien 15
    Die schriftliche Überlieferung der Grabentdeckung 15
    Die Tradition der Evangelienverkündigung des Apostels Jakobus auf der Iberischen Halbinsel . . 17
    Die Translation des Apostelkörpers von Palästina nach Galicien 19
    Die Archäologie des Apostelgrabes 20

ERIK SODER VON GÜLDENSTUBBE
Santiago wird in Franken bekannt 21
    Erste Pilger, erste Patrozinien 21
    St. Jakobus im fränkischen Festkalender und in der Liturgie 28
    Pilgerwege von Franken nach Santiago 33

ERIK SODER VON GÜLDENSTUBBE
Die Auswirkungen der Santiago-Pilgerfahrt auf Franken 39
    Die Weiterentwicklung der Patrozinien 39
    An Pilgerwegen werden viele Eindrücke erfahren: Rückwirkungen sekundärer Pilgerziele
    auf Franken 40
    Bruderschaften, Pilgerherbergen und Spitäler 44

DIETMAR WILLOWEIT
Wallfahren als Strafe und Sühne 50

ELISABET PETERSEN
Jakobus- und Pilgerdarstellungen in Franken 55
    Zur Ikonographie des Apostels und Pilgerpatrons Jakobus des Älteren 55
    Darstellungen des heiligen Jakobus als Apostel 55
        Die frühe Bildtradition 55
        Die Apostel und das Apostolische Glaubensbekenntnis 56
        Die Apostel als Beisitzer beim Gericht 56
    Darstellungen des Jakobus in Gestalt des Pilgers 57
        Die Muschel 57
        Der Pilgerstab 59
        Der Pilgerhut 60
        Die Pilgertasche 60
        Die Pilgerflasche 60
        Das Pilgergewand 61

Jakobus als Maurentöter 62
Pilgerkrönung 62
Darstellungen aus dem Leben des Apostels Jakobus 62
Wunder und Legenden 63
Eine Auswahl von Jakobusdarstellungen in und aus Franken 64
Darstellungen von Pilgern 75

Erik Soder von Güldenstubbe
Santiago-Pilgerfahrt – Pilgerschaft in der Krise 83
Die Ambivalenz der Reformatoren 83
Ablehnung durch die Aufklärer 84

Paul-Ludwig Weinacht
Der Europarat und die Entscheidung für Santiago 86
Politische Patronage über Wallfahrtswege 86
Wie kam der Europarat auf den Camino? 86
Der Camino wird die Nummer 1 87
Der Geist des Europarates: Zivilreligion 87
Maßnahmen des Europarates: Beschilderung und Projekte 88
Jenseits der Kampagne 89

Manfred Zentgraf
Eine Wallfahrt wird neu 93
Fränkische Pilger 95
Fränkische Pilgerberichte 99
Unterwegs – Der Weg als Ziel *(Gottfried Amendt)* 100
Ich würde nach Santiago kommen. Das war nun gewiß *(Alfred Bayer)* ... 101
Spuren *(Hermann Becker)* 101
Angekommen in Santiago *(Oswald Tully)* 102
Unser tägliches Brot gib uns heute – vor Saint-Félix *(Peter Spielmann)* .. 102
Am Ziel *(Ulrich Boom)* 102
Gedanken am Cruz de Ferro *(Roland Breitenbach)* 103
Stundenlang das Gefühl, durchs Paradies zu fahren *(Marika Gräf)* 104
Dankbarkeit für diesen Menschen und sein Tun *(Bernhard Heller)* 104
Gemeinschaft auf dem Weg *(Franz Herold und Mitpilger)* 105
Buen viaje *(Ralf Hippelein)* 106
Übernachtung im Pilgerhospiz mit Lateinkonversation *(Dietrich Höllhuber)* .. 106
Süß ist der Schlaf des Arbeiters (Koh 5,11). Ruhe-Impressionen auf den Spuren einer alten Tradition *(Hans Huber)* 107
Um mich herum nur Weite, Einsamkeit und Stille *(Rosemarie Lang)* ... 108
Je länger ich unterwegs war, desto leichter und fröhlicher wurde der Weg *(Hans Münch)* .. 109
Je schwerer wir tragen, desto erlösender das Ablegen 109
Der Jakobsweg lebt *(Hedwig Röckelein)* 110
Wallfahrt – sich einander verwandeln lassen *(Michael Rosenberger)* ... 111
Conques – Müde – Mittagsruhe *(Peter Spielmann)* 111
Höhepunkt auf dem Wag nach Santiago *(Ernst Weckert)* 112
Auch die Heiligen waren beteiligt *(Paul-Ludwig Weinacht)* 112
Auf dem Weg nach Santiago *(Manfred Zentgraf)* 112

JOSEF SUDBRACK
Spiritualität unterwegs: Pilgern – gestern und morgen ... 114
    Aus dem Buch der Geschichte ... 114
    Gotteserfahrung im Vorübergang ... 115
    Wallfahrt als Realsymbol christlicher Existenz ... 117
    Eine moderne Phänomenologie ... 117
    Aktualität des Wallfahrens ... 120
    Die christologische Mitte ... 121

WILLIGIS JÄGER
Pilgern – Gehen als kontemplative Übung ... 121
    Wie sollen wir gehen? ... 122
    Gehen ist Gebet ... 122
    Alle Sinne öffnen sich ... 123

EMMANUEL JUNGCLAUSSEN
Pilgern – Das Herzensgebet als innerer Weg ... 124

Bildnachweis ... 127

Ortsregister ... 127

Den Gefährten auf dem Weg!

Friedensreich Hundertwasser. Der große Weg – The big Way – Le Grand Chemin. St. Mandé/Seine, 1955. Österreichische Galerie, Wien.

Vorwort

Die Idee dieses Buches ist unterwegs entstanden: unterwegs im Zeichen der Muschel, unterwegs auf dem Weg nach Santiago de Compostela.
Mein eigener Weg begann schon früher, doch 1988 ging ich dann wirklich. Mit 17 Pilgerschwestern und Pilgerbrüdern machte ich mich zu Fuß auf den Weg von Würzburg nach Santiago. Zwischenziele unserer jährlichen Etappen waren Maria Einsiedeln in der Schweiz, Lyon, Cahors, Pamplona und León. Im nächsten Jahr, 1993, im 13. Heiligen Jahr dieses Jahrhunderts, wird unsere Pilgergruppe, so hoffen wir, Santiago de Compostela, das Ziel unserer Sehnsucht, erreichen.
Warum gehen wir, warum gehen so viele zu Fuß in althergebrachter Weise nach Santiago? Warum begibt man sich auf den Jakobsweg, warum geht man auf dem Camino?

Frickenhausen. *Epitaph an der Pfarrkirche St. Gallus mit dem Stifter als Jakobspilger.*

In quantitativ-statistischen Erhebungen über die Motive der Pilger sind ihre Beweggründe gern formelhaft gefaßt in »religiös«, »geistig«, »spirituell« und so fort. Viele führen ein kultur- oder kunstgeschichtliches Interesse an, andere auch rein touristische oder sportliche Motive – oftmals läßt sich aber überhaupt kein eindeutiges Motiv formulieren.
Doch was sagen die schablonenhaften Umschreibungen schon wirklich aus über das, was die Pilgerinnen und Pilger unterwegs auf ihrem Weg erfahren? ... Das Unterwegssein auf dem Camino verändert, bewirkt eine Wandlung bei jedem einzelnen: Keiner kommt unverändert von der Pilgerfahrt zurück. Mit dem äußeren Weg vollzieht sich ein innerer Weg. Als suchender Mensch, der der Pilger ist, erfährt er eine Öffnung des Bewußtseins. Wie immer die Beweggründe und Erfahrungen der einzelnen Pilgerin, des einzelnen Pilgers beschrieben werden, eine innere Wandlung auf dem Weg wird auch eine Veränderung im äußeren Leben bewirken.
Den geschichtlich verdichteten Auswirkungen der Pilgerschaft zum legendären Grab des heiligen Jakobus in Santiago de Compostela im fränkischen Raum nachzuspüren, ist ein Hauptanliegen dieses Buches. Zeitgenössische Pilgerberichte lassen erkennen, wie lebendig diese große Wallfahrt in unserer Zeit gerade auch in Franken wieder geworden ist. Die Ausführungen im letzten Teil des Buches sollen über all diese Aspekte hinausweisen und Beiträge zur Spiritualität des Weges leisten, um weitere innere Erfahrung auf dem Weg zukünftiger Pilgerinnen und Pilger zu initiieren.
Herzlich danken möchte ich allen Autoren, die trotz ihrer vielen Verpflichtungen die einzelnen Beiträge erstellt haben. Mein besonderer Dank geht an Frau Petersen in ihrer Eigenschaft als Lektorin des Echter Verlags. Ohne sie wäre das Buch nicht verwirklicht worden. Ganz besonders aber danke ich meinen Mitpilgerinnen und Mitpilgern auf dem Weg von Würzburg nach Santiago de Compostela!

Der Herausgeber

St. Jakobus – »Merkwürdigkeiten« meines Lebens

»Jakobus, jubelnd schauen wir dich bei Jesu Thron. Auf deine Hilf wir bauen beim ew'gen Gottessohn. O heil'ger Schutzpatron, o heil'ger Schutzpatron, hilf uns für Jesus leben, gewinnen ihn als Lohn.«

Kräftig und mit religiöser Inbrunst sangen die Männer auf der Empore der alten St.-Jakobus-Kirche in Schimborn ihr Jakobuslied. Unten im Kirchenraum wetteiferten die Frauen im Singen mit, um ihrerseits den heiligen Kirchenpatron zu feiern und zu ehren. Ein kleiner Knirps hatte einen Ehrenplatz oben an der Emporenbrüstung. Er saß auf seines Vaters Schoß und konnte so gerade noch oder gerade schon über die Empore hinabschauen in das Gotteshaus, hinsehen zum Altar, wo der Priester die heilige Handlung vollzog. Dieser kleine »Stöps« war ich.

Etwas rechts von der Emporenmitte hatte mein Vater seinen Stammplatz. Es gab da eine ungeschriebene Platzordnung für die regelmäßigen Gottesdienstbesucher. Die unregelmäßigen standen entweder auf der Emporentreppe, zum Leidwesen des Pfarrers, oder gar draußen auf dem »Vorhof der Heiden« – zu noch größerem Verdruß des Seelsorgers. Dort hätte sich mein Vater nie hingestellt. So hatte ich Sonntag für Sonntag, Feiertag für Feiertag als kleiner Bub einen herrlichen Logenplatz in der St.-Jakobus-Kirche.

Zwischendurch ließ mich mein Vater auch mal zum Orgelbock hinkrabbeln. Dort konnte ich zwar nur das Pedal beobachten, aber die flinken Füße des Organisten auf den Pedaltasten haben mich immer sehr fasziniert. Von meinem Logenplatz aus betrachtete ich auch gern die Mütter und Frauen im Kirchenschiff. Die Oma und meine Mutter hatte ich immer bald erspäht. Meinen größeren Bruder wußte ich bei den Ministranten.

Der Festgottesdienst am St.-Jakobus-Tag wurde stets eröffnet mit dem schwungvollen und fast triumphal klingenden Jakobuslied. Die Melodie war einem schönen Marienlied entnommen, aber der Text war anscheinend von einem früheren Seelsorger verfaßt worden. Das mit einer frischen Quart beginnende Lied hat mich als Kind auf den Knien des Vaters oben auf der Empore sehr ge-

packt. Die Melodie hat Kraft, strahlt Freude und Innigkeit aus und ist bei vollem Gesang ein mitreißender Jubelchor auf den Patron unserer Schimborner Kirche.

Stolz war ich dann später, als mir immer deutlicher wurde: Unser Kirchenpatron ist nicht irgendein Heiliger. Er gehört zu den drei wichtigsten Aposteln und war einer der bevorzugten Freunde Jesu. Dann fiel mir eines Tages auf, daß er sogar der erste Blutzeuge und Märtyrer unter den Aposteln war. Die Entdeckung, daß er und sein Bruder Johannes den Beinamen »Donnersöhne« trugen, gab meinem verehrten Kirchenpatron deutlichere Charakterzüge. Schließlich ließ unser damaliger Heimatpfarrer den heiligen Jakobus auch bildlich darstellen. Der Maler Bergmann-Franken zeigte St. Jakobus in schon moderner Art als Pilger mit Pil-

Schimborn. *Fresko von Alois Bergmann-Franken.*

gerhut und Pilgerstab. Diesen mächtig ausschreitenden Pilger hatte ich dann stets vor Augen, wenn ich zum Gottesdienst oder zum Rosenkranzgebet die Kirche besuchte.

So wird man verstehen, daß ich St. Jakobus von Kindheit an geliebt, verehrt und im wahrsten Sinne als »Vorbild« gesehen habe, Jakobus, diesen handfesten Mann in der allernächsten Nähe Jesu.

Im Laufe meines Theologiestudiums wurden mir seine Grabstätte und die bedeutendste Wallfahrtskirche des Mittelalters in Nordwestspanien, in Santiago de Compostela, nahegebracht. Die Kirchen- und Frömmigkeitsgeschichte ließ vor meinem Auge die Pilgerströme des Mittelalters quer durch Europa zu diesem äußersten Grabplatz eines Apostels in Europa ziehen, hin fast bis zu den Säulen des Herkules. Die Dorfgeschichte meines Heimatortes Schimborn gab Hinweise auf ein mittelalterliches Beginen-Kloster. Ob nicht auch Schimborn an einem, wenn auch unbedeutenden Pilgerweg nach Santiago de Compostela lag? Später einmal – in Le Puy – habe ich voll Ehrfurcht diesen großen Ausgangspunkt einer mittelalterlichen Pilgerstraße nach Santiago betrachtet. Die in außergewöhnlicher Landschaft gelegene Kathedrale ist nicht mehr nur Vermutung einer Pilgerstraße, sondern historischer Boden dieser Pilgerschaft und zugleich ein Ausgangspunkt der lebendig gebliebenen Pilgerschaft zum heiligen Jakobus in unseren Tagen.

Doch mit diesen Kindheitserinnerungen sind meine »merkwürdigen« Beziehungspunkte zum heiligen Jakobus wahrlich nicht erschöpfend beschrieben. Im Gegenteil, das Leben, meine Lebensgeschichte, barg in sich eigenartige Überraschungen »höherer« Art. Ich möchte sie »Berührungspunkte mit dem heiligen Jakobus« nennen.

Unser himmlischer Schutzherr und Freund Jakobus hat sich der Seele des Kindes mit einer kraftvollen und freudigen Melodie tief eingeprägt. Ich weiß nicht, wie sehr die Musik die Tiefenschicht des Herzens und der Seele beeinflussen kann, ohne daß man es merkt. Nie vergesse ich die zweite Strophe unseres Jakobusliedes, das an jedem Festtag des Heiligen gesungen, nein »geschmettert« wurde:

> »Als dich mit deinem Bruder des Heilands Stimme rief, verließest du das Ruder, die Netze und das Schiff. O heilger Schutzpatron, o heilger Schutzpatron. Hilf, daß wir Jesus folgen, gewinnen ihn als Lohn.«

In der Berufsentscheidung meines Lebens habe ich natürlich nicht an dieses Lied gedacht. Aber »das Herz hat seine Gründe, von denen der Verstand nichts weiß« (Pascal).

Nach meinem Eintritt in das Kilianeum Würzburg im August 1943 entfernte ich mich wohl etwas vom heiligen Jakobus. Sankt Kilian machte ihm Konkurrenz. Nach dem Krieg war ich Kilianist im Kilianeum Miltenberg. Später wirkte ich als Priester und Seelsorger an Stätten und Stellen, die dem heiligen Kilian besonders verbunden und zugetan waren: Ich war Präfekt im Kilianeum Würzburg, wurde Direktor der Kilianeen in Bad Königshofen und in Würzburg. Schließlich noch Dompfarrer. Also wieder einer Sankt-Kilians-Gemeinde zugeordnet. Ich liebe St. Kilian sehr. Aber ich kann mir nicht helfen: Irgendwie ließ sich der heilige Jakobus in meinem Leben nicht so einfach durch Sankt Kilian in die Ecke drücken. Er machte sich bemerkbar. Er meldete durch auffallende Tatbestände und terminliche Zufälle immer wieder sein Interesse und seine »Erstansprüche« in der Freundschaft zu mir an.

Als Kilianist von Miltenberg gingen wir öfters in die dortige Stadtpfarrkirche. Sie ist dem heiligen Jakobus geweiht. Dort durfte ich bei vielen Gottesdiensten und Maiandachten zusammen mit meinen Mitschülern singen – zur Freude und Erbauung der Miltenberger und sicher auch zur Freude des heiligen Jakobus. Und dann fügte sich das entscheidende Datum meines Lebens ganz eng an das Fest des heiligen Jakobus an: Zu meiner Zeit wurde die Priesterweihe Ende Juli gespendet. So kam es, daß ich meine Priesterweihe am Sonntag vor dem Jakobusfest, am 21. Juli 1957, erhielt und meine Primiz in der Sankt-Jakobus-Kirche zu Schimborn am Sonntag nach dem Fest des heiligen Jakobus, am 28. Juli 1957, feiern durfte. Und noch etwas ist oder war bemerkenswert: Die Tage zwischen Priesterweihe und Primiz verbrachte ich im Pfarrhaus von Miltenberg; denn mein Beichtvater und geistlicher Freund, mein Primizprediger und Wegbegleiter war inzwischen Pfarrer Josef Reinwand von Miltenberg geworden – von Sankt Jakobus in Miltenberg! Möge keiner sagen, die Heiligen seien nicht aufmerksam.

Es sollten sich weiter »Merkwürdigkeiten« anfügen. Am Sonntag nach St. Jakobus im Jahre 1968 geschah ein Unglück, das mich sehr tief erschüttert und meinen weiteren Lebenslauf einschneidend bestimmt hat. Ich feierte zu Hause mit meiner Heimatgemeinde den Festtag des heiligen Jakobus. Am Nachmittag dieses Tages – gegen 17 Uhr – wurde mein ehemaliger Chef, der Regens des Kilianeums Würzburg, Otto Wehner, am Biskayastrand in der Nähe von San Sebastian vom Blitz erschlagen. Er war mit einigen Kilianisten auf dem Weg nach Santiago de Compostela. Am nächsten Tag rief mich Bischof Josef Stangl an, teilte mir dieses tragische Geschehen mit und bat mich, sofort nach den Ferien als Direktor im Kilianeum Würzburg tätig zu werden. Über 15 Jahre lang sollte ich dann diese Aufgabe im Kilianeum Würzburg ausüben. Es war auch das ein merkwürdiges »Timing« meines Lebens.

Doch es sollte noch etwas passieren, was mich im nachhinein besonders tief berührt hat: Mein Vater war nach einigen Schlaganfällen längere Zeit kränklich und schließlich ein Pflegefall geworden. Zwar mußten wir jederzeit mit seinem Tod rechnen, aber das Krankheitsbild gab nach dem Verlauf der letzten Zeit zu keiner größeren Sorge Anlaß. Ich war sogar der Meinung: Unser Vater wird einmal im Oktober sterben. Der Rosenkranz war so zu seinem täglichen Gebet geworden, daß der Rosenkranzmonat sicher eine für ihn erfüllte Zeit seines Lebens werden würde.

Es kam anders. Am Festtag des heiligen Jakobus, am 25. Juli 1983, verschlechterte sich gegen Abend der Gesundheitszustand meines Vaters sehr rasch, und kurz vor Mitternacht starb er. Gott rief ihn am Patronatstag unserer Heimatkirche in seine ewige Freude.

Zufall oder Gottes Zeitplan? Es hätte keinen schöneren Sterbetag für meinen Vater geben können als diesen Feiertag unserer Pfarrei, für die er sich ein Leben lang eingesetzt hatte! Er tat das nicht mit großen Worten, sondern mehr im Gebet und mit schlichten Zeichen.

Auf dem Schoß meines Vaters habe ich zum ersten Mal den Namen Jakobus gehört, und zwar gesungen. Das hat sich tief in meine Seele, in mein Herz eingeprägt. Deshalb hat der Name St. Jakobus für mich heute noch einen herrlichen, einen herzlichen, einen herzenstiefen Klang. In mir klingt dieses Lied immer noch fort und stimmt mich froh. Ich bin nur noch gespannt, wie Sankt Jakobus weiterhin mit seinen eigenartigen »Merkwürdigkeiten« in meinem Leben aufwartet. Jedenfalls wird jeder Leser diese Zeilen gut verstehen, warum ich in mein Bischofswappen die Jakobusmuschel aufgenommen habe.

† Helmut Bauer

Weihbischof von Würzburg

Der »wahre« Jakob

Erik Soder von Güldenstubbe

Viele Menschen bringen die sprichwörtlich gewordene Frage nach dem »wahren« Jakob sicher nicht mehr in Bezug zur Wallfahrt nach Santiago de Compostela. Und doch ist es so. Die Frage stellt sich nämlich schon bei der Lektüre des Neuen Testamentes, wo in den Apostellisten gleich zwei Träger des Namens Jakobus auftauchen. Darüber hinaus aber werden mit Zuspitzung auf das legendenumwobene Grab in der Kathedrale zu Compostela nicht nur starke Zweifel an der Zuschreibung der dort liegenden Gebeine laut, sondern auch Toulouse, lateinisch Tolosa, erhebt Anspruch darauf, die echten Gebeine des »wahren Jakob« zu besitzen. Dieser Streit ist bis in die Polemik Martin Luthers gegangen, von der weiter unten noch kurz die Rede sein wird. Über die interessante, aber sehr verwickelte Geschichte, die von der Grabauffindung in Galicien zum weltweit bekannten Wallfahrtsort führte, wird im nächsten Kapitel Robert Plötz berichten.

Wer war dieser Jakobus? Antwort aus der Bibel

Der Eigenname Jakobus begegnet uns bereits im ersten Buch der Heiligen Schrift, das hebräisch

Santiago de Compostela. *Jakobus am Mittelpfeiler des Pórtico de la Gloria, dem romanischen Hauptportal der Kathedrale.*

Bereschit = »am Anfang«, im Griechischen aber Genesis heißt. Der biblische Name Jakob (hebräisch Jaakob) leitet sich aus dem Südarabischen ab und verkürzt etwas die ursprüngliche Forma Jaakob-el. Wie oft in den semitischen Sprachen, handelt es sich bei diesem Namen um einen kurzen Satz, der den Wunsch ausdrückt: »Möge Gott beschützen«.

Dieser Jakob war der Sohn Isaaks und Enkel Abrahams. Jakob, der in Bethel auch Israel genannt wurde, hatte zwölf Söhne, nach denen sich die Stämme des Volkes Israel benannten.

Die jüngere Exegese des Neuen Testaments arbeitete aus den verschiedenen Überlieferungssträngen drei Personen heraus, die den Namen Jakobus führen.

1. Zunächst kennt man den Bruder des Evangelisten Johannes, beide Söhne des Zebedäus (Mk 3,17; Mt 10,2; Lk 6,14) Sie waren unter den Jüngern die ersten, die berufen wurden (Mk 1,19 f.; Mt 4,21). Im griechischen Urtext tragen sie den Beinamen »Boanerges«, was mit »die Donnerer« oder »die Donnersöhne« übersetzt wird (Mk 3,17). Als diese Jesus um Ehrenstellen in seinem künftigen Reiche baten, verwies er es ihnen, deutete dagegen ihren Martertod an und gab dem Dienen den Vorrang vor dem Herrschen (Mk 10,35–45, vgl. Mt 20,20–28).

Die Zebedäussöhne waren dennoch dem Herrn besonders vertraut. Neben Petrus nahm er sie mit bei der Totenerweckung der Tochter des Synagogenvorstehers Jairus (Mk 5,37). Ihnen stellte sich Jesus auf dem Berg Tabor verklärt dar (Mk 9,2). Auch im Garten Getsemani am Ölberg, vor dem Verrat und der Gefangennahme, begleiteten diese Jünger den Herrn, als er in Todesangst fiel (Mk 14,33).

Legendär – und nach dem Bericht des Neuen Testaments auch wenig wahrscheinlich – ist sein Wirken in Spanien. König Herodes Agrippa I. ließ diesen Jakobus, den man in der Tradition auch den Älteren oder den Größeren nennt, an Ostern um das Jahr 43 n. Chr. hinrichten (Apg 12,2; vgl. Mk 10,38).

2. Diesem Jakobus wird in den Apostellisten des Neuen Testaments ein weiterer, später berufener Jakobus zur Seite gestellt, der Sohn des Alphäus (Mk 3,18; Mt 10,3; Lk 6,15; Apg 1,13). Weitere Einzelheiten werden von ihm nicht berichtet. Der Kirchenvater Hieronymus setzte ihn gleich mit einem weiteren Jakobus, der ein »Bruder« Jesu gewesen sein soll, und seither trägt dieser Apostel im Gegensatz zum Erstgenannten auch den Beinamen »der Jüngere« oder der »Kleinere« (»Maior« und »Minor«).

3. Der dritte Jakobus war der Sohn des Klopas und einer Maria. Seine Brüder Joses (oder Josef), Judas und Simon sollen »Geschwister« Jesu gewesen sein, gewiß aber waren sie enge Verwandte, wohl seine Vettern (Mt 13,55; Mk 6,3). Der Auferstandene erschien auch ihm (1 Kor 15,7).

In der Jerusalemer Gemeinde spielte er offensichtlich eine führende Rolle (Apg 12,17; 15,13–21;

21,18; Gal 1,19; 2,12), so daß man ihn in der Tradition oft als den ersten christlichen Bischof dieser Stadt ansieht. Auch wurde er von Paulus als »Säule« bezeichnet (Gal 2,9). Neben Jesus selbst wird er als einziger der Urchristen in einer alten, außerchristlichen Quelle genannt, und zwar bei Josephus Flavius in seinen »Jüdischen Altertümern« (93/94 n. Chr.).
Danach ließ ihn, eine Vakanz der römischen Statthalter ausnutzend, der saddzäische Hohepriester Hannas II. im Jahre 62 mit anderen Christen steinigen. Der Geschichtsschreiber Hegesipp überliefert weitere Einzelheiten dazu, die Euseb in seine Kirchengeschichte aufnahm und die das Bild von Jakobus in der Folgezeit maßgeblich prägten. Nach dem Sturz von der Tempelzinne und der darauffolgenden Steinigung soll der Verkünder Jesu Christi noch gelebt haben, bis ihn ein Tuchwalker mit einem Stück Holz erschlug. Daher wird dieser Heilige in der Ikonographie meist mit einer Walkerstange abgebildet. Hegesipp überliefert von diesem Jakobus auch den Beinamen »der Gerechte« und daß sein Andenken in hohen Ehren stand. Er gilt als der Verfasser des Jakobusbriefes, da sich dessen Autor ohne den Aposteltitel, nur mit dem Namen Jakobus bezeichnet.
Liturgie und Kunst gehen allerdings nur von zwei neutestamentlichen Jakobusgestalten, den beiden genannten Aposteln aus, wobei der Ältere besonders als der Patron der Pilger gilt, der andere aber zusammen mit dem Apostel Philippus gefeiert wird.
In Santiago de Compostela jedenfalls wird der Apostel Jakobus der Ältere verehrt.

Die Entdeckung des Grabes des Apostels Jakobus in Galicien

Robert Plötz

Die schriftliche Überlieferung der Grabentdeckung

»Zur Zeit des erhabensten Königs Adefonsus des Keuschen wurde durch die Engel einem Anachoreten namens Pelayus geoffenbart, daß ganz in der Nähe, wo er lebte, der Körper des Apostels Jakobus begraben lag. Alsdann sahen viele Gläubige der benachbarten Kirche des hl. Felix von Lobio Lichterscheinungen an dem angegebenen Ort. Sie berichteten darüber dem Bischof von Iria, Theodemirus, der nach dreitägigem Fasten das Grab des seligen Jakobus fand, das mit Marmorsteinen bedeckt war. Er teilt den glücklichen Vorgang dem König Adefonsus mit, und dieser König baute über dem Grab eine Kirche zu Ehren des Apostels.«
So berichtet die »Concordia« vom 17. August 1077, eine Art von Einigungsvertrag zwischen dem Bischof und dem Abt des benachbarten Klosters Antealtares, über die Entdeckung *(revelatio)* des Apostelgrabes am Rande des alten Europa.
Weder diese Worte noch andere, die sich auf die Translation des Apostelkörpers von Jerusalem nach Spanien beziehen und dem Bericht von der Grabentdeckung vorangehen, entsprechen in ihrer Form ähnlichen Dokumenten aus der gleichen Zeit, ja der Text selbst ist nur in einer Kopie von 1435 aus dem alten und aufgelösten Archiv des Benediktinerklosters San Martin Pinario erhalten, so daß die Authentizität des Dokuments angezweifelt werden darf.
Etwa zwanzig Jahre später begegnet uns die gleiche kurze Erzählung in der »Historia Compostellana«, einer propagandistisch ausgerichteten Geschichte der Apostelkirche von Compostela zur Zeit des Diego Gelmírez (1100/20 Bischof, 1120/40 Erzbischof). Allerdings fehlt der Hinweis auf Pelayus. Dies gibt uns trotz aller Vorbehalte gegenüber der Echtheit der »Concordia« die Gewißheit, daß gegen Ende des 11. Jahrhunderts der Glaube an die wunderhafte Grabentdeckung allgemein vorhanden war. Bemerkenswert an den Aussagen beider Dokumente ist die erstmalige Erwähnung der Hintergründe, die zu der Annahme führten, daß in dem Grab der Apostel Jakobus läge, nämlich die Engel- und Lichterscheinungen, die

Santiago de Compostela. *Blick über die Altstadt auf die Kathedrale.*

über dem Grab einige Nächte lang zu sehen gewesen wären. Wir kennen keine zeitgenössische Beschreibung des Grabes. Es gibt nur eine Miniatur im ersten Folio des »Tumbo A«, der etwa dreihundert Jahre nach der Grabentdeckung erstellt wurde (1129). Die Miniatur zeigt drei Sarkophage, den Bischof Theodemirus, einen Engel mit einem Weihrauchfaß und eine Lampe; die Szene wird von einem romanischen Bogen überwölbt. Eine weitere Miniatur, die sich in einer Handschrift der »Historia Compostellana« aus dem 13. Jahrhundert befindet, stellt nur eine künstlerische Interpretation der Grabentdeckung dar.

Über diesem Grab errichtete Adefonsus II. der Überlieferung nach eine Kirche *(ex petra et luto opere paruo:* Späte Dokumente legen die Einweihung auf die Zeit um 824), die unter Adefonsus III. erneuert und erweitert wurde (Einweihung 899). Im Jahre 997 wurde sie von Almansor zerstört, der aber nach Berichten der Chroniken von Sampiro (Silense) und Ibn 'Idhari (Bayan al-Mogrib) sowie der »Historia Compostellana« den Apostelkörper oder das Grab selbst unberührt ließ, was in den erwähnten Texten auf wunderhaftes Eingreifen zurückgeführt wurde.

Der von Vermudo II. und Bischof Pedro Mezonzo erstellte Wiederaufbau mußte wenig später der romanischen Kathedrale weichen, deren Bau von Bischof Diego Peláez im Jahre 1075 in Angriff genommen und von Diego Gelmírez um 1117 vollendet wurde. Den Apostelkörper wähnte man auf jeden Fall in dem erhalten gebliebenen und restaurierten Grabmal, als Diego Gelmírez zu Beginn des 12. Jahrhunderts in der im Bau befindlichen romanischen Kathedrale den Hauptaltar erweitern ließ. Gelmírez entnahm nach der Überlieferung aus dem Schädel des Apostels ein Knochenfragment, das er gegen 1138 dem Bischof Atto von Pistoia schickte. Dieser Vorgang stellt die letzte Nachricht über ein Eindringen in die Grabkammer für lange Zeit dar.

Berichte spätmittelalterlicher und frühneuzeitlicher Pilger belegen, daß ein Zugang zum Apostelgrab selbst für nicht möglich gehalten wurde. Vermutlich ließ im Jahre 1589 Erzbischof Juan Sanclemente die Tumba öffnen und die Überreste des

Apostels und seiner Gefährten in einer primitiven Nische hinter dem Altar verbergen, um sie der Zerstörung durch Francis Drake zu entziehen, der mit 14 000 Mann in La Coruña gelandet war. Jedenfalls waren die Gebeine nicht mehr auffindbar, als der Architekt und Kanoniker Jose Vega y Verdugo sie im Jahre 1666 suchte. Diese Ungewißheit und das bevorstehende Año Compostelano von 1882 brachten es mit sich, daß auf Anregung von Kardinal Miguel Payá y Rico 1878/79 eine Ausgrabungskampagne durchgeführt wurde, die zur Wiederentdeckung der Gebeine von Jakobus und seiner Schüler führte. Daraufhin bestätigte Leo XIII. in einer päpstlichen Bulle (»Dei Omnipotens«) vom 1. November des Jahres 1884 die Authentizität der Gebeine des Apostels Jakobus und seiner Schüler Athanasius und Theodorus.

Diese Tradition wird bis heute von der compostellanischen und katholischen Kirche aufrecht erhalten und verteidigt. Setzen wir voraus, daß die Gebeine des Apostels Jakobus und seiner beiden Mitstreiter in der Grabanlage unter dem Hauptaltar der Kathedrale von Compostela liegen, müssen wir uns insbesonders eine Frage stellen, ob und wie der Grabfund mit den be- und anerkannten Überlieferungen innerhalb der katholischen Kirche übereinstimmt, eine Frage, die auch in unserer Zeit noch zum Teil sehr polemisch gehandhabt wird.

Die Tradition der Evangelienverkündigung des Apostels Jakobus auf der Iberischen Halbinsel

Werfen wir einen Blick auf die bekannten Daten. Der Apostel Jakobus wurde durch Herodes Agrippa I. um 44 n. Chr. enthauptet. Clemens von Alexandria erwähnt eine Predigttätigkeit bei den Juden. Daraus schöpft die »passio modica«. Eine Motiverweiterung der »vita« und der »passio« des Apostels findet in der »passio magna« des Pseudo-Abdias aus der Zeit gegen Ende des 6. Jahrhunderts statt, deren Inhalt zum besseren Verständnis der Entwicklung der »traditiones hispanicae« und damit der Jakobus-Legende hier kurz wiedergegeben werden soll: »Jakobus predigt in Palästina, bekehrt den Magier Hermogenes und dessen Schüler Philetus. Jakobus wird von zwei Centurionen festgenommen. Auf dem Gang zum Gefängnis bekehrt der Apostel nach einer längeren apologetischen Rede eine große Menschenmenge. Daraufhin provoziert der Hohepriester Abiatur einen Aufruhr, dessen Zustandekommen Jakobus angelastet wird. Er wird erneut festgenommen und von dem Schreiber Josias mit einem Seil um den Nacken zum König Herodes geführt, der ihn zum Tod durch Enthaupten verurteilt. Auf dem Weg zum Richtplatz heilt der Apostel einen Krüppel, was die Bekehrung des Schreibers Josias veranlaßt. Beide werden enthauptet.« Diese Passionsgeschichte findet schon gegen Ende des 7. Jahrhunderts Eingang in das »Pasionario hispánico«.

Die antike Tradition der katholischen Kirche bringt keine Nachricht über einen Jakobuskult in einer bestimmten Region. Frühe Zeugnisse begrenzen die Evangelienverkündigung durch Jakobus auf Jerusalem, Judäa und die zwölf Stämme Israels in der Diaspora. Hinweise auf den Begräbnisort fehlen. Erstmals wird Jakobus im »Breviarium Apostolorum« (lat. Übersetzung mit Interpolationen der griechisch-byzantinische Apostelakten), das in der ersten Hälfte des 7. Jahrhunderts verbreitet wurde, mit Spanien in Verbindung gebracht, dann im interpolierten »De ortu et obitu Patrum« des Isidor von Sevilla. Die vom »Breviarium« abhängigen Schriften und Sammlungen biographischen Charakters verbreiteten die Missionsnotiz im christlichen Westen und in Nordafrika ab der Mitte des 7. Jahrhunderts. Jedoch war die Missionstätigkeit des Apostels bis ins 8. Jahrhundert für die spanische Kirche ohne Bedeutung, sie entwickelte mit der hagiographischen Erzählung von den »Sieben Apostelschülern«, von einem vermutlich mozarabischen Hagiographen verfaßt, sogar eine eigene Tradition auf apostolischer Grundlage. In der noch antiken hispanischen Kirche in der Zeit des Westgoten Rekkared I. (586–601) mit der Konvokation einer nationalgotischen Kirche im dritten Konzil von Toledo (589) war keine Rede von einem apostolischen Ursprung der spanischen Kirche. Erst Aldhelmus († 709), Abt von Malmesbury und seit 705 Bischof von Sherborne in dem »poema de aris« (709: »Primitus Hispanas«), und der asturische Mönch Beatus von Liébana ebenfalls im 8. Jahrhundert in den Apokalypsenkommentaren greifen dann die durch die Apostelkataloge verbreitete Nachricht über die Evangelienverkündigung von Jakobus in Spanien auf, ebenso wie der dem asturischen König Mauregatus (783–788) gewidmete Hymnus »O dei uerbum«. Mehrere historische und mentale Umstände und Entwicklungslinien auf weltlichem und kirchlichem Gebiet führen zur Bildung jener besonderen Atmosphäre des Glaubens, der Angst und der Hoffnung auf ein Wunder, die insgesamt die Auffindung des Apostelgrabes beeinflußt oder sogar provoziert haben könnten und die ich hier nur generell andeuten möchte:

1. Die ständige Bedrohung durch die Mauren, die neben der existenziellen Gefahr auch den Glauben bekämpften, den Jakobus nach Spanien gebracht haben soll.
2. Die zunehmende Distanzierung und Isolation des christlichen Nordens, die zu einer Abwendung von der westgotischen Kirchenordnung führte.
3. Die innerspanische Auseinandersetzung über die Lehre von der Adoptivsohnschaft Jesu (Adoptianismus), in der wichtige kirchliche und politische Probleme involviert waren, wie die Bedeutung des Primats von Toledo, das Verhältnis der asturischen zur fränkischen und römischen Kirche, deren Apostolizität und den damit verbundenen Anspruch auf Lehrautorität.
4. Die Ausbildung eines zunehmenden Selbstbewußtseins des sich in der westgotischen Nachfolge fühlenden asturischen Königreichs, das mit westlicher Hilfe das Unternehmen Reconquista vorantrieb.

Es kann hier nicht als Zufall angesehen werden, daß König Adefonsus II. im Jahre 795, also ein Jahr nach der Verurteilung des Adoptianismus auf dem Konzil von Frankfurt (794), begann, seine Residenz Oviedo nach dem Vorbild Toledos auszugestalten *(gotorum ordinem sicuti Toleto fuerat)*. Bis jetzt war das asturische Reich politisch auf eine bloße Selbstbehauptung hin orientiert gewesen. Nunmehr aber stellt sich das Königreich in die Nachfolge der untergegangenen Westgotenherrschaft und strebt damit auch an, Hüter der unverfälschten gotischen Kirchenordnung zu sein. Erste Kontakte mit Karl dem Großen belegen eine vorsichtige Annäherung an die fränkische Kirche.
Alle diese Komponenten führen in einem komplexen Wechselspiel zum Zustandekommen eines spirituellen, mentalen und psychologischen Klimas, dessen Materialisierung den Fund bzw. die Wiederentdeckung des Apostelgrabes zur Folge hatte, die dann im ersten Drittel des 9. Jahrhunderts stattgefunden haben soll. Gedeckt von der apostolischen Autorität des hl. Jakobus und gefördert durch die christliche Reconquista wurde eine Kultdynamik in Bewegung gesetzt, deren Konsequenzen bis in unsere Zeit reichen.

Zur Zeit der Grabentdeckung herrschte im Frankenreich Ludwig der Fromme (814–840), in Asturien Adefonsus II. (789–842), und auf dem Bischofsstuhl des antiken Iria Flavia saß Theodemirus († 847). Es gibt keine Nachricht, ja nicht einmal den geringsten Hinweis aus dieser Zeit, wie denn der Körper des Apostels Jakobus in das im äußersten Westen der antiken Welt gelegene Galicien gekommen sein könnte. die frühesten Erwähnungen des Grabfundes – ohne konkrete Hinweise auf einen bestimmten Ort – befinden sich in den Martyrologien des Usuardus von St. Germain-des-Prés († 877), der sich in Spanien gegen 856 aufgehalten hatte, und des Florus von Lyon († 860): *Hispanias translata [ossa] et in ultimis earum finibus condita*. Zum ersten Mal erwähnen literarische Texte des 9. Jahrhunderts, die auch außerhalb Spaniens eine gewisse Verbreitung fanden, die Existenz des Apostelgrabes. Allerdings wird die Translation des Apostelkörpers vorausgesetzt.
Jetzt fehlen noch zwei wichtige Glieder in der logischen Kette der Argumente für die »traditiones hispanicae«: 1. Die Identifizierung des im »Breviarium« und im interpolierten »De ortu et obitu Patrum« des Isidor von Sevilla angegebenen Grabortes *Achaia Marmarica / acha marmarica* (in vielen Varianten, in den griechisch-byzantinischen und orientalischen Apostelakten vorhanden) mit dem Fundort in Galicien und, falls sich diese Übereinstimmung nicht überzeugend genug durchsetzten ließ, 2. die Translation (Überführung) des Apostelkörpers nach seinem Tod in Jerusalem von dort nach seinem Grabort in Galicien. Eine Vorstufe der Grabplatzfixierung stellen die Erwähnungen in den mehr oder weniger vertrauenswürdigen Urkunden dar, die sich im ersten Teil des »Tumbo A« der Kathedrale von Compostela befinden. Eine Königsurkunde von Adefonsus III. aus dem Jahre 885 legt das Grab *in locum arcis marmoricis, territorio Gallicie*. Aber als Beleg für eine Lokaltradition war der rein appellative Charakter der Notiz zu ungewiß, innerhalb der kirchenpolitischen Struktur der Iberischen Halbinsel auch zu ungenügend, zumal auch allgemein der Hinweis auf Galicien sowohl in der muslimischen und karolingischen Welt als auch in Rom mit dem Königreich Asturien in Verbindung gebracht wurde. Zur Lösung des Problems konnte eigentlich nur eine Reliquientranslation beitragen, die dem Grab die eigentliche Legitimation verschaffen und den apostolischen Charakter des Ortes belegen konnte.

Die Translation des Apostelkörpers von Palästina nach Galicien

Die »translatio« (Bericht über die Überführung des Apostelkörpers und der damit verbundenen Vorgänge) läßt nicht lange auf sich warten. Verschiedene Texte dazu sind überliefert, die Anlaß zu verschiedenen Hypothesen gegeben haben. Leider sind uns die Überlieferungen, die Anlaß zu den Einschüben in die oben erwähnten Martyrologien des Usuardus und Florus gegeben haben, nicht erhalten. Die älteste uns bekannte Translationserzählung stützt sich auf eine »epistula leonis episcopi«, die den *regibus francorum, et vandalorum, gotorum et romanorum* (Byzanz) zugedacht war und von einigen Autoren mit Papst Leo III. (795–816) in Verbindung gebracht wird. Sie stammt in ihrer ursprünglichen Fassung wohl aus dem 9. Jahrhundert und stellt die Verbindung zu den sieben Apostelschülern her. Die Textüberlieferung verweist nach Galicien um die Jahrtausendwende. Man könnte die Epistel (älteste heute bekannte Handschriften: Saint-Martial de Limoges, Picosagro, spätes 11. Jahrhundert) fast als Propagandaschrift für die bereits das Heiligtum besuchenden Pilger betrachten.

Mit den Berichten der »translatio« gewinnt der Grabkult endgültig überregionalen Charakter. Der älteste Bericht lautet etwa folgendermaßen: »Im Namen Gottes, Leo, Bischof von Jerusalem, an die Könige der Franken, Vandalen, Goten und Römer. Nehmt Kenntnis von der Überführung des Leichnams des heiligen Apostels Jakobus, des Bruders des gleichermaßen Apostels und Evangelisten Johannes. Hier in Jerusalem wurde er enthauptet auf Befehl des Königs Herodes, und sein Leichnam wurde, von der Hand Gottes geleitet, in einem Boot überführt. Nach siebentägiger Fahrt landete das Boot zwischen den Flüssen, die Ulla und Sar genannt werden, in einem Ort, der den Namen Bisria trägt, an. Von dort wurde der heilige Leichnam durch die Luft ins Sonnenzentrum erhoben. Seine durch den Verlust des Leichnams betrübten Jünger legten weheklagend und zu Gott flehend zwölf Meilen zurück, bis sie an die Stelle kamen, an welcher der heilige Leichnam sich unter Marmorbögen begraben findet. Die drei seiner Jünger, die mit ihm zusammen begraben liegen und deren Namen Torquatus, Tisefons und Anastasius sind, verblieben bei dem Leichnam und besiegten mit Hilfe des heiligen Apostels Jakobus den Drachen vom Berg Illicinus, der seither heiliger Berg genannt

Santiago de Compostela. *Der Reliquienschrein des Apostels in der Krypta unter dem Hochaltar der Kathedrale.*

wird. Die übrigen vier Jünger kehrten zusammen, geführt von der Hand Gottes, mit dem Boot nach Jerusalem zurück und berichteten uns das alles auf einer Synode. Ihr, gesamte Christenheit, die dahin fahrt, sagt Dank und betet zu Gott, denn es ist wahr, daß dort verborgen der Leichnam des Apostels Jakobus ruht«. In seinen verschiedenen Fassungen ist der Translationsbericht der »epistula« immer wieder mit Einschüben versehen und Veränderungen unterworfen worden, oder es wurden neue Elemente hinzugefügt und alte Bestandteile unterdrückt, bis Inhalt und Form in der Legendarien in einer Synthese der einzelnen Bestandteile entgültig fixiert wurden.

Die Archäologie des Apostelgrabes

Zum Abschluß bleibt noch ein kurzer Hinweis auf das Apostelgrab selbst, dessen Archäologie viele Probleme aufwirft. Das Grab, das Theodemirus »mit Marmorsteinen bedeckt« unter Buschwerk auffand, an dem Ort, der das Zentrum für die Gründung der Stadt und dem Bau der zukünftigen Kathedrale darstellte, befindet sich inmitten eines alten Gräberfeldes, der größten römischen Nekropole, die in Galicien je gefunden wurde. Sie liegt neben einer Römerstraße, die die Häfen Iria Flavia (Padrón) und Brigantium (La Coruña) verband und außerdem die Verbindung zwischen den Bischofssitzen Lucus Augusta (Lugo) und Braga herstellte. Die Gräber werden dem 3. bis 5. Jahrhundert zugeordnet. Die römische Gräberschicht geht organisch in ein suebisches Gräberfeld über, dessen Grablegungen Anfang des 7. Jahrhunderts aufhören. Erst im 9. Jahrhundert werden wieder Bestattungen vorgenommen. Als aus dem 2./3. Jahrhundert stammend sind andere römische Bauteile sowie eine Mauer interpretiert worden, die von einem Teil der mit den letzten Ausgrabungen beschäftigten Wissenschaftlern als Thermenanlagen gedeutet werden und die damit schon vor der Anlage des Gräberfeldes in Gebrauch gewesen wären. Unmittelbar an die Mauer schließt sich die Grabanlage an, in der der Leichnam des Apostels gefunden worden sein soll. Der Bau der romanischen Kirche im 11./12. Jahrhundert mit seinen rücksichtslosen Eingriffen in die Bausubstanz der Grabstätte sowie die Restaurierungen, Erweiterungen und Ausgrabungen von 1878/79 machen es äußerst schwierig, eine überzeugende Lösung des Problems anzubieten. Die von 1946 bis 1959 in acht verschiedenen Etappen durchgeführten Ausgrabungen unter Beteiligung von M. Chamoso Lamas, J. Guerra Campos und E. Kirschbaum SJ brachten zwar wichtige Ergebnisse, konnten aber keine abschließende Klärung erreichen.

Bei vorsichtiger Interpretation der wichtigsten Funde und Fakten kann folgendes rückerschlossen werden: Die Grabstätte hat eine viereckige Struktur aus bearbeiteten Granitsteinen, die in römischer Technik und Tradition gesetzt und gearbeitet worden sind. Wegen ihrer absidialen Struktur wird die Mauer, die die Grabkammer auf drei Seiten umgibt, als nach der Grabentdeckung errichtet interpretiert und stammt aller Wahrscheinlichkeit nach aus der Regierungszeit von Adefonsus III. (866–910). Die Diskussion über die archäologischen Probleme des Apostelgrabes ist noch lange nicht abgeschlossen, gerade in letzter Zeit haben zwei bekannte Wissenschaftler (I. Millán González Pardo/Santiago de Compostela und Th. Hauschild/Lissabon) interessante Theorien über das Apostelgrab aufgestellt, die noch der allgemeinen wissenschaftlichen Auseinandersetzungen harren.

Eine Nachricht aus einem äußerst entlegenen europäischen Winkel, die zudem mehr dem Wunschdenken interessierter politischer und kirchlicher Kreise entsprochen hat, führte dazu, daß sich eines der größten europäischen Unternehmen im Überlandverkehr und auch zur See (Britannien) im Mittelalter entwickelt hat, natürlich unter Einbeziehung vieler und verschiedenartiger Förderhilfen, das zudem zur Ausbildung einer europäischen Mentalität und Gesellschaft nicht unwesentlich beitrug. Das ist meines Erachtens das Phänomen, dem wir in unserer Zeit teilweise fassungslos, zumindest aber betroffen gegenüberstehen; obwohl die Lösung so naheliegt, beschäftigten wir uns doch mit unserer eigenen Geschichte!

Literatur (Auswahl)

Cronicas Asturianas, hrsg. von J. Gil Fernandez / J. L. Moralejo Alvarez / J. I. Ruiz de la Peña, Oviedo 1985; M. C. Díaz y Díaz, El Codice Calixtino de la Catedral de Santiago, Estudio codicológico y de contenido, Monografías de Compostellanum 2, Santiago de Compostela 1988; ders., Literatura Jacobea hasta el siglo XII, in: Il Pellegrinaggio a Santiago de Compostela e la Letteratura Jacopea, Atti del Convegno Internazionale di Studi, Perugia 1983 (1985), S. 225–250; ders./ F. López Alsina / S. Moralejo Alvarez, Los Tumbos de Compostela, Madrid 1985; K. J. Conant, Arquitectura Romanica da Catedral de Santiago de Compostela, hrsg. und neubearbeitet von S. Moralejo Alvarez, Santiago de Compostela 1983; O. Engels, Die Anfänge des spanischen Jakobusgrabes in kirchenpolitischer Sicht, in: Römische Quartalschrift 75 (1980). S. 146–170: L. Gai, L'Altare Argenteo di San Iacopo nel Duomo di Pistoia, Turin 1984; Z. García Villada, Historia Eclesiástica de España, Bd. 1/1: El Cristianismo durante la dominación romana, Madrid 1919; J. Guerra Campos, Santiago, in: Diccionario de Historia Eclesiástica de España, hrsg. von Q. Aldea / T. Marin Martinez / J. Vives Gatell, Bd. 4, CSIC, Madrid 1975, Sp. 2183–2191; ders., Exploraciones arqueológicas en torno al sepulcro del Apóstol Santiago, Santiago de Compostela 1982; Th. Hauschild, Archeology and the Tomb of St. James, Jakobus-Studien 3 (1991), S. 87–101: K. Herbers, Der Jakobuskult des 12. Jahrhunderts und der »Liber Sancti Jacobi«, Studien über das Verhältnis zwischen Religion und Gesellschaft im hohen Mittelalter, Historische Forschungen, hrsg. von K. E. Born / H. Zimmermann, Bd. VII, Wiesbaden 1984; Historia Compostellana, hrsg. von E. Falque Rey, Tournhout 1988; H. J. Hüffer, Die spanische Jacobusverehrung in ihren Ausstrahlungen auf Deutschland, in: Historisches Jahrbuch 74 (1955), S. 124–138; E. Kirschbaum, Die Grabungen unter der Kathedrale von Santiago de Compostela, in: Römische Quartalschrift 56 (1961), S. 234–254; Liber Sancti Jacobi, Codex Calixtinus, I. Text, hrsg. v. W. M. Whitehill, Santiago de Compostela 1944; F. Lopez Alsina, La ciudad de Santiago de Compostela en la Alta Edad Media, Monografías de Compostellanum 1, Santiago de Compostela 1988; A. López Ferreiro, Historia de la Santa A. M. Iglesia de Santiago, 11 Bde., Santiago de Compostela 1898–1911; R. Plötz, Der Apostel Jacobus in Spanien bis zum 9. Jahrhundert, Gesammelte Bände zur Kulturgeschichte Spaniens, 1. Reihe, Bd. 30 (1982), S. 19–145; Santiago de Compostela, 1000 Ans de Pèlerinage Européen, Ausstellungskatalog Gent/Brüssel 1985; L. Vázquez de Parga / J.-Mª. Lacarra / J. Uría Ríu, Las peregrinaciones a Santiago de Compostela, 3 Bd., Madrid 1948/49.

Santiago wird in Franken bekannt

Erik Soder von Güldenstubbe

Erste Pilger, erste Patrozinien

Der große Rhabanus Maurus, Abt von Fulda und Erzbischof von Mainz, hatte neben vielen anderen literarischen Werken ein Verzeichnis von bedeutenden Heiligen zusammengestellt, ein sogenanntes Martyrologium. Darin wurde um 850 auch eingetragen, der Apostel Jakobus sei im nordspanischen Galicien beigesetzt. Etwa gleichzeitig ist der entsprechende Eintrag datiert, der in einem Kloster der Diözese Metz in das dort vorliegende Martyrologium des Florus von Lyon vorgenommen wurde. Das im Jahre 896 niedergeschriebene Martyrologium des gelehrten Mönchs Notker Balbulus († 912) vom Kloster St. Gallen fand noch weitere Verbreitung.

Liturgische und kirchengeschichtliche Handschriften der Würzburger Dombibliothek gedachten des hl. Jakobus. Vielleicht war der fuldische Abt Werinhar der erste Pilger aus dem Frankenland nach Santiago de Compostela. Jedenfalls weihte er in seiner Amtszeit (968–982) in Großburschla an der Werra, wo ein fuldisches Nebenkloster bestand, eine neue Kirche. Allerdings verbrannte dieses Gotteshaus, die »ecclesia sancti Jacobi«, schon 1008. Dessen Nachfolgebau trug dann, wenigstens ab 1276, den Weihetitel des hl. Bonifatius.

Bereits 1012, als der Hochaltar im Westchor des ersten Bamberger Domes geweiht wurde, sind Reliquien der beiden gleichnamigen Apostel Jakobus dort eingelegt worden. Wir wissen heute nicht mehr, ob das Fragment vom Gebein des hl. Jakobus d. Ä. aus Compostela nach Bamberg gekommen war. Ausgeschlossen ist es nicht.

1072 weilte der frühere Abt von Fulda (1058–60), damals schon Erzbischof von Mainz, Siegfried von Eppstein, in Compostela. Er gilt als der erste namentlich bekannte hochrangige Santiagopilger aus Deutschland. Schon damals waren solche Wall-

Bamberg. *Die barocke Fassade von St. Jakob mit der Figur des Kirchenpatrons.*

fahrten nichts Unbekanntes mehr. Der Bischof Hermann von Bamberg errichtete in seiner Stadt 1071/72 ein Chorherrenstift und weihte es St. Jakob. Davon trägt einer der sieben Hügel des fränkischen Roms, wie Bamberg oft genannt wird, den Namen Jakobsberg. Der Platz vor der Kirche ehrt ebenfalls den heiligen Apostel, und die der romanischen Hallenkirche vorgeblendete barocke Kirchenfassade trägt seine Standfigur, im zeitlosen Pilgerkleid dargestellt. Hermann geriet in die Wirren des damals tobenden Investiturstreites. Einer Vorladung an den Apostolischen Stuhl in Rom entzog er sich mit der Begründung, er plane eine Wallfahrt nach Santiago. Dieses Wallfahrtsversprechen aber konnte ihn nicht aus seinen Verstrickungen lösen. Er wurde 1075 abgesetzt und wählte als Zuflucht die Benediktinerabtei Münsterschwarzach. Dorthin folgte ihm sein Dompropst aus Bamberg, Udalrich, der auf dem Klostergelände eine St.-Jakobus-Kapelle stiftete. Dies war die älteste bekannte Kirche im Bistum Würzburg, die diesem Heiligen geweiht war. Als Münsterschwarzacher Mönche 1092 die Abtei Pegau bei Merseburg besiedelten, brachten sie dorthin das Patrozinium von St. Jakob mit.

1076/77 pilgerte der fuldische Abt Ruthard nach Santiago. Dabei ließ er sich und seine Klostergemeinschaft in die Gebetsbruderschaft des Domkapitels zu Compostela aufnehmen. Die Urkunde über diesen feierlichen Akt wurde auf dem Altar über dem Apostelgrab niedergelegt. 1092 werden in Fulda bei der Weihe der St.-Michaels-Kirche unter dem reichen Reliquienschatz dieser Abtei auch Sarkophagteile genannt, die vom Apostelgrab in Santiago stammen.

1109 weihte Bischof Otto der Heilige in Bamberg die schon erwähnte Stiftskirche St. Jakob und setzte dabei im westlich gelegenen Hochaltar Reliquien des Titelheiligen bei. Weitere Jakobusreliquien wurden erwähnt bei der Weihe der Abteikirche zu Michelfeld 1120, die derselbe Bischof Otto und berühmte Apostel der Pommern vornahm, und nochmals 1125 bei der Weihe der Marienkapelle im selben Kloster.

Bischof Embricho von Würzburg, der auch die erste steinerne Mainbrücke errichtete, brachte von einer Santiago-Wallfahrt eine Jakobusreliquie mit, die er um 1138 irischen Benediktinern schenkte, die damals – vielleicht vermittelt von der Schottenabtei St. Jakob in Regensburg – nach Würzburg gekommen waren, um dort an einem älteren Hospiz für irische Pilger ein neues Kloster zu gründen. Auch dieses sogenannte Schottenkloster zu Würzburg erhielt den Titel des hl. Jakobus.

Um 1130 begegnet uns etwas ganz Besonderes. Ein fränkischer Ritter, Heinrich von Ahorn, hatte während einer Krankheit eine Wallfahrt nach Santiago gelobt. Als er sie aber »aus Trägheit aufschob«, wie der Bericht lautete, wurde er krank. Gelähmt und stumm liegt der Patient darnieder, während die trauernde Familie sein Ableben erwartet. Während dieser Zeit durchlebt Heinrich wie in einer Vision, daß er an eine Stätte der Qualen verschleppt wird, in der er das Fegefeuer erkennt, und vor der Hölle errettet ihn ein schöngestalteter und würde-

voller Greis, der ihn einen Blick in den Himmel, auf Christus den Herrn selbst, tun läßt. Der Greis eröffnet dem Seher: »Ich bin Christi Apostel Jakobus, den du zum Helfer zu haben verdienst, weil du zu meiner Gedenkstätte zu fahren gelobt hast.« Der Ritter von Ahorn wird auf wunderbare Weise wieder gesund und vollendete seine gelobte Pilgerfahrt.
Sein leiblicher Bruder war Bischof Burkard II. von Worms (1115–49), der vorher Stiftspropst in Aschaffenburg gewesen war. Dieser stand im Investiturstreit auf seiten des Papstes, während der schon erwähnte Bischof Otto von Bamberg, der am Zustandekommen des Wormser Konkordats entscheidend beteiligt war, eher eine Vermittlerrolle zwischen Papsttum und Kaisermacht einnahm. So kam in die geschilderte Vision ein Passus hinein, in dem St. Jakobus den Bischof Otto gerügt haben soll, weil er das Bamberger Chorherrenstift St. Stefan habe verfallen lassen. Die Mahnung des Heinrich von Ahorn habe bewirkt, daß Otto das Stift zu erneuern begann. 1144 unterstellte der Bamberger Bischof Egilbert die Auerbacher Kirche dem Schutz des hl. Jakobus und erhebt sie gleichzeitig zur Pfarrkirche. Das dortige Gotteshaus erbauten die Mönche von Michelfeld, die auch das Patronatsrecht über die Pfarrstelle erhalten. Eine Reliquie des hl. Jakobus wurde 1160 im St.-Benedikts-Altar der Abteikirche St. Michael zu Bamberg eingeschlossen. Das Mutterbistum von Würzburg und die alte Metropole der fränkischen Diözesen, Mainz, erlebte 1164/65 erneut einen Erzbischof auf der Reise nach Galicien: Konrad von Wittelsbach, wie die Annalen des Klosters Reichersberg berichten, den Bruder des Pfalzgrafen Otto, der ab 1180 Herzog von Bayern wurde. Konrad beschloß während dieser Pilgerfahrt, sich von der Partei des Kaisers Friedrich I. Barbarossa ab- und dem Papst Alexander III. zuzuwenden. Aus Dank erhob ihn das Kirchenoberhaupt zum Kardinal. Konrad verstarb 1200 im Bistum Würzburg zu Riedfeld bei Neustadt an der Aisch.
1166 weihte Bischof Herold von Würzburg im Kapitelsaal des Chorherrenstiftes zu Ansbach einen Altar zu Ehren der Heiligen Jakobus und Nikolaus. 1165 hatte Kaiser Friedrich Barbarossa durch den von ihm eingesetzten Gegenpapst Paschalis Kaiser Karl den Großen heiligsprechen lassen. Die in diesem Zusammenhang erarbeitete Lebensbeschreibung verband legendarisch Karls Kriegszug nach Spanien mit der Santiago-Überlieferung,

Würzburg. *Die Kirche des ehemaligen Schottenklosters St. Jakob, heute Don Bosco.*

so wie es auch am 1215 vollendete Karlsschrein im Aachener Dom dargestellt wurde. Diese Verbindung, die historisch sicher nicht belegbar ist, übte dennoch eine große Wirkung aus: Einerseits erhöhte sie den Nimbus des immer noch berühmten Herrschers aus dem frühen Mittelalter, andererseits gab sie der Santiago-Wallfahrt einen mächtigen Auftrieb. Der langjährige Kanzler Barbarossas Gottfried von Spitzenberg-Helfenstein, war es wohl, der vor 1177 im kaiserlichen Auftrag eine literarische Verteidigung der Kanonisation Karls des Großen verfaßte unter dem Titel »Über die Heiligkeit des seligen Karls des Großen«.
1186 verschaffte der kaiserliche Gönner diesem

Anton Doll (1826–1887). *Ansicht der St.-Jakobs-Kirche in Rothenburg ob der Tauber von Osten, Federzeichnung, aquarelliert. Bezeichnet li. u.: A. Doll München, 37,7 × 43,3 cm. Stadtarchiv Rothenburg o. d. T.*

Gottfried das freigewordene Bistum Würzburg. Durch einen solchen Förderer des mittelalterlichen Kaiserkultes nahm die Volkstümlichkeit Karls sicher nochmals zu, schätzen doch Stadt, Bistum und Hochstift Würzburg die Kaiseridee stets sehr hoch. Schon 1168, als Friedrich Barbarossa dem damaligen Würzburger Bischof Herold und dessen Nachfolgern die herzogliche Würde bestätigte, berief man sich in dieser Urkunde auf Privilegien Karls des Großen.

Es blieb bei den Staufern nicht allein bei einer literarischen Verbindung zwischen dem abendländischen Kaisertum und Spanien. Der Sohn des Rotbarts, der Staufer Konrad, Herzog von Rothenburg ob der Tauber, versprach 1188 zu Seligenstadt der Berengaria, der Erbin des Königreichs von Kastilien, die Ehe. Allerdings wurde diese Verbindung schon 1191 wieder getrennt, weil Konrad damals das Herzogtum Schwaben übernahm und so für die vorgesehene Erbfolge in Kastilien nicht mehr frei war. Konrad fiel 1196 während eines Feldzuges gegen Berthold von Zähringen einem Mordanschlag zum Opfer.

Dauerhafter war dann die eheliche Verbindung

zwischen der wohl in Nürnberg geborenen Stauferin Beatrix und König Ferdinand von Kastilien. Beatrix war eine Tochter des deutschen Königs Philipp von Schwaben und der byzantinischen Prinzessin Irene. Bevor Philipp die Regentschaft für den damals noch unmündigen Friedrich II. von Hohenstaufen übernommen hatte, der noch in Sizilien, dem Erbland seiner Mutter Konstanze, lebte, war Philipp zum Bischof von Würzburg gewählt worden (1190/91), jedoch ohne eine kirchliche Weihe empfangen zu haben. Bald gab er sein geistliches Amt wieder auf und übernahm 1198 von seinem verstorbenen Bruder, Kaiser Heinrich VI:, die Herrschaft. Auch Philipp wurde ermordet: 1208 vom Pfalzgrafen Otto von Wittelsbach in der Alten Hofhaltung zu Bamberg. Wie gesagt: Philipps Tochter heiratete 1219 König Ferdinand, der zu den Heiligen der Kirche gezählt wird. Ferdinand, der ein Sohn König Alfons IX. von León und der oben erwähnten Berengaria von Kastilien war, vereinte ab 1230 die beiden Königreiche von León und Kastilien. Der älteste Sohn aus dieser Ehe war Alfons X. der Weise, der dem Vater in der Regierung folgte und sich 1257 während des Interregnums, der »kaiserlosen, der schrecklichen Zeit« in Frankfurt zum deutschen König wählen ließ. Aber auch ihm gelang es nicht, die einander widerstreitenden Parteien auf sich zu vereinen, und so verzichtete er 1275 zugunsten des Grafen Rudolf von Habsburg auf den deutschen Thron. König Ferdinand III. von Kastilien und León, der Gemahl einer fränkisch-schwäbischen Staufertochter, errang in Spanien eine gewichtige Rolle, als er die Maurenherrschaft zurückdrängte und das Land neu aufbaute. Besonders förderte er die Santiago-Wallfahrt, baute neben vielem anderen an der Kathedrale von Burgos, begründete die bald so berühmte Universität zu Salamanca, unterstützte die Ritter- und Hospitaliterorden, aber auch die neuen Orden, die zur Armutsbewegung gehören, wie die Franziskaner und Dominikaner, deren Gründer St. Dominikus, ein Kastilier, gewesen war.
Als Ferdinand III. im Jahr 1236 Córdoba von den Mauren zurückeroberte, ließ er die Glocken aus Santiago auf den Schultern mohammedanischer Gefangener zurücktragen, so wie sie umgekehrt 997 Almanzor der Große bei seiner Eroberung Santiagos durch christliche Gefangene nach Córdoba hatte tragen lassen. Beatrix und Ferdinand liegen im Dom von Sevilla begraben.

Der bedeutende Philosoph und Dominikaner Albertus Magnus, der mehrere Jahre in Würzburg lebte und wirkte, pilgerte ebenso wie Franz von Assisi nach Santiago. Zu Lebzeiten des hl. Franziskus und in seinem Auftrag entstand in Würzburg das Minoritenkloster. Alfons X., ein hochgebildeter, vielseitig begabter Mann von großem kulturellen Einfluß, schuf unter anderem Gesänge zu Ehren Mariens und Santiagos. In einem davon schildert er auch Erlebnisse eines deutschen Compostela-Pilgers.
So ist es sicher kein Zufall, daß im 13. Jahrhundert in den staufischen Städten Nürnberg, Rothenburg ob der Tauber oder Schwäbisch Hall Jakobuskirchen entstanden. Aber auch ein großer Rivale des Staufenhauses, Heinrich der Löwe, entbot Santiago seine Reverenz. Im Januar 1180 fand in Würzburg unter Vorsitz des Kaisers Friedrich I. Barbarossa ein Reichstag statt, auf dem Heinrich der Löwe seine Herzogtümer Bayern und Sachsen verlor. Über Rouen zog der abgesetzte, aber immer noch um sein Recht kämpfende Reichsfürst zum Apostelgrab nach Compostela.
Einige weitere Pilger dieser Zeit werden bekannt: 1182 Eckehard, der Vizepräfekt der Stadt Würzburg, 1189 der Würzburger Schultheiß Heinrich, 1195 Herting, ein Bürger aus Kitzingen, schließlich 1197 wieder ein fuldischer Abt, nähmlich Heinrich von Kronberg, der zu Beginn seines Ordenslebens Mönch des staufischen Klosters Comburg bei Schwäbisch Hall gewesen war. Auf dem Weg nach Santiago ließ er sich im burgundischen Cluny in die Bruderschaft dieses berühmten Klosters aufnehmen. Seine lange Abwesenheit von Fulda nahmen ihm die Mitbrüder jedoch übel, denn die Abtei war währenddessen schutzlos habgierigen Vögten und Dienstmannen ausgeliefert. Nach dem plötzlichen Tod des Kaisers Heinrich VI. unterstützte Abt Heinrich den staufischen Thronbewerber Philipp von Schwaben gegen dessen Konkurrenten, den Welfen Otto von Braunschweig. Abt Heinrich stiftete nach seiner Rückkehr aus Compostela Geld zu besonderen Mahlzeiten mit Wein, die dem Konvent alljährlich an seinem Todestag und am Vigiltag des Jakobusfestes zugute kommen sollten. Die Benediktiner ließen neue Kirchen dem heiligen Apostel weihen, so 1182 eine St.-Jakobus-Kapelle in der Abtei Amorbach, die für Pilger und das Gesinde bestimmt war; in Fulda errichtete Abt Bertho von Leibolz (1261–71) in seiner Wohnburg, direkt neben der alten Stiftskirche, eine Jakobus-

Urphar. *Die hoch über dem Main gelegene Wehrkirche St. Jakobus.*

Creussen. *Die Stadtpfarrkirche.*

kapelle, in die im 14. Jahrhundert zwei Vikarsstellen gestiftet wurden. Mit dem Landgrafen Heinrich von Thüringen verbündete sich Bertho gegen Raubritter, die sogar vor Übergriffen auf Santiago-Pilger nicht zurückgeschreckt waren. Räuberische Stiftsvasallen ermordeten dann auch 1271 ihren großen Gegner in seiner St.-Jakobus-Kapelle.

Die Zisterzienser von Bronnbach weihten 1218 den Hochaltar und 1222 den Heilig-Kreuz-Altar ihrer Abteikirche, beide Male unter Verwendung von Reliquien des hl. Jakobus. Im fuldischen Hünfeld wird 1283 erstmals das Jakobuspatrozinium der Pfarrkirche belegt. Kurz danach ist auch für die Kirchen von Kissingen und Urphar derselbe Weihetitel nachweisbar. 1286 stiftete nämlich ein Schuhmacher Konrad aus Nüdlingen Geld für einen Neubau der Kissinger Kirche zu Ehren der Gottesmutter und des hl. Jakobus. 1297 erteilte der Mainzer Erzbischof Gerhard allen Wohltätern der Kapelle zu Urphar einen Nachlaß ihrer Sündenstrafen, auch für jene, die an Jakobi oder zur Kirchweih dort beteten. Natürlich ist die hochgelegene ehemalig Wehrkirche zu Urphar älter als die genannte Urkunde, auch ist zu erwähnen, daß der Ort bereits 775 als zur fuldischen Propstei Holzkirchen zugehörig bezeichnet wird. Aber nicht immer ist das Alter der Gebäude auch gleich dem Alter der Kirchenpatrozinien. Hier ist schon manche Verwirrung entstanden. So wurde das St.-Jakobus-Patrozinium im oberfränkischen Königsfeld nicht schon im 9. Jahrhundert, sondern erst im 17. Jahrhundert belegt, das von Etzelskirchen nicht im Jahre 900, sondern erst 1612, das von Geroldsgrün bei Naila nicht schon 1014, sondern erst 1440, das von Creussen nicht schon 1003, sondern erst um 1445 und so weiter.

Der aus dem Unterfränkischen stammende Schriftsteller Hugo von Trimberg, der lange in Bamberg als Leiter der Stiftsschule von St. Gangolf wirkte, bringt um 1280 in seiner Legendensammlung »Solsequium« auch einen Bericht über eine Pilgerfahrt zum Jakobusgrab.

Ablaßurkunde der Jakobuskirche in Urphar, 1340 (vgl. Farbbild S. 37)*

An alle Kinder der heiligen Mutter Kirche, welche vorliegendes Schreiben erreicht. Wir, durch göttliches Erbarmen: Nerses, Erzbischof von Manazguerda, Petrus, Erzbischof von Sancta Severina, Bernard von Ganos, Benedikt von Pristina (oder Prizren), Thomas von Knin, Petrus von Monte Marano, Sergius von Pola, Gincia von Dulcigno, Petrus von Acerno, Petrus von Cagli, Bischöfe: Wir entbieten ewiges Heil im Herrn. Der Glanz des väterlichen Lichtes, der die Welt mit seiner unaussprechlichen Klarheit erleuchtet, erfüllt die frommen Gebete der Gläubigen, die ihr Hoffen auf seine milde Majestät setzen, mit besonders günstigem Eifer, wenn die fromme Demut der Leute unterstützt wird durch Verdienste und Fürbitten seiner Heiligen. Unser Wunsch ist es also, daß die Pfarrkirche, die zu Ehren des heiligen Jakobus in Urfar, Diözese Würzburg, errichtet ist, mit ihr gebührender Ehrerweisungen zahlreich besucht wird und von den Christgläubigen beständig verehrt wird. Allen wahrhaft Reumütigen und ihre Sünden Bekennenden, die zur genannten Kirche am Fest des erwähnten Hl. Jakobus und am Tag ihrer Kirchweihe, welcher auf den Sonntag vor dem Fest Jacobi fällt, und an allen anderen hier aufgezählten Festen, nämlich Christi Geburt, Beschneidung, Erscheinung des Herrn, Ostern, Himmelfahrt, Pfingsten, Dreifaltigkeitssonntag, Fronleichnam, Kreuzauffindung und -erhöhung, an allen Festen der seligen Jungfrau Maria, des Johannes des Täufers und des Evangelisten, Peter und Paul, sowie aller sonstigen Apostel und Evangelisten und der Heiligen Stephanus, Laurentius, Martinus, Nikolaus, Gregor, Augustinus, Ambrosius, und der Heiligen Maria Magdalena, Katharina, Margaretha, Cäcilia, Lucia, Agatha, an Allerheiligen und Allerseelen, sowie an den Oktaven dieser Feste, soweit sie Oktaven haben, sowie an allen Sonntagen mit Andacht, Gebet oder Wallfahrt kommen oder die Messen, Predigten, Matutin, Vesper und alle sonstigen Gottesdienste besuchen oder die dem Leib des Herrn oder dem Glas mit dem heiligen Öl gefolgt sind oder beim Abendläuten nach dem Brauch der römischen Kirche mit gebeugtem Knie 3 Ave Maria beten, sowie denen, die zum Kirchbau, ihrer Beleuchtung, ihrem Schmuck oder zu sonstigen Bedürfnissen dieser Kirche hilfreiche Hand leisten, oder sie in ihrem letzten Willen oder außerhalb, Gold, Silber, Gewänder oder sonstige wohltätige Gaben besagter Kirche schenken oder ihr dazu verhelfen, oder die den Friedhof genannter Kirche im Gebet für die Seelen aller dahingegangenen Gläubigen umschreiten, oder die für den derzeitigen Kaiser und seinen Vorfahren Gott anrufen, Erbarmen allen diesen, wie oft, wann und wo auch sie vorgenanntes oder etwas davon gläubig verrichtet haben, erlassen wir im Vertrauen auf die Barmherzigkeit Gottes des Allmächtigen und die Vollmacht seiner heiligen Apostel Petrus und Paulus, und zwar jeder einzelne von uns, 40 Tage Ablaß von ihnen auferlegten Bußen, sofern auch das Einverständnis und die Zustimmumg der Diözese dazukommt. Zur Bestätigung dieses Sachverhaltes haben wir gegenwärtige Urkunde mit unseren anhängenden Siegeln bekräftigen lassen.
Gegeben zu Avignon am 20. August im Jahr des Herrn 1340 und im sechsten Jahr des Pontifikats Papst Benedikt XXII!

Wir aber, Otto, durch Gottes Gnade Bischof von Würzburg, fügen unser Einverständnis und unsere Zustimmung zu obigen Ablässen bei. Dessen ungeachtet erlassen auch wir voll Mitleid allen ihren Christennamen Bekennenden, wahrhaft Reuigen und ihre Sünden Bekennenden, die dieser Ablässe wie auch immer teilhaftig oder fähig werden, aus der Barmherzigkeit des allmächtigen Gottes und gestützt auf die Verdienste und Vollmacht sowohl seiner heiligen Apostel Petrus und Paulus wie auch der teuren Märtyrer Kilian und seiner Gefährten, der Patrone unserer Kirche, ebenfalls 40 Tage Ablaß von ihnen auferlegten Bußen. Darüber zur Bekräftigung mit zusätzlicher Anhängung unseres Siegels. Geschrieben zu Würzburg im Jahr des Herrn 1331** am 5. Februar im 7. Jahre unseres Bischofsamtes.

* Für die Transkription und Übersetzung sei Herrn Priv.-Doz. Dr. Hans Thurn, Würzburg, sowie Herrn Stadtarchivar Erich Langguth, Wertheim, herzlich gedankt.
** Die Jahreszahl ist in der Urkunde verschrieben, sie muß 1341 heißen.

St. Jakobus im fränkischen Festkalender und in der Liturgie

Als Christen sich um das Jahr 150 bemühten, den Leichnam des Blutzeugen Polykarp würdig zu bestatten, machte man ihnen den Vorwurf, sie zögen die Verehrung des Märtyrerleibes der von Christus vor. Darauf antwortete damals ein Gläubiger: »Jenen beten wir an als den Sohn Gottes, den Märtyrern dagegen zollen wir als Schülern und Nachahmern des Herrn die gebührende Liebe wegen ihrer unübertrefflichen Gesinnung gegen ihren König und Meister«.
Christen messen menschliche Heiligkeit immer am Grad der Verbindung zu Gott und seinem menschgewordenen Sohn, den Erlöser.
Das Fest des Apostels Jakobus ist in der ganzen Christenheit verbreitet, allerdings wird es nicht überall am selben Tag begangen. Die Kopten feiern sein Andenken am 12. April, da sein Märtyrium unter Herodes Agrippa um das Osterfest des Jahres 44 erfolgte (Apg 12.2). Das westsyrische Lektionar der Kirche von Antiochien verzeichnet sein Fest am 30. April. »Vielleicht wurde auch bei den Lateinern das Fest des hl. Jakobus, des Sohnes des Zebedäus, ursprünglich am 1. Mai begangen und entsprechend am 25. Juli das Gedächtnis des Bruders des Judas und Vetters des Herrn gefeiert. Andeutungen darüber fand Morin in den mittelalterlichen Kalendern von Monte Cassino«, so schrieb der Liturgiewissenschaftler und Erzbischof von Mailand, Ildefons Kardinal Schuster.
Um 450 entstand in Oberitalien das (fälschlich dem Kirchenlehrer Hieronymus zugeschriebene) Martyrologium Hieronymianum. Dessen Hauptquellen waren der römische und der katholische Festkalender sowie ein orientalisches Verzeichnis. In diesem Martyrologium war bereits die Feier des Apostelfestes für den 25. Juli angegeben, wie es heute noch in der römisch-katholischen Liturgie üblich ist, und die Vigilfeier am Vorabend. Seit dem 9. Jahrhundert gilt das auch für Rom selbst.
Die lange unter maurischer, also mohammedanischer Herrschaft lebenden, katholisch gebliebenen Spanier, die sogenannten Mozaraber, die viel vom altspanischen und westgotischen Ritus bewahrt haben, verehren unseren Apostel in eindrucksvollen Gebeten zu seinem Fest: »Christus, Deine Kraft und Macht zeigte sich in deinem Apostel Jakobus so gewaltig, daß er in deinem Namen die Scharen der Teufel vertrieb und ihnen gebot, als sie ihn bedrängten. Verteidige du deine Kirche vor dem Anprall ihrer Feinde. Mit der Kraft des Heiligen Geistes überwinde das Feindliche, damit das Werk der Lehrverkündigung sich vollende, das St. Jakobus begann, dessen vorbildliches frommes Leiden wir am heutigen Tage ehren« (Kirchengebet nach dem Gloria). Vor der Epistel sang der Chor ein kurzes psalmartiges Lied: »Auf sein Haupt hast du eine Siegeskrone mit kostbaren Edelsteinen gesetzt. Über dein Heil, Herr, wird er sich gewaltig freuen. Du hast ihm die Sehnsucht seines Herzens geschenkt und das Bekenntnis seiner Lippen nicht getäuscht.«
Nach der Opferung sprach der Priester des mozarabischen Ritus ein weiteres Gebet: »Geliebte Brüder, wir erkennen Jesus, der uns genauso zu sich ruft, wie er den hl. Apostel Jakobus zu sich rief, als er noch sein Netz am Meer zusammenlegte. Durch des hl. Jakobus Lehre ermahnt uns Christus und belehrt uns, damit wir niemals zögern, in der Hoffnung zu beten, mit tiefer Geistesandacht, unter Tränen den Herrn anzuflehen. Dann wird unser Gebet bei ihm alles erlangen, was wir durch die Belehrung des hl. Apostels Jakobus gelernt haben.« Die Mozaraber kannten auch eine eigene Präfation für diesen Festtag: »Als Jakobus durch Christi Ruf auserwählt zum Martyrertod geführt wurde, da gab er dem Gelähmten, der hinter ihm herrief, die Gesundheit wieder. Durch diese Wundertat aber rührte er das Herz seines Feindes derart, daß dieser, über die Geheimnisse des Glaubens belehrt, seinen Weg zum Blutzeugnis für Christus fand. Jakobus aber bekannte deinen Sohn und erlitt dafür den Tod durch Enthauptung. So kam er in Frieden zu ihm, für den er gelitten hat, nämlich zu deinem eingeborenen Sohn, der sein Leben hingab für den Loskauf vieler ...«
Das Gebet des »Vaterunser« wurde bei ihnen so eingeleitet: »Durch die Lehre deines hl. Apostels Jakobus werden wir ermahnt, daß jeder von uns, wenn er der Weisheit bedarf, sie von dir erbitten soll. Du gibst sie allen reichlich und ohne Zögern. Wir wollen durch Christus, der deine Kraft und Weisheit ist, zu dir gelangen und das zu erreichen uns bemühen. Wir flehen durch ihn deine Güte an, der bei dir unser Fürsprecher geworden ist ...«
In diesen altchristlichen Gebetsklängen wird überdeutlich, daß alle Heiligenverehrung vom Gotteslob herkommt und zu Gott hinführt. Die ältere römische Liturgie begann die Meßfeier (Fest zweiter Klasse) am Jakobusfest mit dem Introitus, dem

Eingangslied, das war genommen aus dem 138. Psalm. »Ich halte hoch in Ehren deine Freude, Gott ...« Das Kirchengebet lautete: »Herr, heilige und behüte dein Volk, damit es, gestärkt durch den Beistand deines Apostels Jakobus, in seinem Wandel Dir gefalle und frohgemut dir diene.« Die Lesung enstammt dem Korintherbrief des Apostels Paulus (1 Kor 4,9–15) in der es vom Gesandten Christi heißt: »Ich glaube, Gott hat uns Apostel an den letzten Platz gestellt, wie solche, die dem Tod geweiht sind. Denn wir sind zum Schauspiel geworden der Welt, den Engeln und den Menschen. Wir sind Toren um Christi willen ...« Der Zwischengesang des Graduale war dem 44. Psalm entnommen: »Du setztest sie als Fürsten über alle Lande; dein Name, Herr, wird stets gefeiert werden ...« Und der Alleluja-Vers stammt aus dem Johannesevangelium (Joh 15,16): »Ich habe euch aus der Welt ausgewählt, damit ihr hingeht und Frucht bringet ...« Die Evangelienperikope war dem Matthäusevangelium entnommen (Mt 20.20–23) und berichtet, wie die Mutter der Apostel Johannes und Jakobus Jesus befragt, ob ihre Söhne neben ihm die ersten Ehrenstellen im Gottesreich einnehmen könnten. Als Jesus darauf die Gegenfrage stellt, ob sie auch aus seinem Kelch trinken könnten, bejahen dies die Zebedäussöhne, damit war der Kelch des Leidens und des Todes gemeint. Ildefons Schuster bemerkte dazu: »Jakobus trank als erster den Kelch aus, Johannes kostete davon bis in sein höchstes Greisenalter. Die beiden Donnersöhne (Mk 3,17) haben die Kette der Märtyrer unter den Aposteln eröffnet und geschlossen und haben mit ihrem Blute die Kirche gebaut.«

Beim Offertorium betete die Kirche aus dem 18. Psalm: »In alle Welt drang ihre Kunde, ihr Wort bis an der Erde Grenzen.« Selten hat sich ein Schriftwort so sehr bewahrheitet. »Der Psalmist hatte verkündet, daß die Stimme der Apostel bis an die Grenzen der Erde erschallen würde. Und siehe da, die Pilger ziehen im Mittelalter mit dem Wanderstab und der Muschel am Pilgerkleid nach Galicien, der entlegensten Gegend der Welt, wie man damals glaubte, um das Grab des Apostels Jakobus zu verehren und seinen Segen zu empfangen« (Ildefons Schuster).

Im Gebet nach der Opferung beten die Gläubigen: »Herr, der selige Märtyrertod des hl. Apostels Jakobus wende deine Gunst den Opfergaben deines Volkes zu, und da sie durch keine Verdienste von uns deiner würdig sind, mögen sie durch seine Fürbitte dir wohlgefällig werden.« Zur Präfation des Jakobusfestes sang man die von den Aposteln: »Du wolltest als ewiger Hirte deine Herde nicht verlassen, sondern durch deine heiligen Apostel sie immerfort schützen und schirmen ...« Im altkirchlichen Sacramentarium Gelasianum war noch eingefügt: »Denn möge uns auch die Feier des hl. Sakramentes immer Heil wirken, so hoffen wir doch, daß es uns größeren Nutzen bringe, wenn uns der hl. Jakob mit seiner Fürsprache hilft.« Der Kommunionvers war dem Matthäusevangelium entnommen (19,28): »Ihr, die ihr mir gefolgt seid, werdet auf Thronen sitzen und die zwölf Stämme Israels richten.« Das Schlußgebet bat den Herrn: »Hilf uns auf die Fürsprache deines hl. Apostels Jakobus, zu dessen Fest wir freudig deine heiligen Geheimnisse empfangen haben.« Die alte Kirche kannte noch ein Gebet über das Volk: »Erfreut über die vielfachen Apostelfeiern, bitten wir dich, allmächtiger, gütiger Gott, laß uns immerfort durch ihr Martyrium gesegnet und durch ihre Fürbitte geschützt werden.«

Die heutige Liturgie des Festtages bringt überwiegend neue Texte. So lautet der Eröffnungsvers jetzt so: »Als Jesus am See von Galiläa entlangging, sah er Jakobus, den Sohn des Zebedäus, und seinen Bruder Johannes, die ihre Netze herrichteten; und er berief sie« (Mt 4,18,21).

Das Tagesgebet bittet: »Allmächtiger, ewiger Gott, als erster der Apostel hat der hl. Jakobus das Zeugnis für Christus mit seinem Blut besiegelt. Sein Bekennermut stärke uns, seine Fürbitte erwirke deiner Kirche Schutz und Sicherheit.« Die Epistel stammt jetzt aus dem 2. Korintherbrief (2 Kor 4,7–15): »Den Schatz der Erkenntnis des göttlichen Glanzes auf dem Antlitz Christi tragen wir Apostel in zerbrechlichen Gefäßen; so wird deutlich, daß das Übermaß der Kraft von Gott und nicht von uns kommt ...« Der Lesung entwortet jetzt der 126. Psalm mit dem Leitvers: »Die mit Tränen säen, werden mit Jubel ernten.« Der Allelujavers blieb gleich, ebenso das Evangelium. Neu sind die Fürbitten, von denen die erste lautet: »Zu Jesus Christus, für den der Apostel Jakobus sein Leben hingab, beten wir: Stärke dein Volk im Glauben, den die Apostel verkündet haben.« Das Gabengebet schließt: ... Denn seinen Tod verkünden wir am Fest des hl. Jakobus, der als erster unter den Aposteln den Kelch des Leidens mit unserem Herrn Jesus Christus geteilt hat.«

Derselbe Gedanke wird noch einmal beim Kommunionvers (nach Mt 20, 22 f.) aufgegriffen: »Sie tranken den Kelch des Herrn und sind Freunde Gottes geworden.«

Die pilgernde Kirche spricht beim Schlußgebet: »Herr, unser Gott, am Fest des Apostels Jakobus haben wir die heilige Gabe empfangen. Höre auf seine Fürsprache: Geleite uns auf der Pilgerschaft unseres Lebens und führe uns zur Vollendung.«

Die mittelalterliche Liturgie des Abendlandes kannte eine wesentlich größere Vielfalt als nach dem Reformkonzil von Trient, das eine stärkere Einheitlichkeit durchsetzte. Die gilt auch vom Würzburger Dom, in dem der Weihbischof Johann Opfinger 1384 einen St.-Jakobus-Altar konsekrierte, an dem auch eine eigene Vikariestiftung bestand und dessen Heiltum ein Turmreliquiar mit dem Bild des Erlösers gehörte, in dem Reliquien der Apostel Jakobus d. Ä., Bartholomäus und Matthias lagen. In einer kreuzförmigen Monstranz lagen weitere Apostelreliquien und ein winziges Fragment vom Kreuze Christi. 1187 wurde eine weitere Jakobusreliquie genannt.

Im 8. Jahrhundert war in Würzburg zwar bereits das Fest des Apostels Philippus und Jakobus d. J. eingeführt, aber noch nicht dasjenige von Jakobus dem Älteren.

Um die Mitte des 13. Jahrhunderts, am Ende der Stauferzeit, entstanden in Würzburg eine Reihe von Psalterien, die auch Kalendereintragungen enthielten. In der Mehrzahl davon war das Jakobusfest am 25. Juli mit der roten Farbe für Festtage eingetragen. In einer heute in München liegenden liturgischen Handschrift sind farbige Miniaturen enthalten, die jedem Apostel – darunter natürlich auch St. Jakobus – einen Monat zuteilen. Eine ganze Reihe weiterer Kalendare, die am Würzburger Dom im Gebrauch waren, ist bekannt. Am ausführlichsten ist im Spätmittelalter die Würzburger Domliturgie beschrieben worden. Papst Bonifaz VIII. hatte 1298 alle Apostelfeste in den Rang eines Duplexfestes erhoben. Bischof Manegold setzte 1302 diese Anordnung für das Bistum Würzburg in Kraft. Die Vigilfeier des Jakobusfestes ist spätestens 1356 im Dom belegt. Das Fest selbst wurde mit den Domvikaren gefeiert, zählte also damit zu denen des dritten Ranges. Feierlicher Chorgesang und neun Lesungen zeichneten das Fest aus. Zur Vigil wurde beim Introitus der hl. Messe aus dem Psalm 51 gesungen: »Ich aber bin wie ein fruchtbeladener Ölbaum im Hause des Herrn ...«. Zum Graduale erklangen Verse aus dem 91. Psalm: »Wie die Palme steht der Gerechte in Blüte, er kommt im Hause des Herrn zur Fülle der Kraft wie die Libanonzeder.«

Beim Offertorium wurde eine Stelle aus dem 8. Psalm gewählt: »Mit Ehre und Ruhm hast du ihn gekrönt ...«. Schließlich für den Kommunionvers aus dem 20. Psalm: »Groß ist durch deine Gnadenfülle seine Herrlichkeit ...«

Beim Meßformular des Jakobusfestes selbst wurde ein gemeinsames Gebet genommen, das für die meisten der Apostel galt. Abweichend davon sang man am Jakobustag in Würzburg die auch schon oben erwähnten Psalmenverse (18,5 und 44,17 f.) für das Graduale und das Offertorium, also beim Zwischengesang und beim Gebet vor der Opferung. Beim Allelujalied ertönte ein Vers aus dem Johannesevangelium 15, 16): »Nicht ihr habt mich erwählt ...« Falls die Vigil auf einen Sonntag fiel, sang man dazu Psalm 18, 2: »Die Himmel rühmen«. An den Festen der Apostel und Evangelisten Thomas, Philippus und Jakobus d. J., Jakobus d. Ä., Bartholomäus. Matthäus, Lukas, Simon und Judas Thaddäus erklang die feierliche Sequenz »Clare sanctorum Senatus«. Am Jakobusfest wurde im Würzburger Dom als Lesung ein Text aus dem Epheserbrief (2, 19–22) gewählt: »So seid ihr nun nicht mehr Fremdlinge und Beisassen, sondern Mitbürger der Heiligen und Hausgenossen Gottes, aufgebaut auf der Grundmauer der Apostel und Propheten, während Christus Jesus selber der Eckstein ist ...« Ähnlich war es mit der Evangeliumperikope, wo in Würzburg Verse aus dem Matthäusevangelium ausgewählt wurden (Mt 20, 20–23), ein Text, der aber später auch in der allgemeinen Liturgie auftaucht. Bei der Vigil wurde zudem ein Abschnitt aus dem Johannesevangelium vorgetragen (Joh 15, 1–7): »Ich bin der wahre Weinstock ...«

Zu den Würzburger Besonderheiten gehörte eine Prozession am Vigiltag von St. Jakobus aus den verschiedenen Klöstern und Stiften der Stadt zum Schottenkloster. In ihren Talaren, aber barfuß und ohne besondere Feierlichkeit, zogen die Chorherren von Stift Haug zum Dom, wo sie sich mit denen vom Neumünsterstift und den Domherren versammelten. Unter Wechselgesängen und Bittgebeten traf man im St.-Jakobus-Kloster ein, wobei das »Cives apostolorum« gesungen wurde, anschließend das Kyrie, Vaterunser, die sieben Bußpsalmen. Nach weiteren Gebeten folgte die hl. Messe.

Gebetszettel vom Anfang des 19. Jahrhunderts. Diözese Würzburg, Sammlung Hofmann.

Unter Gesang und dem Beten von Litaneien fand der Heimzug statt. An diesem Tage wurde auch der hl. Christina gedacht und der Oktav des Kiliansfestes. Bei der Vesper des Vigiltages zogen die Chorherren mit Weihrauch, Kerzen und Fahnen zu den Apostelbildern in der Stiftskirche und sangen dabei »Apostoli Christi«.

In Stift Haug war der Jakobustag nicht – wie im Dom – den Vikaren, sondern den Kanonikern vorbehalten, hatte dort also einen höheren Rang. Zur Matutin wurde eine »Historia de Apostolis« gesungen und dann, in sechs Lesungen aufgeteilt, die Legende vom hl. Jakobus vorgetragen. Dieser Gottesdienst wurde mit dem feierlichen »Tedeum« abgeschlossen. Unmittelbar nach der Matutin wurde am Altar des hl. Petrus die erste Messe vom Festtag des hl. Jakobus gesungen, und anschließend fand eine Prozession im Stiftskreuzgang und um das Kloster statt. Die zweite Messe war so wie oben beschrieben gestaltet.

Unter den fränkischen Kalendarien, die St. Jakobus erwähnen, dürften die vom Aschaffenburger Stift St. Peter und Alexander und vom Benediktinerkloster St. Stefan in Würzburg mit zu den frühesten gehören. Bereits damals wurden für das Apostelfest die schon genannten Evangelientexte Mt 20, 20–23 und Johannes 15, 12 angegeben. Das älteste Bamberger Domkalendar wurde ursprünglich in der Fuldaer Schreibschule für die Abtei Michelsberg geschaffen, kam aber kurz nach 1050 in den Kaiserdom. Es enthielt zwar bereits das Jakobusfest, aber nicht seine Vigilfeier. Dies geschah jedoch in den nächstfolgenden Bamberger Kalendaren, so im zweitältesten, das aus Lüttich stammte und im drittältesten, das in der oberbayerischen Abtei Seeon entstanden war. Aber nicht alle liturgischen Festkalender der Folgezeit kennen den Vigiltag. Ab dem 12. Jahrhundert wird dann der eigentliche Festtag in den meisten Handschriften hervorgehoben, meist durch eine besondere Farbe oder durch eine größere Schrift.

Nach Oxford gelangte später ein Brevier aus Münsterschwarzach, das ins Jahr 1154 zu datieren ist. Darin ist zum 25. Juli das Doppelfest von St. Jakobus und St. Christoph eingetragen. Ähnlich war es im Neustadter Klosterkalendar des 12. Jahrhunderts, nur ist hier auch noch die Vigilfeier des Apostelfestes vermerkt. Wohl ursprünglich in einer Benediktinerabtei geschrieben, vielleicht im Bamberger Michaelskloster, dann aber über die Zisterzienserabtei Ebrach nach Theinheim im Steigerwald gelangt, zusammengestellt im 12. und 13. Jahrhundert, das sogenannte Theinheimer Missale, kennt ebenfalls Vigil und mit rotem Eintrag die Festfeier von St. Jakobus.

Für das Zisterzienserinnenkloster Billigheim, das früher zum Bistum Würzburg gehörte und dem Weiserabt von Ebrach unterstellt war, entstand nach 1250 ein Kalendar, in dem St. Jakobus hervorgehoben war; an nachgeordneter Stelle wurde das Gedächtnis für St. Christoph und Cucufatus gepflegt. Im 14. Jahrhundert entstanden einschlägige Breviere im Ebracher Tochterkonvent Langheim, im Zisterzienserinnenkloster Himmelkron und am Übergang zum 15. Jahrhundert im berühmten Dominikanerinnenkonvent St. Katharina zu Nürnberg sowie etwa gleichzeitig im Heiliggrabkloster der Dominikanerinnen zu Bamberg. Von der Würzburger Dompfarrei sind zwei Kalendarien überliefert, das ältere um 1330 entstanden und das jüngere um 1410, beide verzeichnen unseren Apostel zum 25. Juli. Die Würzburger Diözesansynode von 1407, die unter Fürstbischof Johann von Egloffstein stattfand, zählte unter den Apostelfesten auch das von Jakobus d. Ä. auf.

Das Amorbacher Kalendar von ca. 1430/40 bringt neben anderen auch eine schöne Miniatur des Apostels Jakobus.

Auch im Kollegiatstift zu Ansbach wurde in Vigil und Fest des hl. Jakobus gedacht. 1518 ordnete der gelehrte Chorherr Georg Hutter testamentarisch

Röthlein. *Prozessionsstange mit dem Kirchenpatron.*

an, daß am Tag des »sancti Jacobi apostoli maioris Compostellani« im Stiftschor eine eigene Darstellung der Jakobsgeschichte erfolgen sollte, wohl eine Verlesung der Legenden mit verteilten Rollen. Die Zelebranten sollten daran ein Bittgebet anschließen.

Von 1486 stammt der Festkalender der Fuldaer Stadtpfarrei. Darin wurde der Jakobustag unter die »festa chori et fori« gerechnet, d. h., es wurde in der Kirche und außerhalb, z. B. durch Arbeitsruhe, gefeiert.

Im Raum des Bamberger Bistums verbreitete sich im 15. Jahrhundert die Anzahl der erhaltenen Kalendare und liturgischen Handbücher, so eines vom Chorherrenstift St. Gangolf in der Theuervorstadt von Bamberg, aber auch in Nürnberg. Die Losungsstube des Nürnberger Stadtrates besaß ein eigenes Kalendar, ebenso die beiden großen Kirchen dieser Stadt St. Lorenz und St. Sebald sowie das dortige Schottenkloster St. Egidien. Das Bamberger Kollegiatstift St. Jakob feierte am 25. Juli sein Kirchweihfest. Das Fest fehlte auch nicht im ersten gedruckten Bamberger Missale von 1490 und nicht im Würzburger Brevier von 1518 oder im Kalendar des Ritterstiftes zu St. Burkard von 1599, wo die Kanoniker selbst zum Fest sangen, nicht die Vikare, und ähnlich wie im Dom und im Stift Haug neun Lesungen angeordnet waren. In Würzburg hatte der Jakobustag noch eine besondere Bedeutung, weil an ihm lange Zeit auch der Weihetag des St.-Kilians-Domes gefeiert wurde.

In der Aufklärungszeit sahen selbst Kirchenfürsten keinen rechten Sinn mehr in den vielen Festtagen des Kirchenjahres, und so wurden viele davon herabgestuft, nur noch in der Liturgie gefeiert, nicht mehr durch Arbeitsruhe geheiligt.

Pilgerwege von Franken nach Santiago

Auf schmalen Pfaden ziehen große Pilgerscharen

Ab dem 10. und 11. Jahrhundert wuchs die Schar der Pilger aus dem ganzen Abendland, und über lange Zeit hinweg strömten sie ins ferne Galicien, *ad limina beati Jacobi,* zu den Schwellen des seligen Jakobus. Wie wir wissen, waren schon früh auch Menschen aus dem Frankenland dabei. Es ist bekannt, daß spätestens in Frankreich viele Pilgersleute auf einer Reihe von gleichbleibenden Routen zu ihrem Ziel zogen, und schließlich lag, wenn das mühselige Wegstück über die Pyrenäen überwunden war, der »Camino« vor ihnen, der mit nur einigen Varianten von Pamplona über Burgos und León nach Santiago zieht.

Vergleichbares gibt es in Deutschland nicht. Gelegentlich versuchte man, hier anhand von Kirchenpatrozinien Pilgerstraßen zu rekonstruieren. Bei der großen Dichte der Jakobuskirchen, nicht zuletzt im Frankenland, sind keine eindeutigen Pilgerwege erkennbar. Es scheint vielmehr so zu sein, daß die Pilgerströme, die durch Frankreich und Nordspanien zogen und heute wieder verstärkt fließen, sich aus vielen kleinen Rinnsalen speisten. Von überallher konnte sich ein Mensch aufmachen, vielleicht auch eine kleine oder größere Reisegesellschaft, und nicht selten werden sich auf den langen Wegen auch kurzfristige oder bleibende Wandergruppen gebildet haben. Die einen zogen wohl vor, die ausgetretenen Wege, die überfüllten Straßen zu meiden, und gingen auf schmalen Pfaden, wenig beachtet. Freilich solche, denen auf befahrenen Strecken das Fortkommen sicherer schien, oder die per Kutsche oder hoch zu Roß eine gebahnte Straße benötigten, wo Gasthäuser und Herbergen, Dörfer und Städte, Kirchen und Brücken die Pilger erwarteten, werden die großen Handelsstraßen und die Wege genutzt haben, auf denen auch Militärverbände und Fuhrwerke gut vorankamen. So ist keine Einheitlichkeit zu erkennen, viele suchten sich selbst den Weg, der ihren Kräften entsprach. Es gibt auch Fakten und Nachrichten, die bestimmte Rückschlüsse ermöglichen.

So zog Erzbischof Siegfried von Mainz 1072 über das berühmte burgundische Reformkloster Cluny nach Santiago, in das er auf der Rückreise vom Apostelheiligtum sogar für eine Zeitlang eintrat. Ebenso wählte der Fuldaer Abt Heinrich von Cronberg 1197 den Weg über Cluny. Herzog Heinrich der Löwe dagegen kam über Rouen in der Normandie nach Compostela. 1315, als der fuldische Abt nach Santiago pilgerte, tat er das vom provencalischen Carpentras aus, weil damals dort die päpstliche Kurie war; unter Klemens V. hatte nämlich jene unheilvolle Zeit des sogenannten babylonischen Exils der Kirche begonnen, als das Papsttum in völlige Abhängigkeit zu den französischen Königen geriet.

1387 kamen fünf Ritter aus dem fuldischen Buchonien über Aragon nach Santiago, ebenso der thüringische Graf Heinrich von Schwarzburg, dessen Verwandter Gerhard damals auf dem Würzburger Bischofsstuhl saß. Aus Nürnberg werden eine Reihe von Pilgern des Spätmittelalters bekannt: Nikolaus Rummel reiste 1408/09 über Brügge und Barcelona. Rund zwanzig Jahre später kehrte Peter Rieter über Astorga in seine Heimat zurück, nicht ohne die spanischen Heiligtümer San Salvador in Oviedo, Virgen del Pilar in Saragossa und den katalanischen Montserrat ebenfalls besucht zu haben. Ausführlich berichtete der Nürnberger Gabriel Tetzel über seine große Fahrt, die er im Gefolge des böhmischen Hochadeligen Leo von Rožmital 1465 bis 1467 unternahm. Über Prag führte sie ihr Weg nach Nürnberg, wo Tetzel zur Reisegruppe stieß, über Heidelberg, Mainz, Köln nach Aachen, Brüssel, Calais, wo der atlantische Kanal nach England überquert wurde und die Städte Canterbury und London besucht wurden. Über die Kanalinsel Guernsey erreichten die Reisenden die bretonische Küste und kamen nach

Saint-Malo, durchzogen das Loiretal, besuchten Vézelay, Saint-Gilles, Conques, Moissac und den hl. Martin in Tours, bevor sie die Pyrenäen überquerten. Feindseligkeiten der Bewohner Nordspaniens zwangen zu Umwegen über Burgos, Salamanca und Braga, bis die Pilger endlich Santiago erreichten. Ähnlich kompliziert war die Rückreise, die Portugal, Spanien, Südfrankreich sowie Italien berührte und über Wien nach Böhmen verlief.

Der nürnbergische Arzt Hieronymus Müntzer entfloh 1494 der Pest in seiner Heimat und reiste über Frankreich nach Spanien, wo Barcelona, Granada, Sevilla, Toledo und Madrid die Hauptstationen der Santiagoreise bildeten.

Pilgerführer

Aus dem Servitenkloster Vach an der Werra im Stift Fulda gelegen, kam Hermann Künig, der einen vielverbreiteten Pilgerführer nach Compostela verfaßte. Man darf davon ausgehen, daß die von ihm beschriebenen Reiserouten die geläufigsten waren, die vor allem einfache Pilger aus der Mitte Deutschlands einschlugen. Er unterscheidet eine obere und eine untere Straße. Auf der oberen verlief der Hinweg, den er in Maria Einsiedeln beginnen läßt; sie verläuft weiter über Luzern, Bern, Freiburg im Uechtland, Lausanne und Genf in die Täler der Isère und der Rhône, führt durch Südfrankreich über Montpellier, Béziers, Carcassonne und Toulouse und durchquert die Grafschaft Armagnac bis Puenta la Reina. Dort trafen die Pilger der Oberstraße auf die der Niederstraße und die von den anderen großen Wallfahrtsstraßen durch Frankreich, die eine von Clermont-Ferrand bzw. Vézelay ausgehend, sich ihrerseits schon in Ostabat mit den Straßen von Tours, Le Puy und Saint-Gilles-du Gard vereinigt hatten. Von Puenta la Reina verlief dann der Weg entlang einer alten Römerstraße über Burgos, León, Astorga und Villafranca nach Compostela. Der Rückweg war nach Hermann Künig bis zu den Pyrenäen derselbe. Dann konnte man die Niederstraße entlang über Bayonne, Bordeaux, Poitiers, Tours, Orléans, Paris, Amiens und Brüssel nach Aachen gelangen, wo die Niederstraße endete.

Bevor aber die beiden großen Sammelpunkte erreicht wurden, auf denen die meisten Pilger aus Deutschland sich trafen, benützten sie oft auch die Wasserwege, also die Franken den Main, der bei Mainz in den Rhein mündet, oder noch häufiger alte Handelsstraßen, auf denen schon viele andere Menschen unterwegs waren.

Immer wieder wurde versucht, innerhalb von Deutschland feste Pilgerwege nachzuweisen, oft indem die vielen Jakobuskirchen und -kapellen miteinander geographisch verbunden wurden. Es mag ein deutliches Zeichen für oft wiederkehrende Santiagopilger sein, wenn landauf, landab, oft nur in der Entfernung eines Tagesmarsches voneinander, Jakobusheiligtümer entstanden. Aber allzusehr darf die Ansicht nicht gepreßt werden, all die vielen Jakobusstätten hätten in der Hauptsache nur Wegemarken für Pilger dargestellt. Es ist eher so, daß heimgekehrte Beter und Apostelverehrer zum Gedenken an ihre große Wanderschaft Erinnerungsstätten errichten wollten oder daß Gläubige, die selbst nicht so weit pilgern konnten, auf solche Weise ihre Jakobusverehrung bekundeten.

Keine Pilgerfahrt wie jede andere

Analog zum bekannten Sprichwort: »Alle Wege führen nach Rom«, hätte das mindestens im Mittelalter auch von Santiago gesagt werden können. Neben der Romfahrt und der Pilgerreise ins Heilige Land war die Verehrung des hl. Jakobus in Galicien die bedeutendste aller Fernwallfahrten, und heute zählt Santiago de Compostela wieder zu den ganz großen Stätten, die Pilger und Beter aus aller Welt anziehen. Weder das Grab des Apostels Matthias in Trier noch das Grab des Evangelisten Markus in Venedig konnten ähnliche Menschenscharen anziehen. Nur noch die Apostelgräber von Petrus und Paulus in Rom und die über allen Gräbern leuchtende Grabeskirche zu Jerusalem, worin der gläubige Christ den Ort der Auferstehung Jesu Christi von den Toten erkennt, übertrafen und übertreffen die Anziehungskraft von Santiago in Nordspanien. Viele kleine und größere Wallfahrtsorte entstanden, die lokale oder regionale Bedeutung erlangten, manchmal über Jahrhunderte hinweg. Einige davon gewannen auch überregionale Bedeutung, wie Aachen, Altötting, Einsiedeln, Fulda, Kevelaer, Köln, Lisieux, Montserrat, Mont Saint-Michel, Vierzehnheiligen, die Wieskirche, Lourdes oder Fatima. Ohne den Rang dieser oder anderer Orte schmälern zu wollen, ist doch Santiago allenfalls mit Jerusalem oder Rom vergleichbar, aber doch ist Santiago wieder etwas ganz Besonderes, die Wallfahrt dorthin ist eben keine wie jede andere.

Jerusalem war für das jüdische Volk des ersten, sogenannten Alten Bundes mit Gott zum zentralen Ort des Königtums und des Tempelkultes geworden, die Stadt wurde in den Heiligen Schriften zum irdischen Abbild der neuen Stadt Gottes, zum Symbol des himmlischen Jerusalem, in dessen Namen schon die ewige Sehnsucht der Menschen nach dem Frieden aufscheint. Für das Gottesvolk des neuen Bundes wurde Jerusalem der wichtigste Ort der Heilsgeschichte mit der Verkündigung der Frohen Botschaft, mit Leiden, Kreuzestod und Auferstehung wie er am ersten Pfingstfest zum Kristallisationspunkt des neuen Gottesvolkes wurde, das alle Reiche und Länder umfaßt. Mit dem Jerusalem der Urkirche hängt der Apostel Jakobus, wie ihn die christliche Tradition sieht, engstens zusammen. Als es nach den mißglückten Kreuzzügen immer schwieriger, ja fast unmöglich wurde, nach Jerusalem zu pilgern, schien der Besuch jenes Grabes in Compostela ein gleichwertiger Ersatz, gilt es doch als die Ruhestätte jenes Fischers vom See Gennesaret, der zu den erstberufenen Jüngern Jesu zählte und einer der profiliertesten Apostel des Neuen Testamentes war; in ihm sah die Tradition zugleich lange jenen gleichnamigen Herrenbruder, der in der Urgemeinde von Jerusalem eine führende Rolle spielte.

Rom, das bereits lange bevor es Sitz der Nachfolger des hl. Petrus wurde, Mittelpunkt eines der großen Reiche der Weltgeschichte gewesen war, wird in christlicher Sicht ausgezeichnet durch Wirken und Martyrium der sogenannten Apostelfürsten Petrus und Paulus.

Wie schon der Name der Stadt es aussagt, ist Santiago de Compostela einzig durch die dort blühende Verehrung des großen Apostels Jakobus das geworden, was es heute noch ist: die Stadt des hl. Jakobus. Das unterscheidet Jerusalem und Rom von Santiago, die Apostel verbinden aber auch diese drei Stätten miteinander.

Das Christentum ist nicht nur – wie Judentum und Islam – eine »Buch-Religion«, es beruht auch auf historisch greifbaren und wirksam gewordenen Fakten. Die Hoffnung, in das Heilige Land zu gelangen, die Sehnsucht, in Rom und in Santiago die Schwellen zum Heiligtum der Apostel zu überschreiten, sind mit der Verkündigung der Frohen Botschaft wach geworden und in stets neuer Weise lebendig geblieben. Trotz aller schmerzhaften Spaltungen der Christenheit ist die Rückbesinnung auf die Tage der Apostel ein wichtiger Beitrag zur Annäherung christlicher Konfessionen. Denn in den Aposteln verehren wir den, der diese ausgesandt hat (Lk 10,16), den Armen die Frohe Botschaft zu bringen, den Gefangenen Befreiung und den Kranken Heilung (vgl. Mt 4,23–24; Mt 11,3–5; Mt 25,35 ff.; Lk 4,18 f.).

In den großen Wallfahrtsbewegungen des Mittelalters wuchs das Abendland zusammen, begegneten sich Orient und Okzident. Gegenüber den Mohammedanern, den Arabern und Mauren empfanden sich die Europäer als eine Einheit, die es wert schien, verteidigt zu werden. Freilich, der, der gesagt hatte: »Mein Reich ist nicht von dieser Welt« (Joh 18,36) und bei seiner Gefangennahme dem Apostel Petrus befahl: »Stecke dein Schwert in die Scheide« (Joh 18,11; Mt 26,51 f.), er ließ es zu, daß Menschen in seinem Namen und im Glauben, geschützt zu sein von seinen Aposteln, nicht nur mit geistigen Waffen ihre Kräfte gemessen haben, sondern auch mit Feuer und Schwert. Gerade St. Jakobus wurde jahrhundertelang als Matamoros, als Kämpfer gegen die unchristlichen Mauren verstanden. Wie wir heute wissen, war das ein arges Mißverständnis, denn es kann nicht Aufgabe eines Christen sein, die Frohbotschaft in eine Drohbotschaft zu verdrehen und den Glauben an das von Gott bewirkte Heil mit Waffengewalt Andersgläubigen aufzuzwingen.

Aber die Santiagoverehrung stand gottlob nicht nur unter diesem Aspekt. Das, was sie heute noch bedeutend macht, ist etwas ganz anderes: Letztlich geht es nämlich bei aller Wallfahrt, allem Pilgern, allem Gebet darum, das Gottesreich zu gewinnen, denn Jesus und seine Apostel wurden nicht müde zu verkünden: »Das Reich Gottes ist nahe« (vgl. Mt 3,2; Mk 1,15).

Historisch gesehen wuchs das Abendland enger zusammen, wenn Menschen aller Zungen und Nationen monate-, ja jahrelang miteinander unterwegs waren, wenn sie sich in der Kathedrale über dem Apostelgrab trafen und miteinander den Gott des Lebens und der Liebe anriefen und verehrten, den Gott, der gelobt und geliebt wird in seinen Heiligen.

So wird es klar, daß der echte Pilger, der sich frei macht von Besitz, von Haus und Hof, von Hab und Gut, sich auch frei macht von Bindungen an Menschen, die ihm sonst nahestehen, daß ein solcher Pilger nicht bewaffnet sein kann, denn er vertraut sein Heil Gott an, er verläßt sich nicht mehr auf äußere und äußerliche Sicherheiten, er wird arm, so wie der Menschensohn arm und heimatlos war, daß er keine eigene Stätte hatte, wohin er sein Haupt legen konnte (Mt 8,20). Der »homo viator«, der Wanderer, der Mensch, der auf der Straße des Lebens unterwegs ist, der zu neuen Horizonten aufbricht und dafür Mühsal, Schweiß, Hunger und Durst und das Unbehaustsein auf sich nimmt, der wird zu einem beispielhaften Christen. Lebt ein solcher Mensch doch ein Stück weit wie Jesus aus Nazareth selbst, der aufrief, alles zu verlassen und ihm nachzufolgen (Mt 19,21–27). Neben Jesus und seinen Aposteln, neben den Frauen, die Jesus folgten und ihm halfen, wie das Neue Testament berichtet (Lk 8,2f.), formte sich St. Jakobus allmählich selbst zum Urbild christlicher Pilger. Seine Hauptverehrungsstätte im fernen Galicien wurde zum Pilgerort par excellence.

Für den gläubigen Franken galten die Heiligen der Missionszeit seiner Heimat als Vorbilder der Pilgerschaft. Um Gottes willen wurden sie Apostel des Frankenlandes: ein hl. Kilian mit seinen Gefährten, wandernde Ordensleute, geschart um einen Wanderbischof, St. Willibrord, St. Bonifatius, St. Burkard, waren ständig unterwegs, um ihre missionarische, apostolische Aufgabe zu erfüllen. Nicht umsonst ist in Nürnberg, von wo aus so viele Pilger aufbrachen, der Stadtpatron seit alters ein Wanderer und Pilger, St. Sebald. Auch Bamberg, das den hl. Otto ehrt, ehrt damit nicht nur das Andenken an seinen bedeutenden Bischof, sondern den, der wandernd und missionierend zum Apostel der Pommern geworden ist und zur völkerverbindenden Symbolfigur für Polen und Deutsche. Die Pilgerströme nach Santiago dagegen verbanden noch viele weitere Räume und Völker: Skandinavien, die britischen Inseln, Osteuropa, Deutschland, Italien, Frankreich mit der Iberischen Halbinsel. Menschen, die mit wachen Sinnen die weiten Wege nach Compostela auf sich nahmen, konnten nicht unverändert in ihre Heimat zurückkehren, wenigstens ein klein wenig müssen sie verspürt, erahnt haben, wie Pilgern zu einer besonderen Lebensform des Christen gehört, wie ein Vorbild, wie eine Idee die Menschen zueinanderbringt, näher hin zu Jesus Christus, näher zu Gott.

Freilich darf nicht vergessen werden, daß den Menschen bei all seinem Tun meist ein ganzes Bündel von Motiven antreibt, wobei viele oft uneingestanden und ungesagt bleiben. So bewegten und bewegen auch die Pilgernden nach Santiago Ziele, die nicht allein nur im Religiösen, im über die irdische Welt Hinausgreifenden liegen, sondern wenigstens teilweise auch ganz handfeste irdische Interessen: Wandertrieb und Abenteuerlust mochten Nestflüchter bewegen, in fremde Länder aufzubrechen. Anderen wurde die Enge ihrer Umgebung lästig, vielleicht auch das Korsett der Gesetze und Konventionen, manche mußten fliehen und von anderen sah man gerne, daß sie wenigstens für eine Weile nicht mehr im Lande weilten. Im Mittelalter gab es solche, denen Wallfahrten zur Buße für Vergehen auferlegt wurden und solche, die stellvertretend – vielleicht sogar gegen Bezahlung – für andere die beschwerliche Pilgerfahrt auf sich nahmen. Wieder andere ließen sich von der Aussicht auf Gewinn und auf das Knüpfen von nützlichen Beziehungen leiten, sie pflegten Handelsinteressen oder diplomatische Kontakte; es mochte dann die Reise nach Santiago ein schöner Vorwand für selbstsüchtige Absichten sein, oder man machte einfach einen Abstecher, der wenig zusätzliche Opfer forderte, weil man ohnehin schon in der Nähe war. Mögen also solche und vielleicht noch viele weitere Motive mitbestimmend gewesen sein – kaum jemand wird sein Herz so versteinert haben, daß kein Funken religiösen Empfindens sich darin hätte entzünden können: »Das Reich Gottes ist nahe, kehret um! Wandelt euch durch ein neues Denken!« (vgl. Mt 3,3 nach Is 40,3; Mt 3,17; Röm 12,2).

Die Farbbilder

Seite 37
Oben: *Ablaßurkunde der Jakobuskirche in Urphar, 1340. Staatsarchiv Wertheim, StAWt-G XX, Nr. 115.*
Unten links: *Würzburg, Domkreuzgang. Schlußstein mit dem Wappen derer von Eyb.*
Unten rechts: *Poppenhausen. Bildstock.*

Seite 38
Oben: *Kleinschwarzenlohe, Kirche zu Allerheiligen. Flügelaltar mit dem Abschied der Apostel, Frühwerk Tilman Riemenschneiders, 1491.*
Unten links: *Rothenburg ob der Tauber, St. Jakob. Der Apostel Jakobus in der Predella des Hochaltars von Friedrich Herlin, 1466.*
Unten rechts: *Emmaus-Szene auf einem Altar Kölner Schule, Nachfolge Stefan Lochner, um 1450/1460. Germanisches Nationalmuseum Nürnberg, Gm 871.*

Die Auswirkungen der Santiago-Pilgerfahrt auf Franken

Erik Soder von Güldenstubbe

Die Weiterentwicklung der Patrozinien

Die großen und lang anhaltenden Pilgerströme nach Santiago trugen gewiß mit dazu bei, daß die Zurückgekehrten und die Daheimgebliebenen Kirchen und Kapellen errichteten, die dem Apostel Jakobus dem Älteren geweiht wurden. Wir können hier diese nicht alle aufzählen, die frommer Sinn allein im Frankenland geschaffen hat. Einige aus dem alten und neuen Bistum Würzburg – soweit ab dem 14. Jahrhundert nachweisbar – seien nur stellvertretend genannt: Gaukönigshofen, Lauda, Leidersbach, Miltenberg, Adelsheim, Großlangheim, Hafenlohr, Hafenpreppach, Versbach, Himmelstadt, Lengfurt.

Im Bamberger Bistum tragen neben der schon erwähnten St.-Jakobs-Kirche in der Bischofsstadt selbst weitere Gotteshäuser den Namen dieses Apostels, so in: Elbersberg bei Pottenstein, Thurndorf, Herrnsdorf, Leutenbach, Niedermirsberg bei Ebermannstadt, Enchenreuth bei Helmbrechts, Guttenberg bei Kupferberg und Tschirn. Bereits mittelalterlich sind die Jakobuspatrozinien von Teuchatz, Creussen, Neudrossenfeld, Küps, Mitwitz, Geroldsgrün, Kirchrüsselbach, Auerbach.

Königsfeld hatte als ehemalige Würzburger Kirche ursprünglich das Kilianspatrozinium, wechselte aber unter Bamberger Einfluß dann zu Maria und Jakobus. Kirchahorn verehrte Michael und Jakobus gemeinsam. Würgau wechselte von Jakobus zum Apostel Andreas. Das Heilig-Geist-Spital in Lichtenfels verehrte Jakobus als Patron seiner Kapelle. Maria und Jakobus waren schon 1165/79 die Schutzheiligen der Pfarrkirche zu Marktschorgast. In Rugendorf wurde neben Jakobus auch St. Erhard als Kirchenpatron geehrt. In Hof errichtete die Jakobusbruderschaft zum Andenken an einige Compostellapilger 1487 eine Jakobuskapelle mit Benefizium. Die Jakobuskirche in Nürnberg schenkte 1209 König Otto IV. dem Deutschen Orden. Die Jakobuskirchen von Burgwindheim, Ebing, Etzelskirchen, Markt Bibart und Viereth sind erst im frühen 19. Jahrhundert vom Bistum Würzburg an das frühere Tochterbistum Bamberg gelangt, das 1821 zur Erzdiözese erhoben wurde (v. Guttenberg/Wendehorst).

Auch das Bistum Eichstätt, das schon weit ins Altbayerische hineinreicht, steht nicht zurück: Ittelhofen bei Waldkirchen, Greding, Sindelbach, Tagmersheim, Oberbuchfeld bei Deining, Heng-Postbauer, Elbersroth, Ornbau und Abenberg. Weiterhin sind dort zu nennen: Hamberg im Dekanat Dietfurt, die Jakobuskapelle zu Dollnstein und die Filialkirche zu Nußbühl, Pfarrei Fünfstetten. Zu Allersberg im Dekanat Hilpoltstein bestand eine St.-Antonius- und Jakobus-Kapelle, auch in Hilpoltstein selbst befand sich eine Jakobuskapelle (Buchner).

Die Kirchen, die den Weihetitel von St. Jakobus dem Jüngeren tragen, der gleichfalls dem Apostelkreis angehört, sind dabei nicht mitgerechnet.

Am häufigsten wählten die Franken vom 13. bis zum 15. Jahrhundert St. Jakobus als Patron ihrer Kirchen und Kapellen. Die Reformationszeit läßt dann wenig neue Kirchen entstehen, allgemein ging die Heiligenverehrung damals zurück. Durch die Erneuerung der katholischen Kirche nach dem Reformkonzil von Trient blühte die Frömmigkeit wiederum auf und verband sich mit dem zu dieser Zeit ebenfalls sich entwickelnden Barockstil, der das künstlerische Erbe des Frankenlandes heute noch unübersehbar mitprägt. In der Zeit nach dem Dreißigjährigen Krieg, der viele alte Traditionen – im wahrsten Sinne – aussterben ließ, geschah es, daß manche Kirchen jetzt den Jakobus-Weihetitel erhielten, die vorher einen anderen getragen hatten. Die Überlebenden solcher Orte konnten sich noch an das am Jakobustag (25. Juli) gefeierte Kirchenfest erinnern. Das war aber nun meist das Fest der Kirchweihe gewesen, die am Jakobitag gefeiert wurde, und so kam es gelegentlich zur Verwechslung zwischen Kirchweihetag und Patroziniumsfest.

Zu den Förderern der Jakobusverehrung zählten neben vielen Gläubigen in einzelnen Pfarreien die Bischöfe von Mainz, Würzburg, Eichstätt, Bam-

Andachtsbild mit Jakobus als Matamoros im Hintergrund. Joseph und Johann Klauber, 3. Viertel 18. Jahrhundert. Diözese Würzburg. Sammlung Hofmann.

berg und Fulda, dann schon sehr früh, und bei Fulda besonders gut feststellbar, die Orden, allen voran die Benediktiner, gefolgt von Zisterziensern, den Ritterorden und Prämonstratensern.

Daneben ist nicht der Adel zu übersehen, dem in Zeiten der Kreuzzüge die Gestalt des hl. Jakobus als angeblicher Bekämpfer der Mauren besonders nahegestanden sein mag. Als letzte Gruppe von Förderern sind Einzelpersonen aus dem weltlichen und geistlichen Stand zu nennen.

Gelegentlich verdrängte Jakobus einen älteren Kirchenpatron, was später auch umgekehrt geschehen konnte; bisweilen wurden ihm dann Nebenpatrozinien gewidmet, wo er beispielsweise neben Maria, der Mutter Jesu, neben Katharina, Barbara, Valentin oder anderen Heiligen steht.

Alles in allem betrachtet sind die Zeugnisse über die Kirchenpatrozinien unseres Heiligen Belege für die Lebendigkeit christkatholischer Frömmigkeit. Auch im 20. Jahrhundert wurden in Franken neue Kirchen auf St. Jakobus geweiht, so in Geiselwind, Modlos und Oberwildflecken. Gelegentlich wählten auch evangelische Gemeinden diesen Apostel zum Patron ihrer Kirchen und damit zum Vorbild ihrer Pfarrangehörigen.

An Pilgerwegen werden viele Eindrücke erfahren: Rückwirkungen sekundärer Pilgerziele auf Franken

Die vielen Pilger, die sich immer wieder aus dem Frankenland nach Santiago aufmachten, haben auf ihren oft beschwerlichen Reisen auch viel Neues gesehen und kennengelernt. Manches davon brachten sie in ihre Heimat mit: Sprachbrocken, die sie bei den Bewohnern der Länder aufgeschnappt haben, die sie durchzogen; den einen oder anderen Brauch oder Kochrezepte mögen sie ihren Gastgebern im fremden Land abgeschaut haben; handwerkliche Fähigkeiten und künstlerische Eindrücke konnten sie erwerben. Manche Brücke, manche Einzelheit beim Straßenbau und bei der Befestigung der Böschungen, beim Bau und bei der Ausgestaltung von Kirchen, Kapellen, Wohnhäusern, Spitälern und Herbergen, auch Brunnen und Zisternenanlagen nahmen die durstigen Pilger in heißeren Klimazonen vielleicht intensiver wahr als hierzulande. Ausländische Münzen und Reiseandenken brachten sie mit, allen voran die sprichwörtliche Pilgermuschel, die Jakobsmuschelschale und andere Pilgerabzeichen, nicht zuletzt alte und neue Lieder und Gebetstexte.

Wie die Pilgerführer aufzeigen und viele Einzelberichte ergeben, besuchten die Wanderer auch viele an der Strecke liegende Gotteshäuser, Andachtsstätten und Heiligengräber. Gewiß mag die Verehrung mancher Heiliger im Frankenland auch durch den Austausch liturgischer Schriften und von Gebetbüchern schon früher bekannt geworden sein. Aber viel stärker haben bei ganz bestimmten Heiligenkulten die Erfahrungen der Santiagobesucher gewirkt. Josef Leinweber hat bereits 1976 darauf hingewiesen, daß im Pilgerführer des Hermann König eine Reihe von Heiligengestalten aufgeführt werden, die am Reiseweg oder nicht weit davon entfernt liegen. Meist angeregt durch den Besuch solcher Wallfahrtsorte entstanden sekundäre Verehrungsstätten in der Heimat der Pilger. Leinweber konnte das beispielhaft für das Territorium der ehemaligen Fürstabtei Fulda nachweisen, das kirchlich auf die Bistümer Mainz und Würzburg aufgeteilt war.

Auch im übrigen Würzburger Sprengel, der damals noch von Südthüringen bis ins heutige badische und württembergische Franken reichte, sowie in den Bistümern Bamberg und Eichstätt lassen sich solche sekundäre Kulte aufspüren.

Saint-Gilles, das in der Provence, im Rhônetal, nach Nîmes an der Oberstraße liegt, birgt den Leib des hl. Eremiten Ägidius (Egidius, im Mittelalter oft St. Gilg genannt). Bedeutende Reliquien von ihm wurden daneben in der Kirche St. Sernin zu Toulouse verehrt, das ebenfalls an der Oberstraße lag. Ägidius zählt zu den Vierzehn Nothelfern, die ihren berühmtesten Wallfahrtsort im oberfränkischen Vierzehnheiligen besitzen. In den fränkischen Kalendaren war das Ägidiusfest bereits im 11. Jahrhundert eingetragen. Reliquien von ihm verehrten die Gläubigen in Fulda, in Würzburg, in Aschbuch, Pelchenhofen und Harrenzhofen.

Einen Daumenknöchel dieses Heiligen brachte der Chorherr Wigbodo von St. Jakob in Bamberg von einer Pilgerreise aus Saint-Gilles mit, und Bischof Otto der Heilige weihte um 1112 die Spitalkirche unterhalb des St.-Michaelsberges in Bamberg dem hl. Ägidius. Von dort aus verbreitete sich dann die Verehrung dieses Heiligen an vielen Orten weiter. Am bemerkenswertesten ist das ehemalige Schottenkloster St. Egidien in Nürnberg und das frühere Spital des Würzburger Domkapitels, das den Heiligen Dietrich und Ägidius geweiht war.

Fast am Beginn der Oberstraße, in Lausanne, besuchten Pilger das Grab der *hl. Anna,* Mutter der Gottesgebärerin Maria, wie das apokryphe »Protoevangelium des Jakobus« es überliefert. In Franken verbreitete der berühmte Abt vom Würzburger Schottenkloster St. Jakob und humanistische Gelehrte Johannes Trithemius die Verehrung der Mutter Anna besonders. Aber schon vorher taucht ihr Name als Patronin fränkischer Kirchen, Kapellen und Altäre auf, ebenso seit dem 14. Jahrhundert in Bamberger Kalendaren. Ablässe zeichnen ihr Fest aus, Bruderschaften ehren ihr Andenken.

An der Niederstraße lag Paris, wo das Grab von *St. Dionysius* in Saint-Denis Verehrung fand. Schon im 9. Jahrhundert ist eine Reliquie von ihm in Fulda nachweisbar. Dionysius zählt ebenfalls zu den Vierzehn Nothelfern und war lange Schutzpatron des fränkischen Reiches. Die Benediktinerabtei Banz erwählte ihn zum Fürsprecher. In der Propsteikirche auf dem Petersberg bei Fulda und im Bamberger Dom standen Altäre mit seinem Namen. Bereits im frühmittelalterlichen Bistum Würzburg bestand bei Bad Kissingen die St.-Dionysius-Zelle zu Großenbrach. Weitere Kirchen im Altwürzburger Sprengel waren ihm geweiht, so in Ballingshausen, Berlichingen, Buchenbach, Neckarsulm, Rottershausen, Spaichbühl, Stadtschwarzach, Nürnberg und Wargolshausen.

St. Gangolf, der 760 im burgundischen Langres ermordet worden war, begegneten die Jakobspilger auf einer der Straßen, die einer alten römischen Route folgend, entweder über Lyon nach Arles oder nach Le Puy führte. Am bekanntesten ist in Bamberg das bereits 1057/58 durch Bischof Gunther errichtete Chorherrenstift in der Theuervorstadt geworden. St. Gangolf wurde gerne auf Bergen verehrt, so in der Kapelle auf der Milseburg in der Rhön, auf den Gangolfsbergen bei Geisa, bei Haßfurt, Fladungen und Neustadt an der Saale. Auch das benediktinische Amorbach ehrte ihn, so wie man das in Hammelburg, in Neudenau, in Burggriesbach und Hollfeld tat.

St. Ivo von der Bretagne, der um 1040 bei Beauvais geboren ist und als Bischof von Chartres 1116 verstarb, Patron aller Rechtsuchenden, Schöffen und Juristen, begegnete den Pilgern, die entweder von der Nordseeküste herkamen oder die von der Niederstraße aus einen entsprechenden Abstecher machten. Seine Verehrung ist besonders in Fulda gepflegt worden, wo eine Reliquie von ihm zum spätmittelalterlichen Stiftsschatz und Heiligtum gehörte. Bischof Rudolf von Scherenberg bestätigte ein Benefizium, das dem hl. Ivo und dem hl. Leonhard in der Krypta der fuldischen Stadtpfarrei errichtet worden war. Diese Stiftung wurde später zu einer Predigerstelle umgewandelt.

St. Jodocus, verdeutscht zu Jobst, stammte aus der Bretagne und lebte in der Picardie. Ein Besuch seines Grabes zu Saint-Josse-sur-Mer gehörte im Spätmittelalter gewissermaßen zum »Pflichtprogramm« einer Santiagofahrt. In fränkischen Kalendaren tauchte er erstmals im 14. Jahrhundert auf. Viele Kirchen, Kapellen, Altäre und Benefizien waren ihm geweiht, oft im Zusammenhang mit anderen Heiligen, wie Nikolaus und Leonhard, Wendelin, Kilian, Barbara, Ottilia und nicht zuletzt Jakobus, Heiligen, von denen wir bei unserer Betrachtung noch einigen begegnen werden.

1479 wurde in Fulda, wo in der Stadtpfarrkirche ein Jodocusaltar stand, die Bruderschaft dieses Heiligen mit der des hl. Leonhard zusammengelegt. Außerhalb Frankens sind in Deutschland St. Jost in der Eifel und die Jodocuskirche in Landshut bekannt. Im Bamberger Bistum liegt die Wallfahrtskirche St. Jobst bei Allersdorf in der Pfarrei Bindlach, die 1430 von hussitischen Truppen zerstört wurde und wo 1514 ein Franziskanerkloster entstand. In der Pfarrkirche zu Rothenburg ob der Tauber wurde 1478 eine Jodocus-Vicarie bestätigt. Die Pfarrkirchen von Lahm und Rehau in Oberfranken ehren Jodocus als ihren Patron. 1356 wurde im Nürnberger Siechkobel für Lepröse eine Jobstkapelle geweiht.

Saint-Léonard-de-Noblat erreichte der Pilger auf der Jakobusstraße durch das Limousin, auf dem Weg von Vézelay nach Périgueux. Aber auch in Corbigny, Departement Nièvre, wurde St. Leonhard verehrt. Der Einsiedler, der im sechsten Jahrhundert in Noblat wirkte, ist der Patron der Gefangenen, der Kranken und – besonders im alpenländischen Raum – der Viehzüchter. Im Würzburger Dom steht eine eindrucksvolle St.-Leonhards-Statue, die ihn mit der Kette als Befreier der Gefangenen darstellt. Die St.-Leonhards-Bruderschaft zu Fulda stiftete dort 1453 ein Spital für Kranke und durchreisende Pilger. In der Stiftskirche zu Fulda und in der Pfarrkirche zu Margretenhaun waren Leonhardsreliquien vorhanden. Die Kirchen zu Pfaffenhausen bei Hammelburg, Untererthal, Ullstadt, die Kapelle beim Aussätzigenspital in Rothenburg ob der Tauber, im alten Diözesansprengel von Würzburg gelegen, waren wie viele Altäre und Benefizien, St. Leonhard geweiht. Waltersberg, Hirnstetten, Altdorf, Zant, Denkendorf, Möning und andere Kirchen des Bistums Eichstätt tragen seinen Namen. 1122 weihte Bischof Otto der Heilige in Bamberg für den Stiftsfriedhof St. Jakob eine Leonhardskapelle. Breitengüßbach, Zentbechhofen, Weichenwasserlos, Seibelsdorf, Windheim und Michelfeld im Bamberger Sprengel haben neben weiteren Kapellen und Altären ihre Weihe auf St. Leonhard erhalten, zum Teil als Kopatron.

Die Reliquien *Maria Magdalenas* werden seit dem 11. Jahrhundert in Vézelay verehrt. Dort war der Sammelpunkt für Pilger, die durch Lothringen und Burgund reisten und die Straße durch das Limousin benutzten. In fränkischen Kalendaren besaß das Fest dieser Heiligen seit dem 11. Jahrhundert einen hohen Rang. Die Pfarrkirche in Borsch bei Geisa und die ehemalige Schloßkirche von Giesel waren Maria Magdalena geweiht, ebenso eine Kapelle im fuldischen Stiftskreuzgang, ganz in der Nähe der ehemaligen St.-Jakobs-Kapelle. Die Spitalskapellen von Hammelburg und Vacha besaßen wie viele andere Kirchen in Franken Magdalenenältäre, so in den Würzburger Stiften Neumünster und Haug. Der berühmteste davon entstammte der Meisterhand Tilman Riemenschneiders und steht – rekonstruiert – in der Pfarrkirche zu Münnerstadt. Die Reuerinnenklöster zu Würzburg und Nürnberg verehrten diese Heilige, die zu den allerersten Zeugen von Jesu Christi Auferstehung gehörte, als Patronin. Kopatronin war sie u. a. in den Kirchen von Creglingen und Künzelsau. Die Seelhauskapelle am mittleren Kaulberg zu Bamberg war Magdalena ebenso geweiht wie ein Altar in der heute so genannten Nagelkapelle des Bamberger Domes. Unterleiterbach, Bayreuth, Kirchlein, Stadtsteinach, Altenkunstadt, Geisfeld, Lauf an der Pegnitz und viele andere Kirchen des großteils oberfränkischen Bistums haben oder hatten Magdalena zur Patronin.

Die Grabeskirche des *hl. Martin* in Tours besuchten die Santiagopilger auf der Niederstraße. Noch mehr als bei den anderen schon genannten oder noch zu nennenden Heiligen ist darauf hinzuweisen, daß die Martinsverehrung längst vor und unabhängig von der Fahrt nach Santiago blühte. Bereits in frühmittelalterlicher Zeit war St. Martin Reichspatron der Merowinger- und Karolingerdynastien gewesen. Aber die im Hochmittelalter erstarkende Santiago-Wallfahrt belebte doch auch kräftig den Martinskult, der ohnehin nie seine Volkstümlichkeit verloren hatte.

Viele Kirchen in allen fränkischen Bistümern ehren Martin als ihren Patron, darunter ein Gutteil der ältesten Königskirchen, die um 742 zum Ausstattungsgut des Bistums Würzburg gehörten, wie Brendlorenzen, Gaukönigshofen, Iphofen, Königshofen an der Tauber, Lauffen am Neckar, Mellrichstadt, Stöckenburg, Untereßfeld oder Willanzheim. In Forchheim bestand lange eine Martinspropstei. Das Patrozinium der uralten, nach der Säkularisation abgebrochenen Martinspfarrei in Bamberg übernahm die ehemalige Jesuitenkirche am Grünen Markt.

Manche Pilger erweiterten die Santiagofahrt nach Norden in die Normandie, wo sie den Mont Saint-Michel, das hochragende Berginselheiligtum des

Erzengels *Michael* besuchten. Der bekannte rheinländische Santiagopilger Arnold von Harff kehrte von Compostela aus über den Mont Saint-Michel und die Sainte-Chapelle von Paris in seine Heimat zurück. Der Magister Kilian Westhausen aus dem Hennebergischen, Domvikar zu Bamberg, pilgerte 1514 nach Santiago, und in den Jahren 1516 bis 1518, als er den jungen Grafen Johann von Henneberg als Erzieher nach Frankreich zu geleiten hatte, kamen sie zweimal zum Michaelsberg in der Normandie. 1514 hatte, z.T. auf dem Schiffsweg, Westhausen nicht nur Santiago und den Mont Saint-Michel besucht, sondern auch Lissabon, Valladolid, Saragossa und Montserrat. Die letzten Lebensjahre verbrachte Westhausen (1524–27) als Pfarrer im würzburgischen Baunach, wo ein anderer Santiagopilger heiligmäßige Verehrung genoß, der selige Überkum oder Viktor von Baunach (Farbbild S. 92). Stark wuchs die Zahl der Michaelskirchen im spätmittelalterlichen Frankenland an. Friedhofskapellen, Torkapellen, von Burgen und Klöstern, z.B. auf der Comburg bei Schwäbisch Hall, Spital-, Pfarr- und Filialkirchen erhielten damals dieses Patrozinium. Am berühmtesten waren die allerdings schon viel ältere Michaelskirche zu Fulda, die im 11. Jahrhundert entstandene, schon öfters genannte Benediktinerabtei St. Michael zu Bamberg oder das Kloster im südthüringischen Veilsdorf. Zu erwähnen ist noch die St.-Michaels-Bruderschaft in der St.-Jakobus-Pfarrei Ornbau im Bistum Eichstätt.

Santiagopilger, die durch das Elsaß reisten, versäumten wohl selten einen Besuch des Odilienberges, wo die um 720 verstorbene *hl. Ottilia* (Odilia, Odile, Ottilie) ruht. Als Fürsprecherin für Augenleidende wurde sie oft angerufen, viele Abbildungen zeigen sie mit einem Augenpaar als Attribut. Kirchenpatronin wurde sie im fuldischen Niesig, in Döllbach und Silges, des weiteren in Crailsheim, Eselsdorf, Henfstädt, Mupperg und Weikersheim (G. Zimmermann). Einen »Ottilienberg« besuchten manche Gläubige in Neustadt bei Coburg. Kopatronin war Ottilia für die durch Bischof Rudolf von Scherenberg in der Schloßkapelle Hoheneck bei Uffenheim konfirmierte Schäferbruderschaft.

Seit dem 15. Jahrhundert wurde *St. Rochus* in Montpellier stark verehrt, obwohl 1485 die meisten seiner Reliquien nach Venedig verbracht wurden. Hermann König beschreibt auf der Oberstraße die Orte im Rhônedelta, die der Pilger dort

Pfarrsiegel von fränkischen Jakobusgemeinden.

durchzieht: Von Nîmes und Aigues-Mortes nach Montpellier, Béziers, Carcassonne, Toulouse, Auch, Ostabat und Roncesvalles. Rochus wurde viel angerufen bei Pestgefahr, um Fürbitte bei Gott einzulegen. Im Fuldischen sind besonders der Rochusberg bei Kämmerzell, die Rochuskapelle an der Michaelskirche in Fulda und die Kirchen von Sotzbach bei Unterreichenbach, Langenbieber und Jossa zu nennen. Im Altwürzburger Raum wurde Rochus besonders in Ebrach, Unterdürrbach, Versbach und Zirndorf verehrt. 1518 stiftete Peter Imhof eine Kapelle des Pestpatrons für das Leprosenspital in Nürnberg.

Bei einer Christenverfolgung im Römerreich kam um 304 *St. Vinzenz,* der hl. Bischof von Saragossa, zu Tode. Im 9. Jahrhundert überführte man seine Gebeine von Valencia nach Castres in Südfrankreich, an einer der Jakobsstraßen gelegen. Bereits im 11. Jahrhundert brachte Abt Ruthard eine Vinzenz-Reliquie nach Fulda. Eine Kapelle war dem Heiligen in Maberzell bei Haimbach geweiht. 1429 stiftete Friedrich Gaudorn aus Gelnhausen für die Pfarrkirche in Wertheim einen Altar, der dem hl. Jacobus Alphaeus als Hauptpatron und St. Vinzenz, Valentin und Antonius als Nebenpatronen geweiht wurde. Im Eichstättischen wurden ab 1671 in Bergheim, Dekanat Bergen, Reliquien des Martyrers Vinzenz verehrt.

Pilger, die durch die Vogesen oder das Saargebiet kommen, trafen dort auf die Verehrung des *hl. Wendelin*. St. Wendel im Saarland erinnert mit seinem Wendelinussarkophag und der Nachbildung des Heiligen Grabes von Jerusalem in der spätgotischen Wendelinusbasilika an die Peregrinatio religiosa und den, der um 570 vermutlich als Abt vom nahegelegenen Tholey, verstorben war. Im Fuldaer Klosterland waren St. Wendelin die Kirchen von Horas und Feuerthal bei Hammelburg geweiht, in Gotthards war er Kopatron. Wendelin und Jakobus waren zusammen Patrone einer Kapelle im altwürzburgischen Heilbronn. In Burggriesbach wurde 1776 eine Wendelinusbruderschaft bestätigt. Besonders als Fürbitter bei Viehseuchen wurde er angerufen, oft mit eigenen Gottesdiensten zur Bitte und zum Dank geehrt.

Die eben genannten Heiligen Gottes legte besonders Hermann König in seinem Pilgerführer den Gläubigen ans Herz. Natürlich beggneten die Wanderer bei der Vielfalt ihrer Wege noch anderen verehrungswürdigen Heiligengestalten auf ihrem Zug von und nach dem galicischen Wallfahrtsort. Das berühmte Jakobsbuch, lateinisch *Liber Sancti Jacobi* oder auch »Codex Calixtinus« genannt, eine hochmittelalterliche Sammelhandschrift, die das Glanzstück des Kathedralarchivs von Santiago bildet, nennt »Heilige Leichname, die am Jakobsweg ruhen und welche die Pilger aufsuchen müssen«, in einem eigenen Kapitel.

Da wird an erster Stelle St. Trophimus in Arles erwähnt und in derselben Stadt die Gräber der Heiligen Cäsarius, Genesius und Honorat. Auf der Straße von Toulouse wurde das Grab des hl. Wilhelm von Aquitanien besucht, dann die Gräber der Glaubenszeugen aus der Römerzeit in Saint-Tibéry nordwestlich von Agde: Tiberius, Modestus und Florentia und in Toulouse selbst das Grab des hl. Saturnin. Die Burgunder und die Deutschen, die auf der Jakobsstraße von Le Puy nach Santiago zogen, ermahnte der Codex Calixtinus, das Grab der Märtyrerin Fides (frz. Sainte Foy) von Agen zu besuchen, die im 9. Jahrhundert nach Conques überführt wurde. In Bamberg ist ihr die Kirche von »St. Getreu« geweiht.

Natürlich nennt das Jakobsbuch für die Pilger, die über Saint-Léonard bei Limoges ziehen, die oben schon erwähnten Heiligen Maria Magdalena, Leonhard, Martin und Dionysius, daneben noch St. Fronto in Périgueux, Hilarius in Poitiers, die Reliquie von St. Johann dem Täufer in Angély, Eutropius in Saintes, den hl. Romanus in Blaye am Meer, wo auch die Gebeine des sagenhaften Mitstreiters Karls des Großen, Roland, liegen sollen. Weitere Helden im Maurenkampf liegen in Belin begraben, in Bordeaux der hl. Bischof Severin (frz. St.-Seurin) und in Redecilla, bereits in Spanien, die Reliquien des großen Straßenbauers am Jakobsweg, Santo Domingo de la Calzada († 1109). Schließlich führt der Codex Calixtinus noch die Märtyrergräber von Facundus und Primitivus in Sahagún sowie das Grab des Kirchenlehrers Isidor von Sevilla in León an (K. Herbers).

Die meisten dieser zuletzt genannten Heiligen haben in Franken aber keine tiefgreifende Verehrung gefunden, anders als die vorher angesprochenen, die sich dem Gedächtnis der Pilger aus dem Frankenland wohl wesentlich stärker eingeprägt hatten.

Bruderschaften, Pilgerherbergen und Spitäler

Besonders in Nordspanien hatte sich der Camino durch jahrhundertealte Tradition ausgebildet, die

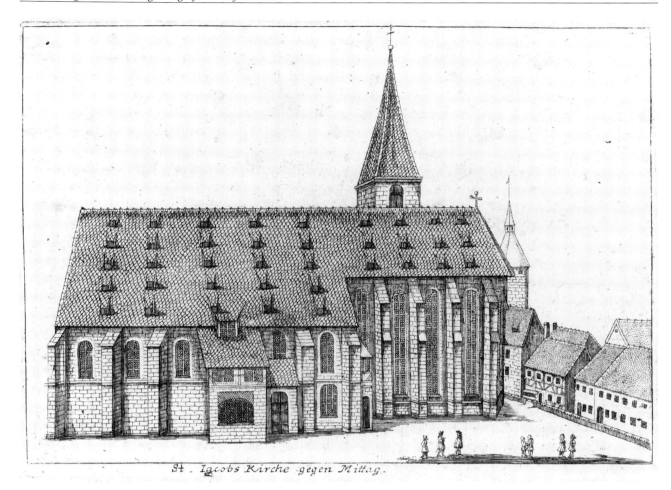

St. Jacobs Kirche gegen Mittag.

Die Jakobskirche in Nürnberg. *Radierung und Kupferstich von Johann Alexander Boener, um 1705. Germanisches Nationalmuseum Nürnberg, STN 10330.*
Die St.-Jakobs-Kirche in Nürnberg war einst eine königliche Eigenkirche, die zusammen mit dem dazugehörigen Gutshof 1209 durch König Otto IV. dem Orden der Brüder vom deutschen St. Marienhospital zu Jerusalem, kürzer einfach Deutscher Ritterorden genannt, geschenkt wurde. Die alte Kapelle wurde danach eingelegt und für das Fundament des heutigen Chores verwendet. Sie ließ sich aufgrund von Spolien auf die Zeit von etwa 1200 datieren. Der heutige Chor entstand nach 1300, das Langhaus gut ein Jahrhundert später; um 1500 wurde es um zwei Joche nach Westen verlängert und zu einer dreischiffigen Halle umgebaut.
Bis 1632 bestand ein hölzerner Brückengang zur Ordens-Komturei, der dann abgebrochen wurde: Bereits 1532 setzte die lutherisch gewordene Reichsstadt Nürnberg durch, daß in der Jakobskirche kein katholischer Gottesdienst mehr stattfinden konnte. Dem Spital und der Komturei diente die nahegelegene St.-Elisabethen-Kirche zur Feier der Liturgie.
1810 wurde bei St. Jakob eine evangelische Pfarrei begründet; der bekannte Architekt Karl Alexander v. Heideloff gestaltete 1824 das Gebäude im neugotischen Stil um. Nach schwersten Bombenschäden wurde sie bis 1962 wieder aufgebaut. Heute zeichnet sie sich durch eine reiche Innenausstattung mit mehreren Jakobusdarstellungen aus.
Das Patrozinium dieser ehemaligen Königskirche zeigt, wie früh die Verehrung des hl. Jakobus bis in die höchsten Kreise des Reiches eingedrungen war.

Wegstrecken, auf denen den Pilgern Unterkunft, Verpflegung und andere Hilfen zur Verfügung standen. Wenngleich in Deutschland, speziell im Frankenland, keine solchen festgelegten Pilgerstraßen existierten, wirkte das Vorbild des Camino doch auch auf die Heimat der Wanderer. Die

Pflochsbach. *Jakobusstatue von Julian Walter, Vasbühl, zum 800jährigen Jubiläum der Pfarrei 1992 geschaffen.*

Die Farbbilder

Seite 47
Rothenburg ob der Tauber, St. Jakob. Hochaltar. Gemälde der Außenflügel von Friedrich Herlin, 1466: Jakobuspilger, im Hintergrund das Galgenwunder.

Seite 48
Rothenburg ob der Tauber, St. Jakob. Hochaltar. Gemälde der Außenflügel von Friedrich Herlin.
Oben links: *Enthauptung des Apostels und Überführung im Boot.*
Oben rechts: *Gespannwunder und Überführung in den Palast der Königin Lupa.*
Unten links: *Pilger im Wirtshaus.*
Unten rechts: *Hühnerwunder.*

Pflege der Straßen, Furten, Fähren und Brücken hatten ja nicht nur für die Händler und sonstige Reisende in profanen Angelegenheiten Bedeutung, sondern ebenso für die Pilger.
Gastfreundschaft war schon in der Antike ein hochgeschätzter Wert gewesen. Das biblische Gebot der Nächstenliebe verstärkte die natürliche Hilfsbereitschaft und Gastlichkeit. Bereits in apostolischer Zeit entstanden erste Formen christlicher Diakonie. In der Folge entwickelte sich daraus eine organisierte kirchliche Armenpflege, an den Kathedralen, Klöstern und Stiften gab es bald Xenodochien, das sind Herbergen für Fremde, die zu Gastfreunden wurden sowie Spitäler. Solche Hospitäler waren – modern gesprochen – multifunktional. Sie nahmen Arme und Kranke auf, Altersschwache und Heimatlose. Die Benediktinerregel, die am Ende des römischen Imperiums aus christlichem Geist erwuchs, spricht von einer täglichen Aufnahme von Armen und Reisenden *(pere-grini)* in den Klöstern. Diese Einrichtungen und die daneben weiter gepflegte private Gastlichkeit konnten die wachsenden Scharen der Reisenden, deren Zahl ab dem 11. Jahrhundert mit steigender Mobilität der Menschen zunahm, nicht mehr ausreichend aufnehmen und versorgen. So entsprach es den Anforderungen dieser Zeit, auf unterschiedliche Weise darauf zu reagieren. Auf der einen Seite erfolgten viele Neugründungen von Spitälern – besonders in den Städten und häufig auch unter kommunaler Trägerschaft oder wenigstens Aufsicht stehend – auf der anderen Seite entstanden, überwiegend als private Unternehmen, Gasthäuser, Schenken und Tavernen.
Da nicht selten kirchliche, kommunale und private Träger von Herbergseinrichtungen von den unübersehbar anschwellenden Pilgerbewegungen überfordert waren, bildete sich eine ganze Reihe von Bruderschaften heraus, die ihr gemeinsames Bemühen auf die Lösung der Probleme von hilfsbedürftigen Pilgern, von denen nicht wenige krank und schwach wurden, richteten. Nicht alle tragen den Namen des Pilgerpatrons St. Jakob, manchen solcher Bruderschaften und Spitälern sind wir schon begegnet bei den Heiligen, deren Verehrung sich durch Santiagopilger auch im Frankenland verbreitet oder neu belebt hatte. Spital-, Pilger- und Elendenbruderschaften gab es beispielsweise in Nürnberg, Hof, Prichsenstadt, Baunach oder Ansbach. Nikolausbruderschaften, die meist dem Fernhandel nahestanden, kümmerten sich um den Unterhalt von Brücken oder Flußdämmen, so in Hildburghausen oder Forchheim. Unter den »Elenden« verstand der mittelalterliche Sprachge-

brauch meist die Wanderer, die keine Heimat mehr hatten. Den Sondersiechen, also Kranken, die von ansteckenden Leiden befallen waren, versuchte eine St.-Anna-Bruderschaft zu Neustadt bei Coburg zu helfen, die sich u. a. alljährlich an der St.-Ottilien-Kirche zu Mupperg am Samstag nach Jacobi trafen. Hier wird beispielhaft deutlich, wie der Geist der christlichen Caritas durch die Verehrung dieser Pilgerheiligen gestärkt und ermuntert wurde. Auch die St.-Jobst-Bruderschaften zu Rothenburg ob der Tauber und in Schmalkalden dienten den Kranken und »Sondersiechen«.

Ausgesprochene St. Jakobsbruderschaften waren oft durch die Initiative von Santiagopilgern entstanden und dienten vor allem religiösen Zielen, aber auch der Hilfe bei Todesfällen (Remling). Robert Plötz zählt für folgende Orte Jakobusbruderschaften im Fränkischen auf: Bamberg, Heilbronn a. N., Würzburg, Wimpfen, Hof, Eibelstadt, Münchberg, Coburg, Neustetten, Hohenberg bei Ellwangen, Impfingen, Karlstadt, Dettelbach, Sindelbach. Die früheste entstand vielleicht 1128 in Bamberg, falls in der damals genannten »congregatio S. Jacobi« tatsächlich eine Bruderschaft und nicht einfach nur der Konvent des Chorherrenstiftes St. Jakob zu Bamberg zu sehen ist.

Die angesehene Würzburger Ratsbruderschaft hatte das Doppelpatrozinium St. Jakob und St. Sebastian. Einige dieser Bruderschaften überlebten bis in die Gegenwart, viele gingen in den Stürmen der Reformationszeit unter. Der Geist der philosophischen Aufklärung war im 18. und 19. Jahrhundert dem religiösen Bruderschaftswesen gegenüber wenig aufgeschlossen. In Miltenberg entstand aus dem dort 1979 gegründeten Krankenpflegeverein ein »Bruderdienst St. Jakob«, wie es auch in anderen Jakobuspfarreien ähnliche sozialcaritative Zusammenschlüsse gibt.

Im Pfarrzentrum St. Laurentius Würzburg-Heidingsfeld wurde am 4. Dezember 1988 die Fränkische St.-Jakobus-Gesellschaft Würzburg e. V. gegründet, die bislang jüngste Frucht einer jahrhundertelangen Jakobustradition in Franken.

Literatur (Auswahl)

F. X. Buchner, Archivinventare der katholischen Pfarreien in der Diözese Eichstätt, München/Leipzig 1918; E. Frhr. v. Guttenberg/A. Wendehorst, Das Bistum Bamberg 2. Teil: Die Pfarrorganisation, (Germania Sacra II. 1), Berlin 1966; K. Herbers, Deutsche Jakobspil-

Leidersbach. *Jakobus als Pilger im Ortsbild mit den Hauptberufsgruppen der Bauern und der Heimschneider von Alois Bergmann-Franken, 1939.*

ger und ihre Berichte (Jakobusstudien 1, hrg. von D. Herbers und R. Plötz) Tübingen 1988; A. Lasotta, Pilger- und Fremdenherbergen und ihre Gäste. Zu einer besonderen Form des Hospitals vom Spätmittelalter bis in die Neuzeit, in: Wallfahrt kennt keine Grenzen, Hrg. L. Kriss-Rettenbeck/G. Möhler. München/Zürich 1984, S. 128–142; J. Leinweber, Die Santiago-Wallfahrt in ihren Auswirkungen auf das ehemalige Hochstift Fulda, in: Fuldaer Geschichtsblätter 52 (1976) Nr. 6, S. 134–155; R. Plötz, Santiago-peregrinatio und Jacobus-Kult mit besonderer Berücksichtigung des deutschen Frankenlandes, in: Spanische Forschungen der Görresgesellschaft I, 31 (1984), S. 24–135; L. Remling, Bruderschaften in Franken. Kirchen- und sozialgeschichtliche Untersuchungen zum spätmittelalterlichen und frühneuzeitlichen Bruderschaftswesen (Quellen und Forschungen zur Geschichte des Bistums und Hochstifts Würzburg. Hrg. Th. Kramer (†) und K. Wittstadt 35); Würzburg 1986; G. Zimmermann, Patrozinienwahl und Frömmigkeitswandel im Mittelalter, in: Würzburger Diözesan-Geschichtsblätter 20 (1958), S. 24–126, 21 (1959), S. 5–124. (Quellenbelege beim Autor.)

Wallfahren als Strafe und Sühne

Dietmar Willoweit

Am 26. Januar 1432 verpflichtete sich in Heidingsfeld, wohl auf dem dortigen Rathaus, vor den Bürgermeistern und geschworenen Räten der Stadt ein Cuntz Rudiger, drei Wallfahrten zu unternehmen, »die tzwii in eym iar der sol seyn eyne gen Ache und eyne zu den Eynsidlen und die tritte zu sant Jachs ... in dem andern iar«, weil er einen Hans Virnkorn erschlagen hatte.[1] Cuntz Rudiger mußte noch weitere, vorwiegend finanzielle Verpflichtungen eingehen, von denen später die Rede sein wird. Die Wallfahrten aber nach Aachen, nach Einsiedeln in den schweizerischen Bergen und zu St. Jakob in Santiago de Compostela sind die schwerwiegendste Sanktion, welcher sich der Totschläger unterwerfen mußte. Von einer Verurteilung durch ein Gericht ist dabei nirgendwo die Rede, und die Erwartung gar, eine Bluttat habe im späten Mittelalter doch eine ebenso blutige Bestrafung nach sich gezogen, wird gänzlich enttäuscht. Cuntz Rudiger war, wenn er alle Leistungen erbracht hatte, wieder ein freier Mann.

Wallfahrt statt Strafe für ein Tötungsdelikt – eine auf den ersten Blick merkwürdig humane Alternative, über die nachzudenken sich nicht zuletzt deshalb lohnt, weil sie weitere Einblicke in das mittelalterliche Wallfahrtswesen – und Strafrecht – überhaupt gestattet.

Die ursprüngliche Konsequenz eines Totschlags ist die blutige Rache, die noch im Spätmittelalter so genannte »Todfeindschaft« der nächsten Verwandten des Opfers. Sie ist »die erste, ursprüngliche Form der Rechtsverteidigung«[2]. Solange das Gewaltmonopol des Staates nicht existiert oder noch nicht durchgesetzt ist, wie während des ganzen Mittelalters in Deutschland, ist es das Opfer, das Genugtuung durch Vergeltung fordert. Hat es den Anschlag nicht überlebt, treten seine »Freunde«, die Angehörigen der Sippe, an seine Stelle. Die Blutrache ist freilich stets ein extrem gefährliches Verfahren des Rechtsschutzes gewesen, ließ sich doch oft gar nicht vermeiden, daß ihr mehr Menschen zum Opfer fielen als dem ersten Verbrechen, was zu erneuten Racheaktionen führen mußte. Die ersten Schritte der Staatsbildung, wie sie in den germanischen Königreichen der Spätantike zu beobachten sind, zeichnen sich daher durch die Zurückdrängung des sozialschädlichen Rachewesens aus. An seine Stelle treten Bußzahlungen oder diesen entsprechende Vermögensleistungen des Missetäters an die Sippe des Opfers.[3] Nicht der – nur rudimentär entwickelte – Staat oder die Rechtsgemeinschaft verhängt eine Strafe, sondern die Verwandten fordern Genugtuung, die sie um so eher befriedigen wird, als sie den Missetäter empfindlich trifft. Dieses frühmittelalterliche »Kompositionensystem« beruht also auf dem Gedanken, daß die zwischen zwei Familienverbänden schwer gestörte soziale Beziehung nicht im Wege gewalttätiger Selbsthilfe, sondern unter gerichtlicher Kontrolle durch gesetzlich fixierte Ausgleichsleistungen wieder in ein für beide Seiten erträgliches Gleichgewicht gebracht wird. Als später diese Methode der Friedenswahrung nicht mehr ausreichte, kehrte man zur blutigen Rache zurück, ohne sie freilich nur den betroffenen Sippen überlassen zu wollen, weil der Landfrieden zu einem Anliegen der Könige geworden war: Das staatliche Strafrecht mit der peinlichen, auf Leib und Leben des Missetäters zugreifenden Strafe war geboren.[4]

Vergegenwärtigen wir uns diesen Hintergrund, dann wird verständlich, daß die jetzt entstandene hoheitliche Strafgewalt der Herrschaftsträger – König, Landesherren, Städte – das Interesse der Sippenangehörigen des Opfers, Genugtuung zu erhalten, nicht aus der Welt schaffte. Die Obrigkeiten waren ja nur stellvertretend für die in erster Linie betroffenen Verwandten tätig. Diese, Privatpersonen also, konnten daher auch eine so schwerwiegende Angelegenheit wie einen Totschlag wieder in die eigenen Hände nehmen, wenn sie sich zu einer anderen Form der Genugtuung als jener, die das Blutgericht anzubieten hatte, bereit fanden. Das geschah in Sühneverträgen von der Art, wie am 26. Januar 1432 in Heidingsfeld abgeschlossen. Im Sühnevertrag setzt sich einerseits die uralte, gewiß schon in vorstaatliche Zustände zurückreichende Genugtuungsform des gütlichen Ausgleichs fort, entsteht andererseits aber ein gerade für das Spätmittelalter charakteristisches Instru-

Heidingsfelder Ratsbuch 1, fol. 121v und 122r. Stadtarchiv Würzburg

Protokoll vom 26. Januar 1432

»Wir die hernachgeschribnen mit namen Hans Eltleyn vnd Fritz Stock, bede burgermeyster zu den zeyten, Heintz Strewbing, Cuntz Prawn, auch geswornn des rats zu den getzeiten, vnd Henne Butner bekennen mit dieser schrifft, das wir berett vnd beteydingt habn zwischen Hansen Virnkorn seligen seynen frewnden auff eyn, vnd Cuntzen Rudigern vnd seynen frewnden auff die andern seyten. Als dann der ytzgenant Cuntz Rudiger den egenanten Hansen Virnkorn seligen vortzeyten derslagen hat, also haben wir eynmuttichlichen darinnen vnd daran beteydingt vnd berett mit offenn nemlichen worten, das der egenent Cuntz Rudiger eyn steyne crewtz zewgen sol in aller masse vnd weyß, als das ist vor dem clingen dore oder vor dem obern dore zu Heydingsfelt ongeverde, mit bilden vnd mit vmbschrifften vnd das sol geschehen in eyner iars frist, vnd sol das setzen fur sant clauß dore da selbst, vnd soll auch geben XX Pfd. wachs auff dise zukunfftig ostern vnverzogenlichen, vnd sol auch drey walfert thun die tzwii in eym iar der sol seyn eyne gen Ache vnd eyne zu den Eynsideln, vnd die tritte zu sant Jachs, vnd in dem andern iar, die dritten auch zu thun, vnd sol auch darzu geben XV gulden auff zwey iar, da sal er geben VIII gulden auff oversten, die schierst kumen, vnd der nach von den selben oversten vber ein iar, uber VIII gulden ongeverde, vnd sol die ytzgenanten schulde betzalen on alle schatzung zu idem zil vnd auch vnderclagten dinge ongeverde, vnd der egenante Cuntz Rudiger hat auch dafür zu guten burgen gesetzt Hansen Schusselpinder, Cuntzen Schusselpindern, Wolfflein Schrotten, Hansen Kleynlauffen, Heintzen Fenden vnd Hansen Hewn, gesessen zu Wirtzburg, vnd wer es sache das der burgen einer abginge, so sullen wir in ye als offt eyn andern als guten burgen wider setzen als der voryg ist gewesen in XIIII tagen ongeverde, geschehe des nit, so sullen die bestanden burgen als lang darauff leysten piß das geschehe, vnd sullen darauff auff beyde seyten gantz vnd gruntlichen vericht seyn gegen eynander von der sache wegen vnd gute frewnde sein, vnd die sache furbaß nymermer tzu rechen nach zu eyfern, in dheyn weyß on aller slacht geverde das ist geschehen am Suntag vor liechtmeß, anno dmi 1432.«

Heidingsfeld. *Der Sühnebildstock aus dem Jahre 1432 in der Wenzelstraße (Original im Heidingsfelder Rathaus).*

ment, um die Härten peinlichen Strafens zu mildern. Die Obrigkeiten förderten den Abschluß derartiger Vereinbarungen, die teils auf Initiative der Beteiligten selbst, teils durch Vermittlung von Schiedsrichtern, häufig auch – wie in Heidingsfeld – unter Aufsicht des Rates der Gemeinde zustande kamen.[5] Um die öffentliche Strafe zu vermeiden und private Racheakte zu verhindern, war allemal die förmliche Abbitte des Missetäters gegenüber den Angehörigen des Opfers erforderlich. Von manchen Orten sind eindrucksvolle Schilderungen dieses Rituals überliefert. Der Delinquent kniete in leinenem Hemd vor den Freunden des Erschlagenen nieder und bat um Vergebung, oder er mußte gar diese Abbitte am geöffneten Grabe des Opfers tun.[6] Hinzu kam regelmäßig die Verpflichtung zur Zahlung eines erheblichen Sühnegeldes und zur Stiftung von »Seelgerät«, also von Seelenmessen, Ewigen Lichtern, Wachsspenden, eines Steinkreuzes, verbunden zuweilen mit Almosen an Arme[7] und besonders häufig mit der Pflicht, eine oder mehrere Pilgerfahrten durchzuführen.[8]

Der Heidingsfelder Sühnevertrag entsprach weitgehend diesem von der Forschung ermittelten Typus. Der Totschläger Cuntz Rudiger verpflichtete sich zur Errichtung eines – noch heute vorhandenen – Steinkreuzes[9], zu einer Wachsspende von zwanzig Pfund, zur Zahlung von 15 Gulden zur Versorgung der Hinterbliebenen[10] und eben zu den schon erwähnten Wallfahrten. Für die Erfüllung dieser Rechtspflichten hafteten sechs namentlich genannte Bürgen. Damit aber soll die Sache erledigt und beide Seiten »gute frewnde sein«.

Wie ist es dazu gekommen, daß die Wallfahrt in solche Sühneverträge Aufnahme fand und welchen Sinn hatte die Pilgerschaft des Missetäters? Dem kirchlichen Bußwesen des Frühmittelalters war die Bußübung der Pilgerschaft geläufig. Seit dem 7. Jahrhundert bildete sich der Grundsatz heraus, öffentlich begangene Sünden müßten durch öffentliche Buße gesühnt werden.[11] Pilgern im Sinne eines Umherwanderns in fremden Ländern aber eignete sich schon deshalb als Bußübung für schwere Vergehen, weil in diesen Fällen die weltliche Rechtsordnung oft mit einer wenigstens zeitweiligen Verbannung des Missetäters reagierte. Eine solche Pilgerschaft darf nicht im Sinne modernen Freiheitsdenkens mißverstanden werden. In einer oft gewalttätigen Umwelt ohne den Schutz des allgegenwärtigen Staates modernen Zuschnitts bedurfte jedermann eines Schutzherrn, um gesichert leben zu können. In einem der kirchlichen Bußbücher aus der fränkischen Zeit wird dem Totschläger, wenn er nach zehnjährigem Exil den Eltern des Erschlagenen nicht angemessen Sühne leistet, angedroht, er dürfe niemals mehr in seiner Heimat aufgenommen werden, »sed more Cain vagus et profugus sit super terram« (sondern nach der Art des Kain sei er unstet und flüchtig auf der Erde).[12] Büßendes Pilgern dieser Art hatte noch kein Ziel. Es kam einer zeitweisen oder dauernden Ausstoßung aus der Gesellschaft gleich und diente dazu, die Gesinnung des Büßenden zu dessen eigenem Heil zu wandeln.

Diese Verhältnisse änderten sich seit dem 12. Jahrhundert gründlich. Die Juridifizierung des Bußwesens erreichte in der kirchlichen Inquisition einen Höhepunkt. Reuige Häretiker wurden jetzt förmlich dazu verurteilt, pilgernd bestimmte Wallfahrtsorte aufzusuchen.[13] Weltliche Gerichte entdeckten bald darauf die Nützlichkeit derartiger Sanktionen und gingen in einigen Regionen Europas dazu über, vor allem bei Totschlagsdelikten Strafwallfahrten in großem Stile anzuordnen. Die burgundischen Territorien im belgisch-niederländischen Raum spielten dabei eine führende Rolle, doch auch aus schweizerisch-alemannischen Gerichten werden Verurteilungen dieser Art berichtet; in den übrigen Teilen des Reiches scheint diese Übung weniger verbreitet gewesen zu sein, wenngleich auch einschlägige Nachrichten aus dem Norden und Osten nicht fehlen.[14] An einigen Orten, in flandrischen Städten vor allem, gewinnt man den Eindruck, man habe sich durch Verurteilungen zu mehrjährigen Strafwallfahrten seine gewalttätigen Mitbürger systematisch vom Halse geschafft.[15] Daß die Wallfahrt zu einer Strafe weltlichen Rechts werden konnte, beruht ohne Zweifel auf der älteren kirchlichen Bußpraxis. Erleichtert wurde diese eigentümliche Rezeption einer geistlichen Bußform im weltlichen Recht jedoch durch die gleichzeitige Ausbreitung der Verbannungsstrafe vor allem in städtischen Gerichten.[16] Nichts lag näher, als sich der Wallfahrt auch in Sühneverträgen zu bedienen, hatte diese doch den großen Vorteil, daß eine mehrjährige Abwesenheit des Missetäters die belasteten Beziehungen zwischen den beteiligten Familien zu entspannen versprach. In der Tat scheint die auf vertraglicher Vereinbarung beruhende Sühnewallfahrt häufiger gewesen zu sein als die auf einem Strafurteil beruhende Reise in die Ferne.[17]

Der Zweck dieser Sühnewallfahrten des späten Mittelalters unterschied sich freilich grundlegend von jenem der alten Bußpilgerschaft in der frühmittelalterlichen Kirche. Der auf die Wallfahrt geschickte Missetäter soll jetzt vor allem etwas für sein Opfer tun, für dieses Gebete darbringen und Ablässe erwerben.[18] Es mag dabei noch mitgedacht sein, daß der mit einer schweren Sünde belastete Pilger zugleich auch etwas für sein eigenes Seelenheil tut. Aber Vertragszweck ist das nicht. Der Totschläger übernimmt eine Pflicht gegenüber der Familie des Opfers, und was diese interessiert, ist das Seelenheil des Toten, nicht das des Täters.

Diese Motivation wird oft ausdrücklich zur Sprache gebracht, ist im übrigen aber auch an der Tatsache ablesbar, daß für die Sühnewallfahrt ein Vertreter gestellt werden konnte oder gar die Ablösung der Wallfahrtspflicht durch Geld, das sich auch in der Heimat für Seelenmessen verwenden ließ, gestattet wurde.[19] Der Sühnewallfahrer hatte also etwas an seinem Opfer wiedergutzumachen; seine persönliche Rechtfertigung vor Gott war sein Problem. Dieses Denken spiegelt präzise die Funktion des weltlichen Rechts wider, einen gerechten Ausgleich zwischen dem Täter und seinem Opfer zu schaffen. Indem die weltlichen Herrschaftsträger aber auf den kollektiven Racheakt der öffentlichen Strafe verzichteten und den Betroffenen gestatteten, mit einer eigentlich geistlichen Bußübung ein Totschlagsdelikt zu ahnden, trugen sie ganz wesentlich zu einer Humanisierung der spätmittelalterlichen Strafpraxis bei. Wer die Schreckensbilder blutiger Strafvollstreckung aus dieser Zeit sieht, darf daran denken, daß daneben in großem Umfang das alte System zweiseitiger Verhandlungen und Ausgleichsleistungen mit neuen Inhalten weiterlebte.

Am Rande sei erwähnt, daß die mit dem Anwachsen der Pilgerscharen und der Zunahme von Straf- und Sühnewallfahrern im späten Mittelalter entstehenden Organisationsprobleme mit den damals zur Verfügung stehenden einfachen Mitteln erstaunlich gut bewältigt wurden. Der Pilger war »als Fremder aus seinem heimischen Rechtsverband herausgelöst und bedurfte – wie auch Scholaren und Kaufleute – des besonderen kirchlichen Schutzes«.[20] Dem entsprach das erste Laterankonzil im Jahre 1123, indem es jeden, der Pilger angriff oder beraubte, von der Gemeinschaft der Christen ausschloß.[21] Geistliche und weltliche Institutionen statteten den Wallfahrer außerdem mit Geleitbriefen aus, die ihm einen bestimmten Rechtsstatus verschafften und minimale Versorgung am Pilgerwege gewährleisteten.[22] So konnten also auch Straftäter sicher und als Pilger respektiert eines oder mehrere Wallfahrtsziele aufsuchen, wo sie sich gewissen Förmlichkeiten zu unterziehen hatten und dafür eine Bescheinigung – über Beichte und Buße – erhielten.[23] Die Verpflichtung, innerhalb einer bestimmten Frist zwei oder drei Wallfahrtsorte nacheinander aufzusuchen, findet sich in Sühneverträgen sehr häufig. Die Heidingsfelder Vereinbarung nennt mit Aachen, Einsiedeln und Santiago de Compostela auch jene Orte, deren Besuch einem Missetäter wohl am häufigsten auferlegt wurde.

Man war in Heidingsfeld also über die einschlägigen Gebräuche wohl informiert. Um so mehr fällt auf, daß die fränkische landesgeschichtliche Forschung sonst über Sühnewallfahrten zu den genannten prominenten Wallfahrtsstätten kaum etwas zu berichten weiß, obwohl Sühneverträge natürlich auch hierzulande nicht unbekannt waren.[24] Die gründliche Untersuchung von Robert Plötz über den Jakobus-Kult und seine Bedeutung für Franken hat keinen einzigen weiteren Fall einer hier vereinbarten Sühnewallfahrt nach Santiago de Compostela zutage gefördert. Die zum Jakobus-Grab aufbrechenden fränkischen Pilger machten sich aus anderen Gründen auf den Weg.[25] Da indessen bisher umfassendere Untersuchungen fränkischer Sühneverträge fehlen, ist weder auszuschließen, daß uns weitere Fälle von Sühnewallfahrten nach Spanien bisher unbekannt geblieben sind, noch daß in diesem Teil des Reiches andere Wallfahrtsziele bevorzugt wurden.[26]

Die Möglichkeit, anstelle einer harten öffentlichen Strafe mehrere Sühnewallfahrten auf sich zu nehmen und Sühnegelder zu zahlen, war erschwert, als nach dem Erlaß der Carolina – des Reichsstrafgesetzbuches von 1532 – die Obrigkeiten immer konsequenter die Strafverfolgung von Amts wegen in ihre Hände nahmen. Der um gute Ordnung und Moral seiner Untertanen bemühte Gesetzgebungsstaat des 16. Jahrhunderts[27] konnte nicht dulden, daß die gravierendsten Verletzungen des Rechtsfriedens im Wege privater Ausgleichsverhandlungen bereinigt werden sollten. Der Staat hatte einen guten Teil der moralischen Kompetenz der Kirche an sich gezogen und bestand auf öffentlicher Strafe dort, wo ehedem die öffentliche Buße genügt hatte. Damit ging zugleich das Mittelalter auch in den katholischen Staaten zu Ende. Die Straf- und Sühnewallfahrten kamen außer Übung, nur die individuelle Bußwallfahrt vermochte sich einstweilen noch zu behaupten.

Anmerkungen

[1] Stadtarchiv Würzburg, Abt. Heidingsfeld, Ratsbuch 1 (Gerichtsbuch) fol. 121 v u. 122 r. Publiziert wurde der Text in der kleinen sorgfältig gearbeiteten Schrift von Peter Joseph Jörg, Der Heidingsfelder Sühnebildstock. Ein Beitrag zur fränkischen Rechtsgeschichte, Würzburg 1948, S. 8 f.

[2] Paul Frauenstädt, Blutrache und Totschlagsühne im deutschen Mittelalter, Leipzig 1881, S. 2.

[3] Karl Kroeschell, Deutsche Rechtsgeschichte, Bd. 1, Opladen ⁷1980, Kap. 4, S. 43 ff.

[4] Zu dieser Entwicklung Rudolf His, Das Strafrecht des deutschen Mittelalters, Leipzig 1920, S. 2 ff.; Eberhard Schmidt, Einführung in die Geschichte der deutschen Strafrechtspflege, Göttingen ³1965, S. 57 ff. Von der öffentlichen Strafe als einer »öffentlichrechtlichen Blutrache« spricht Christoph Riggenbach, Die Tötung und ihre Folgen, in: ZRG (GA) 49 (1929), S. 57 ff.

[5] His (Anm. 4), S. 296 ff.; Riggenbach (Anm. 4), S. 131; Wolfgang Schild, Alte Gerichtsbarkeit, München 1980, S. 153 f.

[6] Frauenstädt (Anm. 2), S. 106 ff., 127 f.; His (Anm. 4), S. 322 ff.

[7] Zum Inhalt der Sühneverträge Frauenstädt (Anm. 2), S. 133 ff.; His (Anm. 4), S. 329 f.; Riggenbach (Anm. 4), S. 132 f.

[8] Zur Sühnewallfahrt vgl. Johannes Schmitz, Sühnewallfahrten im Mittelalter, Bonn 1910; Frauenstädt (Anm. 2), S. 157 ff.; His (Anm. 4), S. 333 f.; Georg Schreiber, Strukturwandel der Wallfahrt, in: ders. (Hrsg.), Wallfahrt und Volkstum (Forschungen zur Volkskunde 16/17), Düsseldorf 1934, S. 1 ff., 15 ff.; Eugen Wohlhaupter, Wallfahrt und Recht, in: G. Schreiber, a.a.O., S. 217 ff., 220; L. Pfleger, Sühnewallfahrten und öffentliche Kirchenbuße im späten Mittelalter und in der Neuzeit, in: Archiv für elsässische Kirchengeschichte 8 (1933), S. 127 ff.; L. Th. Maes, Mittelalterliche Strafwallfahrten nach Santiago de Compostela und Unsere Liebe Frau von Finisterra, in: Festschr. Guido Kisch (60. Geb.), Stuttgart 1955, S. 99 ff.; Louis Carlen, Bußwallfahrten in der Schweiz, in: Schweizer. Archiv für Volkskunde 55 (1959), S. 237 ff.; ders., Straf- und Sühnewallfahrten nach Einsiedeln, in: Festschr. Iso Müller, Bd. 2, Stans 1972, S. 246 ff.; ders., Wallfahrt und Recht, in: Wallfahrt kennt keine Grenzen (Ausstellungskatalog), Zürich 1984, S. 87 ff.; ders., Wallfahrt und Recht im Abendland, Freiburg (Schweiz) 1987, mit bibliographischen Hinweisen auf die umfangreiche ausländische Literatur; ders., Straf- und Sühnewallfahrten nach Rom, in: Helfried Valentinitsch (Hrsg.), Recht und Geschichte. Festschr. Hermann Baltl (70. Geb.), Graz 1988, S. 131 ff.; Jonathan Sumption, Pilgrimage, London 1975, S. 98 ff.; Ludwig Schmugge, »Pilgerfahrt macht frei«. Eine These zur Bedeutung des mittelalterlichen Pilgerwesens, in: Römische Quartalschrift 74 (1979), S. 16 ff., 27; ders., Die Anfänge des organisierten Pilgerverkehrs im Mittelalter, in: Quellen und Forschungen aus italienischen Archiven und Bibliotheken 64 (1984), S. 1 ff., 79 f.; ders., Die Pilger, in: ZHF, Beih. 1, hrsg. von Peter Moraw, Unterwegssein im Spätmittelalter, Berlin 1985, S. 17 ff., 42 ff.

[9] An der Ecke Wenzelstraße/Julius-Echter-Straße, vgl. die genaue Beschreibung bei Jürgen Gottschalk und Bernhard Schemmel, Entwurf zur Erfassung freistehender religiöser Male, in: Mainfränkisches Jahrbuch für Geschichte und Kunst 54 (1972), S. 146 ff., 159 ff.

[10] Vgl. dazu die weitere Protokollierung im Heidingsfelder Gerichtsbuch bei Jörg (Anm. 1), S. 9 f.

¹¹ Hermann Josef Schmitz, Die Bußbücher und die Bußdisziplin in der Kirche, Bd. 1. Mainz 1883, Neudr. 1958, S. 59f.
¹² Schmitz (Anm. 11), S. 247.
¹³ Sumption (Anm. 8), S. 104; Maes (Anm. 8), S. 101 f.; Carlen, Abendland (Anm. 8), S. 74 ff.; ders., Schweiz (Anm. 8), S. 243. – Zu den Anfängen der Praxis, während der Pilgerschaft Heiligengräber aufzusuchen, vgl. Schmitz (Anm. 8), S. 14 ff.
¹⁴ Schmitz (Anm. 8), S. 30 ff.; Maes (Anm. 8), S. 101 ff.; Sumption (Anm. 8), S. 104 f.; Carlen, Abendland (Anm. 8), S. 82 ff.; ders., Wallfahrt und Recht (Anm. 8), S. 91; Schmugge, Pilger (Anm. 8), S. 42 ff. m. w. Nachw.
¹⁵ In der Forschung ist gelegentlich von »Sozialhygiene« die Rede, vgl. Schmugge, Anfänge (Anm. 8), S. 80.
¹⁶ His (Anm. 4), S. 533 ff.; Wohlhaupter (Anm. 8), S. 220; Maes (Anm. 8), S. 106.
¹⁷ Maes (Anm. 8), S. 103; Carlen, Schweiz (Anm. 8), S. 239.
¹⁸ Frauenstädt (Anm. 2), S. 157 f.; His (Anm. 4), S. 333; Carlen, Schweiz (Anm. 8), S. 251; ders., Rom (Anm. 8), S. 136.
¹⁹ Schmitz (Anm. 8), S. 38 ff.; His (Anm. 4), S. 334; Maes (Anm. 8), S. 106; Sumption (Anm. 8), S. 107; Carlen, Schweiz (Anm. 8), S. 239 f.; ders., Abendland (Anm. 8), S. 91 f.; Schmugge, Pilgerfahrt (Anm. 8), S. 22.
²⁰ Schmugge, Pilgerfahrt (Anm. 8), S. 18.
²¹ Im Dekret Gratians: C. 24 q. 3 c. 23; dazu Schmugge (Anm. 8), S. 19.
²² Carlen, Wallfahrt (Anm. 8), S. 89 f.; ausführlich ders., Abendland (Anm. 8), S. 115 ff.
²³ Maes (Anm. 8), S. 111; Carlen, Wallfahrt (Anm. 8), S. 91 f.
²⁴ Jörg (Anm. 1), S. 18 ff.
²⁵ Robert Plötz, Santiago-peregrinatio und Jacobus-Kult mit besonderer Berücksichtigung des deutschen Frankenlandes, in: Odilo Engels (Hrsg.), Ges. Aufsätze zur Kulturgeschichte Spaniens 31 (1984), S. 24 ff. (= 2. Teil der phil. Diss. des Verf., Ad limina Beati Jacobi, Würzburg 1977), S. 96 ff. Die auf S. 108 f. der Zimmerschen Chronik entnommenen Fälle von Sühnewallfahrten stammen aus dem alemannischen Raum.
²⁶ Über die von einem fürstlichen Schiedsgericht in Nürnberg 1431 ausgesprochene Verurteilung Herzog Heinrichs des Reichen von Bayern-Landshut zu fünf Wallfahrten wegen der Verwundung eines Verwandten berichtet Carlen, Einsiedeln (Anm. 8), S. 254. Santiago de Compostela erscheint nicht unter den Wallfahrtszielen.
²⁷ Dietmar Willoweit, Deutsche Verfassungsgeschichte, München 1990, S. 111 ff.

Jakobus- und Pilgerdarstellungen in Franken

Elisabet Petersen

Begibt man sich in Franken auf den Weg, dem heiligen Jakobus in Darstellungen zu begegnen, muß man keine weiten Strecken zurücklegen. Die Fülle an Bildnissen, die uns erhalten ist, läßt erkennen, daß die Verehrung des Apostels und Pilgerpatrons zu allen Zeiten und in allen Regionen Frankens tief verwurzelt und lebendig war.

Bevor wir anhand einer Auswahl von Beispielen aufzeigen, in welch unterschiedlicher Form diese Verehrung und Zuneigung zum heiligen Jakobus durch die Jahrhunderte hindurch Ausdruck fand, soll zunächst eine ikonographische Einführung gegeben werden. Sie geht der Frage nach, woran dieser für das gesamte Abendland so bedeutende Heilige zu erkennen ist und in welchen inhaltlichen und thematischen Zusammenhängen man sein Bildnis findet. Zum Schluß werden noch einige Darstellungen von Jakobspilgern vorgestellt.

ZUR IKONOGRAPHIE DES APOSTELS UND PILGERPATRONS JAKOBUS DES ÄLTEREN

Darstellungen des heiligen Jakobus als Apostel

Die frühe Bildtradition

Bevor die große Wallfahrt nach Santiago de Compostela und mit ihr die Verehrung des heiligen Jakobus einsetzte, findet man ihn nahezu ausschließlich im Kollegium der zwölf Apostel dargestellt.[1] Wie die übrigen Apostel ist er mit Buch oder Schriftrolle versehen und nur durch eine Namensinschrift von den übrigen Jüngern zu unterscheiden. Gelegentlich ist ihm, der als erster der Jünger das Martyrium erlitt und enthauptet wurde, das Schwert beigegeben.

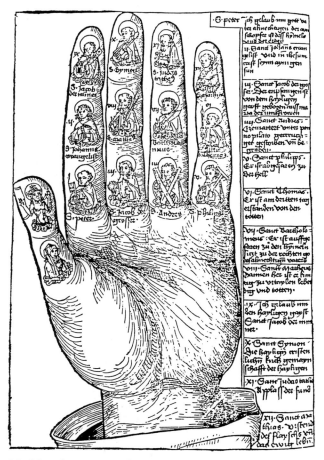

Merkhand mit Darstellung der zwölf Apostel und zwölf Glaubensartikel aus dem »Schatzbehalter« des Stephan Fridolin, Nürnberg 1491. Zusammen mit Petrus und Johannes steht Jakobus d. Ä. Christus am nächsten.

In dieser Tradition der frühen Darstellungen stehen die zwölf Apostel an den südlichen Chorschranken des Georgenchors im Bamberger Dom aus den Jahren 1220/30: Von den in Tunika und Toga gekleideten barfüßigen Gestalten sind nur wenige zu benennen; Jakobus d. Ä. ist nicht – wie Petrus mit dem Schlüssel – individuell ausgezeichnet, so daß er, nachdem die farbige Fassung verlorengegangen ist, nicht bestimmt werden kann.

Die Apostel und das apostolische Glaubensbekenntnis

Noch heute kann man deutlich erkennen, daß in die Schriftbänder der zwölf Apostel am romanischen Taufstein aus Neustadt am Main (um 1160) – er befindet sich heute im Mainfränkischen Museum Würzburg – die zwölf Artikel des Glaubensbekenntnisses eingeschrieben sind. Auch für die Bamberger Apostel ist bezeugt, daß auf ihre Schriftbänder die Artikel des Credo aufgemalt waren.[2] In dieser zyklischen Darstellung werden die Apostel als Zeugen der göttlichen Offenbarung im Neuen Testament und als Träger der im apostolischen Glaubensbekenntnis enthaltenen Lehre angesehen. Seit dem 13./14. Jahrhundert werden den Aposteln als den zwölf Boten des Neuen Testaments die Propheten des Alten Testaments gegenübergestellt. So in einem Blockbuch, das 1427 in Bamberg entstanden ist und heute in der Würzburger Universitätsbibliothek aufbewahrt wird (M. ch. f. 4f. 54^r). Es enthält ein Glaubensbekenntnis, in dem Jakobus d. Ä. nach Petrus und Andreas als dritter Apostel mit dem Artikel »Der emphange ist von dem heiligen Geist geborn aus maria der Junekfrawen« dargestellt und dem Propheten Jesaja zugeordnet ist. Anders als bei den älteren Beispielen ist Jakobus hier allerdings in der Reihe der Apostel unverkennbar durch die Attribute Stab und Muschel zu identifizieren.

Erwähnenswert ist eine Wiederaufnahme dieses Themas um 1600 in der Pfarrkirche von Wiesenbronn (Lkr. Kitzingen). Dort sind die Apostel an die Wände der Empore gemalt: Auf der rechten Seite entdeckt man die mächtige, in ein weites Gewand gehüllte Gestalt »St. Jakobus MAIOR«, barfuß, mit Stab, aber ohne erkennbare Muschel. Über ihm liest man den Glaubensartikel: »der empfangen ist von dem Heiligen Geist geborn auß Maria der Jungfrauen«.

Die Apostel als Beisitzer beim Gericht

Im Matthäusevangelium 19, 27–28 verheißt Christus den Aposteln das Richteramt im Weltgericht. Dieses Thema begegnet uns am Fürstenportal des Bamberger Doms (1220/30): In die Stufen des Portals sind die Apostel auf den Schultern der Propheten eingestellt, wobei das Blickziel aller Gestalten die Weltgerichtsdarstellung im Tympanon ist. Apostel und Propheten bilden hier Säulen. Dieses Bild der Apostel als Säulen und Stützen der Kirche fand in der Ikonographie des Mittelalters weite Verbreitung. Es gründet sich auf ein Wort der Offenbarung: »Und die Mauer der Stadt hatte zwölf Grundsteine und auf ihnen die zwölf Namen der zwölf Apostel des Lammes« (Offb 21,14).

Darstellungen des Jakobus in Gestalt des Pilgers

Die Gestaltung des Jakobus als Apostel, barfüßig, mit bodenlangem Gewand und mit dem Buch als Zeichen der Verkündigung ausgestattet, lebt auch in den späteren Jahrhunderten fort. Doch treten mit dem Aufleben der Wallfahrt nach Santiago de Compostela seit dem 12. Jahrhundert – zunächst in Frankreich und Spanien – die Attribute auf, die Jakobus d. Ä. von nun an unverkennbar machen und ihn als Pilger zeigen. Die wesentlichen Attribute sind die Muschel, der Pilgerstab, der breitkrempige Hut, die Pilgertasche und die Pilgerflasche.

Die Muschel

Die weiße Kammuschel *(pecten maximus)* mit der fächerförmig gerippten Schale und dem breiten, geraden Schloßrand wurde zum unverwechselbaren Symbol, zum Wahrzeichen der Wallfahrt nach Santiago de Compostela und zum Ehrenzeichen der Pilger, das sie sich am Ziel ihres weiten Weges erwarben und fortan als Zeugnis ihrer Wallfahrt zum Grabe des Apostels trugen. Wie es dazu kam, läßt sich nicht mehr zurückverfolgen. Die Ursprünge des Motivs liegen im dunkeln und sind von Legenden umwoben. So heißt es unter anderem, daß die Muschel an die Ankunft des Leichnams des Apostels an der Küste Galiciens erinnere, bei der seine Begleiter den Leichnam mit Muscheln übersät gesehen hätten.[3]

Von alters her und über die Kulturen hinweg ist mit der Muschel eine reiche Symbolik verbunden.[4] Aus dem Meer, dem Wasser hervorgehend, ist sie dem Symbolkreis des Weiblichen zuzuordnen und oftmals Sinnbild für Empfängnis und Geburt. Sie ist das Gefäß, das die Perle birgt, eine durch den Tautropfen befruchtete Perle, wie es in der griechischen Mythologie über die Geburt der Aphrodite heißt. In anderen Kulturkreisen wurden Muscheln mit ins Grab gegeben, und die Perle war Ausdruck für eine neue Geburt. In frühchristlicher Zeit wurde die Muschel als Symbol des Grabes verstanden, aus dem der Mensch wieder auferstehen werde. Im »Physiologus«, jener für das Verständnis der christlichen Ikonographie so wesentlichen Schrift, heißt es: »Das Meer ist zu verstehen als die Welt, die Taucher als die Schar der Propheten, die zwei Flügel der Muschel als das Alte und das Neue Testament; gleichermaßen sind auch Sonne, Mond und Sterne und der Tau zu verstehen als der heilige Geist, welcher eindringt in die beiden Testamente; die Perle aber deutet auf unseren Herrn Jesus Christus.«[5]

Nun geht aber aus der Jakobsmuschel keine Perle hervor. Der »Liber Sancti Jacobi«, der in der ersten Hälfte des 12. Jahrhunderts die Verwendung der Muschel als Zeichen der Jakobspilger bezeugt, unterlegt der Muschel einen neuen Sinn, indem er die beiden Schalen als die beiden untrennbaren Seiten der Caritas, als die Gottesliebe und die Nächstenliebe, versteht.[6] Sicherlich handelt es sich um eine im nachhinein erfolgte Deutung, durch die das antike Symbol der körperlichen Liebe ins Geistige gewendet wird.[7]

Vielleicht ist in das Motiv der Muschel auch ein vorchristliches, in Nordspanien beheimatetes Zeichen eingegangen, das einer uralten Pilgerstraße gen Westen angehörte.[8]

Urphar. *St. Jakobus. Muschel neben der Gestalt des Kirchenpatrons an der Südwand des Langhauses.*

Nimmt man die Muschel zur Hand, so sind es vor allem die Strahlen, die im Wechsel von Licht und Schatten ihre Form zeichnen. Strahlen, die in einem Punkt zusammenlaufen, so wie sich die Vielzahl der Wege, die durch Europa führen, im Camino mit dem Ziel Santiago de Compostela bündeln. Strahlen, die aber auch von diesem Punkt ausgehen, ausstrahlen – gleich Lichtstrahlen, die erleuchten.

Als Wahrzeichen der Wallfahrt nach Santiago und als Ehrenzeichen der Jakobspilger wird die Muschel zugleich zum markantesten Attribut des *Jacobus peregrinus*, des Apostels in Gestalt des Pilgers, wie er uns auch in Franken begegnet. Nicht immer ist die Muschel in ihrer charakteristischen Form wiedergegeben, und manche Darstellung läßt darauf schließen, daß ihr Urheber wohl nie-

Ebing. *Jakobusgestalt des Rokoko in der Pfarrkirche St. Jakobus.*

Elbersberg. *Jakobusfigur im barocken Altar der Pfarrkirche St. Jakobus.*

mals eine Jakobsmuschel zu Gesicht bekommen hat. Als ein Beispiel sei nur die übergroße, neben dem Kopf des Patrons Jakobus im Langhaus von Urphar (Lkr. Main-Tauber, Wehrkirche St. Jakobus d. Ä.) um 1300 gemalte Muschel genannt (Abb. S. 57). Andererseits konnte die Muschel auch – den Formen des Rokoko unterworfen – zum Ornament, zur Rocaille werden, wie es die Jakobsgestalt in Ebing (Lkr. Bamberg, Pfarrkirche St. Jakobus) zeigt. Der Jakobus von Elbersberg (Lkr. Bayreuth, Pfarrkirche St. Jakobus d. Ä.) trägt eine Brosche in Form einer Muschel, die den Schulterumhang schließt. Darüber hinaus ist er in seiner halbrunden Nische von einer Halbkuppel überfangen, die in ihren Strahlen das Motiv der Muschel aufgreift und dadurch einen Nimbus besonderer Art bildet.

Die Pilger, denen die Muschel mitunter auch als Trink- und Schöpfgefäß diente, hefteten die Muschel an ihren Hut, an den Mantel oder Schulterumhang, an die Tasche, oder sie hängten sie an den Stab. Dies veranschaulichen auch die fränkischen Jakobsfiguren in reicher Variation. Der *Jacobus peregrinus* vom spätgotischen Wandgemälde in der Nikolauskapelle in Coburg hat gleich eine Reihe von Muscheln an dem quer über Brust und Schultern verlaufenden Band seines Umhangs befestigt.

Gelegentlich ist dem Attribut auch dadurch nochmals Nachdruck verliehen, daß der Pilgerpatron die Muschel in der Hand hält und sich dadurch ausweist. Stellvertretend sei der Apostel in der Predella des Hochaltars von St. Jakob in Rothenburg ob der Tauber genannt (Farbbild S. 38). Mit besonderer Sorgfalt und ganz naturgetreu ist die Muschel am Hut der mächtigen Jakobusgestalt im Schrein desselben Altars dargestellt. Man kann deutlich erkennen, wie sie am Kamm mit zwei Lö-

Gadheim. *Kapelle St. Markus.*
Bildnis des Pilgerpatrons auf dem
Flügelaltar, Anfang des 16. Jh.

chern versehen ist, durch die sie am Hut angenäht wurde. Eine weitere Muschel hängt ihm über seinem rechten Unterarm. Der Jakobus am kleinen Altar der Kapelle St. Markus in Gadheim (Lkr. Würzburg, ehemals Jakobus d. Ä. geweiht) hält einen Rosenkranz, an dem die Muschel befestigt ist. Schließlich sei vermerkt, daß sich das Motiv der Muschel auch verselbständigen und in die Heraldik eingehen konnte. Ein prominentes Beispiel bilden die drei roten Jakobsmuscheln auf silbernem Grund des Familienwappens derer von Eyb. Mehrmals begegnen wir ihm auf Schlußsteinen und Epitaphen im Kreuzgang und in der Sepultur des Würzburger Doms (Farbbild S. 37), vor allem aber auf der steinernen Tischplatte des von Tilman Riemenschneider geschaffenen Ratstisches im Mainfränkischen Museum. In Bamberg ließ der Domdekan Reinhard Anton von Eyb die Stadtfront seiner Curia Sti. Sebastiani et Fabiani (Domplatz 2) mit dem Wappen schmücken. Ein direkter Bezug dieses Wappens zur Wallfahrt nach Santiago läßt sich allerdings nicht nachweisen.

Der Pilgerstab

Der Stab gehörte als Stütze und gelegentlich auch als Waffe zur Grundausstattung des Pilgers. Er wird somit ebenfalls ein wichtiges Motiv in der Ikonographie des Heiligen. Sehr bildhaft heißt es bereits in der Predigt »Veneranda dies« aus dem »Liber Sancti Jacobi«: »Den Stab nimmt der Büßer gleichsam als dritten Fuß zur Unterstützung, er symbolisiert den Glauben in die heilige Dreifaltigkeit, an dem er festhalten soll. Der Stab hilft dem Menschen, sich gegen Wölfe und Hunde zu verteidigen. Der Hund pflegt die Menschen anzubellen, der Wolf die Lämmer zu verschlingen. Hund und Wolf versinnbildlichen den Teufel als Verführer des Menschengeschlechts«.[9]

Oft überragt der Stab die Gestalt des Apostels an Höhe. Unten ist er seit dem späten Mittelalter mit einer eisernen Spitze ausgestattet. Oben schließt er meist mit einem runden Knauf ab. Darunter befindet sich sehr häufig ein zweiter Knauf, an dem nicht selten eine Muschel oder die Pilgerflasche hängt, wie beispielsweise bei der Jakobusgestalt in der Jakobskirche von Marktschorgast (Lkr. Kulmbach). Der Apostel Jakobus auf dem gemalten Altarbild des rechten Seitenaltars der Kirche von Weichtungen (Lkr. Bad Kissingen) hält einen Pilgerstab, an dem, wie mancherort sonst auch zu sehen, ein Haken befestigt ist, an dem die Pilgerflasche hängt (Abb. S. 60). Im Vergleich der Vielzahl von Darstellungen fällt auf, daß sich die beiden oft gedrechselten Knäufe des Stabes in ihrem Abstand in einem bestimmten Verhältnis zur Gesamtlänge des Stabes zu befinden scheinen. Überlegungen sind aufgekommen, ob hier bestimmte Proportionen vorliegen, die darauf schließen ließen, daß der Stab dem Pilger auf seinem Weg auch als Meßinstrument, als Maßstab, gedient haben könnte.

Der Stab tritt »en miniature« einzeln oder gekreuzt als Abzeichen am Hut oder an der Kleidung, vorwiegend am Kragen oder Umhang des *Jacobus peregrinus* auf. So sieht man es an der Jakobsgestalt von Fischbach (Lkr. Kronach), wo Muschel und Pilgerstäbe sogar einen Hermelinkragen schmücken (Farbbild S. 81); oder am Jakobus von Königsfeld (Lkr. Bamberg), wo die Stäbe am Umhang den Muscheln unterlegt sind.

Weichtungen. *Filialkirche St. Joseph. Altarblatt um 1700.*

Der Pilgerhut

In seiner 1499 gedruckten Schrift »Der Pilger« empfiehlt der Straßburger Prediger Johann Geiler von Kaisersberg, der Pilger solle sich einen guten »praiten« Hut kaufen, der ihn vor Regen schützt und ihn bei Wind und Wetter ganz bedeckt.[10] Die Darstellungen des Pilgerpatrons zeigen die breite Krempe oftmals vorn aufgeschlagen und mit einer oder mehreren Muscheln geschmückt. Stellvertretend sei der Jakobus von Baunach (Lkr. Bamberg, St. Magdalena) genannt. Der von Gadheim läßt den Nackenschutz erkennen, den die Krempe bildet. Vielfach ist der Hut in den Nacken geschoben oder über die Schulter gerutscht. Schöne Beispiele dafür findet man in Creussen (Lkr. Bayreuth, Stadtpfarrkirche St. Jakobus d. Ä.) und in Herrnsdorf (Lkr. Bamberg, Pfarrkirche St. Jakobus d. Ä.; Farbbild S. 82). Beim Jakobus von Elbersberg (Lkr. Bayreuth, Pfarrkirche St. Jakobus d. Ä.) hängt der mächtige Hut über den Unterarm herab; der Jakobus von Obersinn (Lkr. Main-Spessart, Pfarrkirche St. Jakobus) hält das schon etwas verbeulte Exemplar vor die Brust. Und beim Pilgerapostel hinten in der Würzburger Marienkapelle bildet der Hut gleichsam einen mit zwei Muscheln geschmückten Heiligenschein.

Die Pilgertasche

Johann Geiler von Kaisersberg rät ferner, sich einen guten Ledersack machen zu lassen, »in den der Pilger alles hineintun kann, was ihm auf dem Weg not tun wird«[11].
Gemessen an den Rucksäcken heutiger Pilger, macht sich diese Ledertasche sehr bescheiden aus. Sie hatte nur Platz für wenige Habseligkeiten. »Die Enge der Pilgertasche bedeutet, daß der auf den Herrn vertrauende Pilger nur einen kleinen und bescheidenen Vorrat mit sich führen soll. (...) Sie ist nicht mit Riemen verschlossen, sondern oben immer offen, ein Sinnbild für den Pilger, der zuvor seinen Besitz mit den Armen teilt und später zum Nehmen und Geben bereit ist«, heißt es in der »Veneranda dies«.[12]
Auf den Bildnissen des Jakobus sieht man die Tasche oft an einem breiten, mit einer Schnalle versehenen und schräg über die Brust verlaufenden Lederriemen in Hüfthöhe hängen, so wie es die Gestalt von Kirchschönbach (Lkr. Kitzingen, Pfarrkirche St. Jakobus) zeigt. Diese Tasche ist jedoch bei den uns bekannten Darstellungen oben nicht offen, sondern in der Regel durch eine herabhängende Lasche verschlossen.

Die Pilgerflasche

Unverzichtbares Utensil des Pilgers auf seinen weiten Tagesstrecken durch einsames Land unter der sengenden Sonne war die Pilgerflasche, die sogenannte Kalebasse. Ursprünglich war sie wohl aus einem Kürbis gefertigt. Die runde, bauchige Form erinnert zumindest daran. Meist ist sie am Gürtel befestigt, wie beim Jakobus von Effeldorf (Lkr. Kitzingen, Pfarrkirche St. Jakobus d. Ä.; Farbbild S. 81) oder von Brück (Lkr. Kitzingen, am Turm der Kirche St. Markus und Jakobus). Bei dem von Lengfurt (Lkr. Main-Spessart, Pfarrkirche St. Jakobus d. Ä.; Farbbild S. 81) hängt sie am langen Pilgerstab.

Obersinn. *Pfarrkirche St. Jakobus.*

Kirchschönbach. *Pfarrkirche St. Jakob.*

Das Pilgergewand

Bei vielen Gestalten des *Jacobus peregrinus* lebt in dem bodenlangen Gewand die Tradition der Aposteldarstellung fort, doch geben andere wiederum mancherlei Aufschluß über das Pilgergewand der jeweiligen Zeit. Der Jakobus auf dem Altarbild in Kleinrheinfeld (Lkr. Schweinfurt, St. Jakobus d. Ä.; Farbbild S. 82) trägt über dem bodenlangen, gegürteten Gewand einen weiten, vorn offenen Mantel und darüber einen Schulterumhang, der aus Leder gefertigt zu sein scheint. Die Pilger war auf wetterfeste Kleidung angewiesen, und dieser Umhang aus festem Stoff oder Leder konnte ihn vor Regen und Feuchtigkeit schützen. Es ist eine Art Pelerine (der Begriff leitet sich vom Französischen *pèlerin* = Pilger her), die kreisrund – mitunter als breiter Kragen, meist aber etwa bis zur Taille reichend – nach dem Mittelalter das charakteristische Stück der Pilgertracht wurde. Als Beispiele seien auch die gemalten Jakobusfiguren der Altäre von Herrnsdorf und Weichtungen genannt. Mit Beginn des 16. Jahrhunderts verkürzt sich das Gewand auch bei den Jakobusdarstellungen, so daß sie nun ganz in Gestalt des Pilgers auftreten. Die Jakobusfiguren in Obersinn, Fischbach, Lengfurt, Großlangheim oder in der Marienkapelle in Würzburg tragen oberhalb der Knie endende, gegürtete Kleider und wadenhohe Stiefel, deren Innenfutter über den Stiefelrand hinauslappt.

Nochmals sei hier eine Empfehlung des Johann Geiler von Kaisersberg zitiert: Die Schuhe sollten oben am Schaft zusammengebunden sein, »das kein Kott darein fall«.[13] Ein Beispiel, das etwa aus jener Zeit stammt und dies anschaulich macht, finden wir in dem Jakobus auf dem Antependium aus der Spitalkirche von Karlstadt (Lkr. Main-Spessart), das heute im Mainfränkischen Museum in

Würzburg zu sehen ist (Abb. S. 71). Auffallend sorgfältig gearbeitet – vorn mit einer Schnalle verschlossen – sind die knöchelhohen Schuhe an einer Jakobusfigur im Historischen Museum in Bamberg, die um 1520 datiert.

*

Jakobus d. Ä. als Pilger: Die beschriebenen Attribute und die Pilgertracht geben ihm die Gestalt, in der sich die Jakobspilger durch die Jahrhunderte wiedererkennen konnten. Oft unterscheidet er sich von ihrer Darstellung nur durch den Nimbus und das Buch, das ihn als Apostel ausweist. In Gestalt des *Jacobus peregrinus* tritt er uns auch in den meisten Darstellungen in Franken entgegen. Er wird zum *homo viator*, der die Idee des Auf-dem-Weg-Seins verkörpert[14]: zum Bild desjenigen, der seine vertraute Umgebung verläßt, sich aufmacht in die Fremde (das lat. *peregrinus* heißt ursprünglich »der Fremde«), getrieben von einer inneren Sehnsucht nach dem verheißungsvollen Ziel, dem Ort der Gnade im fernen Westen, bereit, Gefahren, Entbehrungen und Anfechtungen auf sich zu nehmen, bereit zur Umkehr, Wandlung und Erneuerung.

Jakobus d. Ä. bleibt allerdings nicht der einzige Heilige, der als Pilger mit den vorgestellten Attributen versehen ist. So werden Muschel, Pilgerhut und Stab auch auf die Heiligen Rochus und Jodokus, Sebaldus oder Wendelin übertragen. Mitunter muß man genau hinsehen, um keiner Verwechslung zu erliegen. Ein unmittelbares Beispiel befindet sich in der Pfarrkirche Mariä Himmelfahrt in Böttigheim (Lkr. Würzburg): Hier erkennt man Jakobus mit den bekannten Attributen rechts am Hochaltar. Am linken Nebenaltar meint man zunächst in der seitlichen Figur rechts eine weitere Jakobusgestalt zu sehen, doch erweist sie sich als Bildnis des heiligen Rochus, des Pestpatrons. Zwar ist auch er mit Pilgerstab und Muscheln an Umhang und Hut versehen, weist aber zugleich unmißverständlich auf die Pestbeule an seinem entblößten Oberschenkel und ist außerdem von einem Hund begleitet, der dem Heiligen, der Legende nach, ein Brot bringt.

Jakobus als Maurentöter

Ein anderer ikonographischer Typus, der weite Verbreitung fand, ist Ausdruck der historisch-politischen Rolle, die Jakobus d. Ä. in der Geschichte der Iberischen Halbinsel insbesondere während des Reconquista gespielt hat. Nach der Schlacht von Clavigo 844 wurde er als Sieger über die Mauren, als *Matamoros* (Maurentöter) verherrlicht und später als Nationalheiliger Spaniens verehrt. Zu Pferde kämpfend, war der Heilige vor allem bei Adel und Ritterschaft beliebt.

Diese Darstellung fand im süddeutschen Raum zur Zeit der Gegenreformation und auch im Kampf gegen die Türken eine Wiederbelebung.[15] Im fränkischen Raum ist ein Beispiel im Deckengemälde der Pfarrkirche St. Jakobus und Kilian in Königsfeld (Lkr. Bamberg) erhalten (Farbbild S. 92; Abb. S. 40).

Pilgerkrönung

Als Pilgerkrönung bezeichnet man die Darstellung des thronenden Jakobus, der die zu seinen Seiten knienden, kleinen Pilger krönt. Vor allem für die deutschen Pilger fanden im Mittelalter bei ihrer Ankunft am Wallfahrtsziel in der Kathedrale von Santiago de Compostela symbolische Pilgerkrönungen statt.

Eine bekannte Darstellung befindet sich im Bayerischen Nationalmuseum in München. In ihr kommt die Bedeutung des Jakobus als Pilgerpatron besonders zum Tragen. Im Fränkischen hat sich ein solches Bildnis unseres Wissens nicht bewahrt.

Darstellungen aus dem Leben des Apostels Jakobus

Kommen wir nun zu Darstellungen des Apostels, die ihn in szenischen Zusammenhängen zeigen, voran in Darstellungen von Begebenheiten aus seinem Leben.

Die Evangelien berichten, daß er und sein jüngerer Bruder Johannes Söhne des galiläischen Fischers Zebedäus und Maria Salomes waren und von Jesus unmittelbar nach den Brüdern Simon Petrus und Andreas berufen wurden (Mt 4,21). Jakobus gehört mit Petrus und Johannes zu den Jüngern, die Jesus besonders vertraut waren. Nur diese drei Jünger durften ihn bei der Auferweckung vom Töchterlein des Jairus begleiten (Mk 5,37), nur sie waren Zeugen der Verklärung auf dem Berg Tabor (Mt 17,1), und nur sie nahm Jesus mit sich in den

Garten Gethsemane, damit sie mit ihm wachten (Mt 26,36).
Der neugotische Altar von Röthlein (Lkr. Schweinfurt, Pfarrkirche St. Jakobus d. Ä.; Farbbild S. 91) ist diesen drei Jüngern gewidmet: In dem geschnitzten Schrein erscheint Jakobus thronend in der Mitte, in der Rechten den Stab und in der Linken das Schwert, flankiert von den stehenden Gestalten des Johannes und Petrus. Die Reliefs der Seitenflügel zeigen die vier Szenen: Berufung, Verklärung, Auferweckung der Tochter des Jairus und Jesu Gebet im Garten Gethsemane mit den schlafenden Jüngern. Das letzte Thema erscheint in vielen Ölbergen an fränkischen Kirchen und auf fränkischen Friedhöfen, wobei Jakobus nur gelegentlich – so in Prichsenstadt mit der Muschel am Knie – besonders gekennzeichnet ist.
Die Himmelfahrt Christi ist das Thema eines Deckengemäldes in der ehemals St. Jakobus geweihten Kirche von Neudrossenfeld (Lkr. Kulmbach), Pfingsten das in der Jakobskirche von Viereth (Lkr. Bamberg): Jakobus ist im Vordergrund durch Pilgergewand und Muschel ausgezeichnet.
Ein Thema, das in unserem Raum wiederholt Darstellung fand, ist der Abschied der Apostel. Dem Auftrag Christi (Mt 28,19–20) folgend, sind die Apostel im Begriff, in die Welt zu ziehen, um den Völkern die Heilsbotschaft zu verkünden. Diesen Moment des Aufbruchs finden wir auf dem 1491 fertiggestellten Flügelaltar der Kirche von Kleinschwarzenlohe (Lkr. Roth) festgehalten.[16] Die in Relief gearbeitete, gefaßte Szene erstreckt sich über Schrein und Flügel des geöffneten Altars (Farbbild S. 38). Vor einer gebirgigen Landschaft sieht man die Jünger in Gruppen zusammenstehen, zehn an der Zahl, denn zwei haben sich bereits auf den Weg gemacht, und man sieht sie als kleine Figuren in der Tiefe der Landschaft entschwinden. Johannes schöpft Wasservorrat aus einer Quelle, Petrus nimmt noch einen Schluck aus seiner bauchigen Flasche. Andere Apostel verabschieden sich per Handschlag und mit trauriger Miene, zwei wischen sich verstohlen Tränen aus den Augen. Von verhaltener Traurigkeit ist auch das schöne Gesicht Jakobus d. Ä. Man erkennt ihn auf dem linken Flügel außen an Hut und Pilgertasche.
Als Tafelbild findet man dasselbe Thema in einer Bearbeitung von Wolfgang Katzheimer (1483), die für Alt-Sankt-Martin in Bamberg bestimmt war und heute im Historischen Museum der Stadt hängt. Eine weitere Bearbeitung eines Nürnberger Meisters (?) bewahrt die Stiftskirche St. Peter und Alexander in Aschaffenburg. Dort ist den Aposteln in die Heiligenscheine nicht nur der Name, sondern auch das Bestimmungsland und Missionsziel eingeschrieben.
Der Überlieferung nach soll Jakobus d. Ä. in Spanien gepredigt haben, kehrte aber, nachdem ihm wenig Erfolg beschieden war, nach Jerusalem zurück. Als erster der Apostel erleidet er dort das Martyrium. In der Apostelgeschichte wird seine Enthauptung durch Herodes Agrippa gegen 44 n. Chr. erwähnt (vgl. Apg 12,2).
Dem Apostel und seiner Vita gilt auch das 1986 von Curd Lessig geschaffene große Glasfenster in der Jakobuskirche von Üchtelhausen (Lkr. Schweinfurt; Farbbild S. 91). Es zeigt in der Mitte den Patron als Pilger mit braunem Mantel, Hut, Stab, Tasche, Flasche und Buch. Ihm zur Seite sind Szenen aus seinem Leben dargestellt: die Berufung des Jüngers, seine Predigt des Evangeliums als beherrschendes Thema, die Verklärung, die Szene im Garten Gethsemane und die Enthauptung des Apostels.

Wunder und Legenden

Zu den seit dem 5. Jahrhundert überlieferten Wundern des Apostels gehört die Bekehrung des Zauberers Hermogenes, dem Jakobus nach der Legende seinen Pilgerstab zum Schutz gegen den Teufel schenkte.
Ferner wird berichtet, daß Jakobus auf seinem Weg zur Hinrichtung den Gerichtsdiener Josias bekehrt und getauft habe. Dieses Ereignis ist auf einem Holztafelgemälde zu sehen, das zwar einem mittelrheinischen Meister zugeschrieben wird, heute aber im Mainfränkischen Museum in Würzburg hängt (Leihgabe des Bayerischen Nationalmuseums München; Inv. Nr. 3477 M.A.). In den unterschiedlichen Bildebenen sind im wesentlichen drei Szenen zu erkennen: Links im Mittelgrund steht Jakobus mit gebundenen Händen vor dem erhöht thronenden König und Richter Herodes Agrippa. Jakobus ist am Pilgerhut mit aufgeschlagener Krempe und Muschel auszumachen. Weiter vorn ist auf der rechten Seite die Taufe des Josias dargestellt. In der Rechten hält Jakobus eine Schale mit Wasser, die er über dem Kopf des vor ihm Knienden ausgießt, während er in der Lin-

ken dessen Hut hält. Dem bekehrten Josias sind bereits die Hände gebunden. Er wird, wie man im Vordergrund trotz der Beschneidung der Tafel erkennen kann, mit dem Apostel hingerichtet. Während der Bekehrte bereits enthauptet ist, holt der Henker gerade mit einem gewaltigen Schwert zum Hieb gegen den Apostel aus, der die Hände zum Gebet und die Augen zum Himmel erhoben hat. Der Apostel ist durch das Gold des Heiligenscheins hervorgehoben, in dem das Gold des Himmels wiederaufscheint.

Der Gang zum Martyrium ist auch das Thema des Altarbildes in der Jakobuskirche von Bad Kissingen. Den Weg des in Ketten geführten Apostels säumen Kranke, die ihn um Heilung anflehen (Farbbild S. 92).[17]

Die Translatio des Leichnams in einem Boot nach Spanien und die wundersame Überführung in den Palast der Königin Lupa finden wir auf den berühmten Tafelbildern des Friedrich Herlin am Hauptaltar der Jakobskirche in Rothenburg ob der Tauber dargestellt[18] (Farbbilder S. 48).

Das bekannteste und beliebteste posthume Wunder steht in Verbindung mit der Wallfahrt und ist in Spanien seit dem Ende des 13. Jahrhunderts bezeugt:[19] Demnach sollen um 1090 deutsche Pilger – unter ihnen Eltern mit ihrem heranwachsenden Sohn – nach Santiago gezogen sein. Ein Wirt, bei dem sie übernachten, versteckt in den Kleidern des Sohnes einen Silberbecher. Nach ihrer Abreise stellt der Wirt ihnen nach und klagt sie des Raubes an. Der Sohn wird gehängt. Als die Eltern nach 36 Tagen auf ihrem Rückweg wieder in den Ort kommen, finden sie ihren Sohn lebend: Jakobus hat ihn gestützt und ihn am Leben erhalten. Statt des Sohnes wird nun der Wirt gehängt.

Wie Jakobus höchstpersönlich den Sohn stützt, ist anschaulich in einer Szene auf dem Jakobusaltar in der Fränkischen Galerie von Kronach dargestellt. Hier ist er als Heiliger ohne die Pilgerattribute gezeigt. Anders auf dem Altarbild von Kleinrheinfeld, auf dem im Hintergrund links die gleiche Szene erscheint, Jakobus aber als Pilgerpatron – auf einer Wolke schwebend – zu erkennen ist (Farbbild S. 82).

Im 15. Jahrhundert wird diese Legende durch das sogenannte »Hühnerwunder« bereichert. Demnach eilen die Eltern, die ihren Sohn lebend finden, zum Richter, der gerade tafelt. Unliebsam gestört, will er ihnen keinen Glauben schenken und erklärt: »Euer Sohn ist so lebendig wie hier die gebratenen Hühner an meinem Tisch«, worauf diesen Flügel wachsen, sie lebendig werden und davonfliegen. Dargestellt ist das Hühnerwunder wiederum auf den Tafeln des Friedrich Herlin in der Jakobskirche von Rothenburg (Farbbild S. 48).

Ein anderer Zyklus der Jakobusgeschichte, der ebenfalls dieses Wunder enthält, stammt aus der Riemenschneider-Schule und findet sich heute in der einstmals Jakobus geweihten Schloßkirche zu Winnenden (Baden-Württemberg, Lkr. Waiblingen). Schließlich sei auf den Altar der Bartholomäuskirche von Themar im nahen Thüringen verwiesen, der, wenn auch in schadhaftem Zustand, ebenfalls sehr anschaulich diese Wundergeschichte erzählt.

Eine Auswahl von Jakobusdarstellungen in und aus Franken

Franken zählt zu den Landschaften, die – nicht zuletzt dank einer großen Zahl von Jakobuspatrozinien – eine erstaunliche Fülle und Vielfalt von Darstellungen des Apostels und Pilgerheiligen bewahrt haben. Wir finden ihn als Kirchenpatron auf Altären dargestellt, auf Holz oder Leinwand gemalt, in Relief oder in vollplastischer Gestalt. Er erscheint als Einzelfigur am Pfeiler einer Kirche, aber auch auf dem Schalldeckel einer Kanzel. Er ist dem Zyklus der Apostel eingebunden, im Chor, an der Empore oder als Büste in einer Fensteröffnung. Man entdeckt ihn in Decken- und Wandgemälden, in Glasfenstern, aber auch auf Altarantependien, in Wollstoff gestickt oder auf Leinwand gemalt. Sein Bild schmückt kultisches Gerät, ein Reliquiar, eine Monstranz, eine Abendmahlskanne oder eine Prozessionsstange. Selbst auf Glocken ist es gegossen. Es erscheint in Pfarrsiegeln, Urkunden und alten Handschriften oder auf Andachtsbildern. Außerhalb des Kirchenraumes begegnet man dem Heiligen des Weges besonders häufig an Bildstöcken, aber auch auf den sogenannten Apostelkrügen aus Creussen, am Apostelhaus in Schweinfurt oder am Kachelofen von Ochsenfurt, der heute im Germanischen Nationalmuseum in Nürnberg zu sehen ist.

In die Fülle der Darstellungen kann hier nur ein kleiner Einblick gegeben werden. Die getroffene Auswahl möchte über die im ikonographischen Teil angesprochenen Beispiele hinaus eine Vorstellung davon vermitteln, wie vielseitig das Erscheinungsbild des Jakobus durch die Jahrhunderte hindurch als Ausdruck seiner Verehrung war. Darüber hinaus möchte sie zu eigenen Erkundungen und Begegnungen mit dem Schutzheiligen der Pilger einladen.[20]

Die Beispiele stammen vorwiegend aus dem Raum der Diözese Würzburg, wo es insbesondere im Umkreis von Würzburg und Schweinfurt eine große Anzahl von Jakobusdarstellungen gibt.

• Die schöne, hoch über dem Ort und der Mainschleife gelegene Jakobuskirche von Urphar bewahrt in dem Fresko auf der Südwand des Langhauses ein verhältnismäßig frühes Bild des *Jacobus peregrinus*. Es wird in die Zeit um 1300 datiert. In Höhe der unteren Empore erkennt man die Umrisse des von einem Heiligenschein umgebenen und mit einem Hut mit aufgeschlagener Krempe bedeckten Kopfes. Das von langem, gewelltem Haupthaar gerahmte Gesicht ist bartlos, die Gesichtszüge sind gelöscht. Rechts des Kopfes erscheint überdimensional und größer als der Kopf selbst die eigentümlich geformte Muschel mit zwei Ösen (Abb. S. 57). Die Gestalt trägt ein Gewand mit rundem Halsausschnitt und einen Umhang; beides ist nur noch ansatzweise zu erkennen. Ferner sieht man den schräg über die Brust verlaufenden Gurt der Pilgertasche und in der rechten Hand des Jakobus eine zweite, kleinere Muschel.

Von reifer Gotik ist das nach 1340 entstandene Fresko der zwölf Apostel im Chorturm. Die Apostel sind in Baldachine eingestellt, die mit zierlichen gotischen Wimpergen bekrönt sind. Jakobus d. Ä. ist hier an der Südwand in der Mitte der westlichen Dreiergruppe zu finden. Wie die übrigen Apostel ist er mit Tunika und weitem Mantel bekleidet, zugleich aber farblich durch das Ocker des Haares und das Rot des Gewandes besonders hervorgehoben. Sein Attribut, die Muschel, die er emporhält, ist auch hier von »untypischer« Form und schwarz ausgemalt. Darüber hinaus erscheint die Muschel noch einmal mit dem Pilgerstab auf einem Schild über der Tür vom Chorturm zur Sakristei, wo ferner die Jahreszahl 1497 zu lesen ist, und in der Sakristei auf der Predella mit den Brustbildern der Apostel, wo sie mit einem »C« (Compostela?) versehen ist.

• Aus dem ehemaligen Schottenkloster St. Jakob zu Würzburg stammt eine der ersten uns erhaltenen vollplastischen Steinfiguren, die Jakobus d. Ä. mit dem Attribut der Muschel zeigen. Heute ist die um 1320 entstandene Figur im Mainfränkischen

Jakobusstatue aus dem ehemaligen Schottenkloster St. Jakob zu Würzburg, um 1320. Mainfränkisches Museum Würzburg.

Museum in Würzburg zu sehen. Nach einem Inventar von 1865 soll sie aus der westlichen Mauer des Gartens des ehemaligen Schottenklosters herausgenommen und, wie es heißt, wahrscheinlich ein Überrest des ältesten Portals der Kirche sein. Die massige Gestalt mit mächtigem Kopf, gewelltem, grob gearbeitetem Haupthaar und Bart und leicht lächelndem Gesichtsausdruck ist barfüßig dargestellt. Sie trägt ein kaum modelliertes langes Gewand mit einem Umhang, der vor der Brust von einer Kordel mit drei Quasten gehalten ist.[21] Diese Jakobusfigur mit dem Buch in der Linken steht ganz in der Tradition der Apostelnachrstellungen. Doch weisen die beiden Muscheln auf den Schultern darauf hin, daß der Apostel zu dieser Zeit auch schon als Schutzpatron der Wallfahrt nach Santiago de Compostela bekannt war.

Hier sei noch auf einen weiteren Jakobus verwiesen, der sich ebenfalls im Mainfränkischen Museum, gleich am Eingang in den Riemenschneidersaal, befindet. Die Sandsteinfigur wird in die Zeit um 1360 datiert. Ihre Herkunft ist unbekannt. Auch hier erscheint der Apostel in bodenlangem Gewand und Mantel, der unter seinem Arm gerafft ist. In der linken, verhüllten Hand hält er das Buch, in der rechten Hand weist er die Muschel vor, deren Kamm hier deutlich ausgearbeitet ist. Zwei weitere Muscheln erscheinen vorn an der aufgeschlagenen Krempe seines Pilgerhutes.

• Das namhafteste und bekannteste Zeugnis der Jakobusverehrung in der Kunst Frankens ist der Hochaltar der Jakobskirche zu Rothenburg ob der Tauber. Der prächtige Schreinaltar mit plastischen Bildwerken und bemalten Flügeln ist in der zweiten Hälfte des 15. Jahrhunderts entstanden.[22] Die Gemälde der Predella sowie die der Innen- und Außenflügel hat der Nördlinger Maler Friedrich Herlin geschaffen. So liest man hinten auf der Mittelleiste des rechten Außenflügels: »Dies Werk hat gemacht Friedrich Herlin. 1466. Sankt Jakob bitt Gott für ihn.« Unser Augenmerk gilt besonders den acht Tafelgemälden auf den Außenseiten der Flügel. Auf ihnen finden wir drei Szenen aus dem Leben des heiligen Jakobus und fünf Szenen aus dem Galgen- bzw. Hühnerwunder dargestellt: 1. Predigt und Gefangennahme des Apostels. 2. Enthauptung des Heiligen (Farbbild S. 48). Links im Vordergrund Herodes Agrippa. Im Hintergrund die Stadt Jerusalem und die Jünger, die den Leichnam auf ein Boot schaffen, das ihn nach Spanien überführen wird. 3. Auf einem von zwei Stieren gezogenen Karren wird der Leichnam des Apostels durch ein Tor in eine Stadt gebracht (Farbbild S. 48); im Hintergrund sieht man den Karren ein weiteres Mal, wie er vor der Kulisse der Stadt gerade in den Torbogen eines repräsentativen Gebäudes einfährt: Dort, wo die Jünger in Spanien an Land gehen, herrscht die Königin Lupa. Sie versucht die Jünger mitsamt dem Leichnam des Apostels dadurch aus dem Weg zu schaffen, daß sie ihnen ein Gespann mit wilden Stieren anbietet, die ihn dahin tragen sollen, wo der Heilige begraben sein wolle. Die Jünger aber schlagen das Kreuzzeichen und machen sie »sanft wie Lämmer«. Daraufhin lenken die Stiere den Wagen von selbst in die Burg der Königin, die, durch das Wunder bekehrt, der Bestattung nun nichts mehr in den Weg legt, ihren Palast in ein Kloster umwandelt, gleichsam in die Keimzelle für die Wallfahrt nach Santiago de Compostela. Als Idealbild Santiagos hat Herlin hier Rothenburg gemalt, den Marktplatz mit dem Rathaus als den Palast der Königin Lupa – ein für die Topographie des mittelalterlichen Rothenburgs wichtiges Dokument. 4. Eine Gruppe von Pilgern sitzt zu Tisch in einer Herberge, unter ihnen Vater und Sohn, die uns in den folgenden Szenen begleiten (Farbbild S. 48). Rechts versteckt der Wirt ein goldenes Gefäß im Gepäck des Pilgers. 5. Die Pilger setzen ihren Weg fort. Der Wirt läßt ihnen mit drei berittenen Häschern nachstellen, die in der Pilgertasche des Vaters das Gefäß finden. Der Sohn nimmt die vermeintliche Schuld auf sich. Im Hintergrund wird er am Galgen gehängt. 6. Die Pilger finden auf ihrem Rückweg von Santiago den Sohn – dank des Beistands des heiligen Jakobus – lebend und ziehen durch das Tor wieder in die Stadt ein (Farbbild S. 47). 7. Diese Tafel zeigt das sogenannte Hühnerwunder: Der herbeigerufene Richter stellt den Wirt zur Rede (Farbbild S. 48). Dieser spottet, der Gehängte sei genauso tot wie die Hühner, die sein Gehilfe gerade am Spieß über dem Kaminfeuer brate. Dar-

Jakobusdarstellungen Tilman Riemenschneiders.
Oben links: *Jakobus d. Ä., 1505. Württembergisches Landesmuseum Stuttgart.*
Oben rechts: *Jakobus d. Ä., Detail aus dem Windsheimer Altar, 1507–1509. Kurpfälzisches Museum Heidelberg.*
Unten links: *Jakobus d. Ä., 1502. Bayerisches Nationalmuseum München.*
Unten rechts: *Jakobus d. Ä., 1502–1506. Aus dem Apostelzyklus der Marienkapelle, Würzburg.*

Jakobus- und Pilgerdarstellungen in Franken

Jakobus der Ältere aus der Apostelreihe der Würzburger Marienkapelle

Den Grundstein zum heutigen Bau der Marienkapelle, der die erste Kapelle an der Stelle der zerstörten Synagoge ersetzte, legte 1377 Fürstbischof Gerhard von Schwarzburg. Der Chor wurde 1393 geweiht, das Langhaus war um 1440 vollendet, der Turm wurde von 1441 bis 1479 errichtet. Der Skulpturenschmuck des Außenbaues war am Ende des 15. Jahrhunderts größtenteils noch nicht ausgeführt oder bereits wieder desolat. Deshalb beschloß der Stadtrat 1490, daß der seit 1483 in Würzburg ansässige Tilman Riemenschneider die Architekturplastik für die Bürgerkirche der Stadt schaffen solle. Die Ausgestaltung des Südportals mit den Figuren von Adam und Eva, eigenhändigen Werken des Meisters, wurde 1493 vollendet.

Nach dem Ratsbeschluß von 1492, die leeren Nischen der Strebepfeiler mit den Figuren der Apostel zu besetzen, dauerte es bis zum Jahr 1500, bis Riemenschneiders Werkstatt mit der Arbeit an dem Figurenzyklus begann. Da vierzehn Nischen zu füllen waren, wurden Christus und Johannes der Täufer der Apostelschar beigesellt.

Der Anteil Riemenschneiders wird vor allem im Entwurf der Figuren und in der Überwachung der Arbeit der Gesellen bestanden haben. 1506 waren die Figuren vollendet und wurden an der Kapelle aufgestellt, wobei die Figur Jakobus des Älteren in der Nische des südöstlichen Langhausstrebepfeilers ihren Platz fand.

Im Zuge der Außenrenovierung der Kapelle 1843 bis 1853 wurden die Figuren überarbeitet und ausgebessert. Bei dieser Gelegenheit wurden zudem vier Figuren durch Kopien ersetzt. Neun weitere Originalfiguren wurden bis zum Anfang des 20. Jahrhunderts abgenommen. Diese dreizehn Originale befinden sich heute im Würzburger Dom oder im Mainfränkischen Museum. Die noch oder schon wieder leeren Nischen wurden 1976/77 und 1981 mit Abgüssen der Originale versehen. Bereits Justus Bier hat in seiner grundlegenden Arbeit über Riemenschneiders Werk darauf hingewiesen, daß von der Figur Jakobus des Älteren der Verbleib des Originals nicht bekannt ist, demnach die Möglichkeit bestünde, daß es sich noch an seinem angestammten Ort befindet. Die Inaugenscheinnahme sowie die chemische Untersuchung des Steinmaterials und die Feststellung von zwei barocken Farbanstrichen lassen keinen Zweifel an der Originalität der Figur zu.

Die 197 cm große Skulptur aus grauem Sandstein ist durch die günstige Südostausrichtung des Standortes erstaunlich gut erhalten, besonders der beeindruckende Kopf des greisen Apostels, der wohl von Riemenschneiders Hand stammt. Darum wurde sie nicht gegen ein Kopie ausgetauscht. Nur die weniger geschützten Teile waren von Verwitterung betroffen und wurden 1843/53 ausgebessert (Hände, Ärmelfalten, linker Fuß).

Von der Zerstörung der Marienkapelle wurde die Skulptur in ihrer Nische nicht betroffen. Sie ist heute die einzige Figur der Apostelreihe, die am 16. März 1945 unversehrt blieb.

Wolfgang Schneider

aufhin flattern die Hühner davon. 8. Der durch das Wunder entlarvte Missetäter wird gebunden zur Richtstätte geführt und an Stelle des Sohnes des Pilgers gehängt.

Dieses Werk Friedrich Herlins vereint Szenen aus dem Leben des heiligen Jakobus, der hier in mächtiger, rotgewandeter Gestalt mit der Muschel auftritt, mit Szenen der Wallfahrt zu seinem Grabe. Sehr lebendig und voller Bewegung sind die Begebenheiten erzählt; aufschlußreich und liebevoll im Detail durch die Schilderung von Landschaft und Architektur, Innenraum und Einrichtung. Hier sei nur auf die Tracht der Pilger verwiesen: Sie tragen feste Schuhe, Beinkleider (bei einem von ihnen unter die Knie heruntergekrempelt), knielange, gegürtete Gewänder, darüber einen ebenso langen Umhang mit den Zeichen Muschel und Pilgerstab, Pilgertaschen, die meist auf dem Rücken hängen, Pilgerhüte mit Muschel (darunter zum Teil noch Mützen), dazu den hier mit einer eisernen Spitze versehenen Pilgerstab. Bei einem der Pilger hängt die Pilgerflasche am Gürtel, andere halten einen Rosenkranz in der Hand.

• In dem ebenfalls der Spätgotik angehörenden Werk des großen fränkischen Bildschnitzers Tilman Riemenschneider erhält die Darstellung des Jakobus eine bisher nicht gekannte Qualität.

Auf dem Heiligblutaltar in der Jakobskirche zu Rothenburg (1501 bis 1505) erscheint der Apostel in der Abendmahlszene im Schrein am linken Bildrand, ausgewiesen durch den breitkrempigen Hut. Detailaufnahmen lassen erkennen, wie plastisch das bärtige, von Falten durchfurchte Gesicht modelliert ist. Das Gesicht des Jakobus erhält eine eigene Physiognomie, wird Spiegel der Seele.

Auf dem linken Flügel desselben Altars, der in Relief den Einzug in Jerusalem zeigt, erscheint das Gesicht des Jakobus in der Gruppe halb verdeckt, doch ist er am Hut mit dem Zeichen des Stabs und der Muschel zu erkennen. In der Ölbergszene auf dem rechten Flügel ist er dagegen nicht besonders ausgezeichnet.

Einen jungen Apostel mit faltenlosem, durch kein Leid gezeichnetem Gesicht mit kurzem Bart hat Riemenschneider 1505 in dem Jakobus geschaffen, der sich heute im Württemb. Landesmuseum in Stuttgart befindet (Abb. S. 67). Er ist von fast höfischer Eleganz, die sich vor allem in der Hand ausdrückt, die in die Gewandfülle des Umhangs greift, wie auch in der Brosche, die den Umhang vor der Brust zusammenhält. Die Pilgerattribute treten hier weniger in Erscheinung. Charakteristisch ist allein der Pilgerhut mit der ringsum aufgeschlagenen Krempe.

Für die Würzburger Marienkapelle schuf Riemenschneider unter Mitwirkung seiner Gesellen in den Jahren 1502 bis 1506 einen Apostelzyklus mit Christus und Johannes dem Täufer. Die steinernen Figuren fanden außen in den Tabernakeln der Strebepfeiler Aufstellung. An hervorstehendem Platz – auf der Südseite am Eckpfeiler des gerade endenden Seitenschiffs – befand sich bis zum 14. Oktober 1992 eine Gestalt Jakobus d. Ä., die nun, nachdem die Expertenmeinungen lange auseinandergingen, als originales Werk Riemenschneiders erwiesen zu sein scheint (Titelbild, Abb. S. 67, 68).[23] Der Apostel tritt mit den Attributen des *Jacobus peregrinus* auf, mit Stab, Tasche und dem mit der Muschel geschmückten Hut. Sein Umhang ist wie beim Stuttgarter Jakobus von einer rhombenförmigen Brosche zusammengehalten. Meisterhaft in den Tabernakel hineinkomponiert, bewahrt die Figur auch losgelöst vom architektonischen Kontext einen in sich geschlossenen Gestaltraum, der durch die Armhaltung, den umschlagenden Zipfel des Gewandes sowie den umhüllenden Mantel erwirkt wird.

Der Apostelaltar für die Stadtpfarrkirche in Windsheim entstand kurz darauf in den Jahren 1507 bis 1509. Heute ist er im Kurpfälzischen Museum in Heidelberg zu sehen. Dargestellt ist die Gemeinschaft der Glaubensboten, die sich um Christus schart, der sie um Haupteslänge überragt. Jakobus den Älteren erblickt man rechts im Schrein, wiederum mit Stab, Tasche, Hut und Muschel; auffallend ein Dreieckszipfel des Umhangs, der sich ähnlich wie bei dem Jakobus der Marienkapelle um den Stab legt. Wiederum ist das Gesicht meisterhaft modelliert und durch die hervorstehenden Backenknochen, die ausgemergelten Wangen und die Falten unter den Augen besonders gezeichnet.

Schließlich sei noch die um 1510 datierte Jakobusgestalt genannt, die sich heute im Bayerischen Nationalmuseum in München befindet (Abb. S. 67). Hier bekräftigt sich noch einmal der Ausdruck, wie er uns am Heiligblutaltar und am Apostelaltar von Windsheim begegnete: »Schmerzlich bedrückt seufzt mit halb geöffnetem Munde St. Jacobus (...) nach vollbrachter Wanderschaft, ermüdet von der Bürde des Apostelamtes.«[24]

Bei den Jakobusdarstellungen Tilman Riemen-

Albrecht Dürer, Apostel Jakobus, 1516. Florenz, Galleria degli Uffizi.

schneiders konzentriert sich das Augenmerk in besonderer Weise auf die Physiognomie, die Gestaltung des Gesichtes als Ausdruck innerer Bewegung und Empfindung. Sie zeugen von einer seelischen Durchdringung, so daß die Erfahrung der Mühsal, die mit der Wallfahrt nach Santiago einherging, in die Werke dieses Künstlers eingeflossen ist.

Im Mainfränkischen Museum in Würzburg findet sich ein Jakobus der Riemenschneider-Schule (1515–1520), ein weiterer in der Antoniuskapelle von Großlangheim (Lkr. Kitzingen). Ein eigenhändiges Werk des Meisters ist möglicherweise die Gestalt in der Spitalkirche von Karlstadt.

● Ein noch deutlicheres Interesse an einer individuellen Zeichnung der Gesichtszüge des Apostels spricht aus einem Gemälde eines ebenfalls großen Künstlers Frankens und Zeitgenossen Riemenschneiders: Dürer hat auf dem in Tempera gemalten Gemälde (46 × 38 cm) nicht die ganze Figur des Apostels, sondern nur ein Brustbild dargestellt. Der Kopf ist leicht nach links in Richtung der Lichtquelle gewandt. Die Stirnglatze kontrastiert mit dem mächtigen, in seinen dichten Locken minuziös gemalten Vollbart, der ebenfalls im Licht aufscheint, wie auch die Jakobsmuschel auf seiner linken Schulter. Dagegen tritt das teilweise im Schatten liegende Gesicht eher zurück. Der leicht geöffnete Mund, die von Falten durchzogenen Wangen, die steile Stirnfalte, besonders aber die Augenpartie und der auf keinen Fixpunkt gerichtete, vielmehr nach innen gewandte Blick verbinden sich zu einem Gesicht eines älteren Mannes, aus dem Mühsal und Erschöpfung sprechen.

Das Gemälde trägt die Inschrift »SANCTE JACOBE ORA PRO NOBIS 1516« sowie das Signum des Künstlers. Es hängt in den Uffizien in Florenz, zusammen mit dem Bild des Apostels Philippus, das im gleichen Jahr 1516 entstand. Dürer hatte sie wahrscheinlich für einen nicht vollendeten Apostelzyklus geschaffen. Beide Gemälde gelten als Meisterwerke der Kalligraphie.

● In der ehemals Jakobus dem Älteren geweihten Markuskapelle von Gadheim (Lkr. Würzburg) bewahrt der kleine Renaissanceschreinaltar im Chorraum ein Andenken an den einstigen Patron. Das Relief des Mittelschreins zeigt die Anbetung der Heiligen Drei Könige. Auf den Innenseiten der Flügel wird es durch die Relieffiguren von vier weiblichen Heiligen flankiert: Katharina, Margaretha, Barbara und Ottilia. Alle Reliefs sind spätgotisch und stammen aus der Zeit um 1500. Etwas später sind die Außenflügel bemalt worden. Sie zeigen vier männliche Heilige. Außen: Benedikt und Stephan – sie verweisen darauf, daß die Pfarrei einstmals dem Benediktinerkloster St. Stephan in Würzburg unterstellt war – und innen Jakobus d. Ä. und Markus, die beiden Patrone der Gadheimer Kapelle.

Würde man dem Bild des Apostels nicht in dieser Gemeinschaft begegnen, hielte man ihn für einen einfachen Pilger, denn nichts zeichnet ihn als den Heiligen aus (Abb. S. 59). Ganz im Gegenteil: recht kärglich sieht er aus, barfüßig mit ausgefransten Beinkleidern und zerzaustem Bart. Über dem grünen, wadenlangen Gewand hat er einen roten Umhang geworfen, der vorn in einem Dreieckszipfel tief herabhängt. Mit der Rechten umfaßt er den mächtigen Stab, in der Linken hält er vor sich den Rosenkranz, an dem eine große Muschel hängt. Eine weitere Muschel ist an seiner rechten Schulter befestigt und eine dritte an seinem schwarzen Hut.

● Aus der Spitalkirche zu Karlstadt stammt das gestickte Antependium, das heute im Mainfränki-

Altarantependium mit dem Pilgerpatron aus der Spitalkirche zu Karlstadt, 1519. Mainfränkisches Museum Würzburg.

schen Museum Würzburg hängt. Es gehört zu den wenigen spätgotischen Textilien, die sich in Mainfranken erhalten haben.[25] Die Inschrift am oberen Rand verweist auf das Entstehungsdatum: »O heiliger her sant jacob bitt got für uns amen 1519«. Über die gesamte Breite des dunkelroten Wollstoffes ist in Flachstichen ein geflochtener Zaun gestickt, aus dem Blütenzweige hervorgehen. In der Mitte ist davor, munter ausschreitend, der heilige Jakobus dargestellt. Allein der Nimbus und die Inschrift weisen darauf hin, daß es sich hier um den Heiligen handelt. Ansonsten trägt auch er die übliche Tracht der Pilger.

Auch in späterer Zeit erscheint das Bild des heiligen Jakobus an Altarantependien. Verwiesen sei hier auf drei barocke Beispiele: Das auf Holz gemalte Antependium von Herrnsdorf zeigt Jakobus vor einer weiten Hügellandschaft, eingefaßt von einer Kartusche (Farbbild S. 82). Er fällt durch seinen langen roten Umhang auf, der vorn unter den Gürtel geschoben ist, an dem auch die bauchige Pilgerflasche hängt. Über den Schultern trägt er die lederne, mit Muscheln auf gekreuzten Stäben verzierte Pelerine. Den Stab hat er unter den rechten Arm geklemmt, der Hut ist ihm in den Nacken gerutscht. Das erleuchtete Gesicht und die sprechende Gestik der großen Hände lassen diesen Jakobus besonders liebenswert erscheinen.

Ebenfalls in einer barocken Kartusche, hier aber auf Leinwand, ist der Jakobus auf dem Antependium des rechten Seitenaltars der St.-Andreas-Kirche von Köhler am Main gemalt. Über ihm öffnet sich der Himmel. Jakobus ist hier in Dreiviertelfigur mit bewegtem Gewand dargestellt.

Besonders reizvoll ist das auf Leinwand gemalte Bildnis am Antependium des Hauptaltars der Jakobuskirche von Großlangheim (Farbbild S. 82). Ein jugendlicher Jakobus erscheint hier in einem umkränzten und von Blumenstilleben flankierten Rund.

● Die Spätgotik ist besonders reich an Jakobusdarstellungen. Gegen Ende des Mittelalters hatte sich ein Typus herausgebildet, der von nun an weite Verbreitung findet: der mit einem kurzen, über den Knien endenden Gewand und mit Stiefeln angetane Jakobus, der oft nur durch das Buch von den üblichen Pilgern zu unterscheiden ist. In der Tradition dieses Typus steht der Jakobus in der Marienkapelle zu Würzburg. Wie die meisten Gestalten seiner Art ist er von kräftiger Statur, von vitalem Ausdruck, in den besten Mannesjahren, mit langem Haupthaar und Bart. Im Gehen einhaltend, umfaßt er mit der Linken den Stab, der sich ungewöhnlicherweise oberhalb des zweiten Knaufs krümmt. In der Rechten trägt er unter dem Arm das geschlossene Buch. Stab und Buch sind golden gefaßt. Wie mit einem Nimbus ist der Kopf des Jakobus von der kreisrunden, mit zwei goldenen Muscheln geschmückten Krempe seines Hutes hinterfangen. Über dem knielangen, gegürteten grünen Gewand trägt dieser Jakobus einen goldgefaßten Umhang, der auf den Schultern mit den Muscheln versehen ist. Vorn ist er in der Art der Pelerine kurz, wobei die aufgeschlagenen Säume das rote Innenfutter erkennen lassen; hinten fällt er lang herab und läßt die Figur vor dem goldenen Hintergrund hervortreten. Rot ist auch das Futter, das aus den wadenlangen braunen Stiefeln hervorsieht und darüber die nackten Beine freiläßt.

• In den Jakobusdarstellungen des Barock und des Rokoko kommt es vermehrt zu einer Akzentverschiebung: In der Kunst der Gegenreformation besinnt man sich wieder stärker auf den Typus des heiligen Apostels, während das Erscheinungsbild des Pilgers deutlich zurücktritt.[26] Er trägt wieder das bodenlange Gewand, ist oft barfuß dargestellt, und dem Buch wird als dem Attribut des Glaubensverkünders ein besonderes Gewicht verliehen. Als Beispiel sei die vollplastische Figur im Hochaltar der Jakobskirche von Schraudenbach (Lkr. Schweinfurt) genannt. Die Figur wurde 1784 von Simon Wagner geschaffen. Innerhalb der klassizistischen Baldachinanlage nimmt sie den Platz des Altarblattes ein und ist durch die weiß-goldene Fassung in das Szenarium eingebunden. Über dem Tabernakel, auf einem Sockel erhöht, präsentiert sich der Schutzheilige den Gläubigen fast schwerelos, entrückt. Dieser Eindruck wird durch die aufwehenden Gewandsäume unterstrichen. Nicht selten verbindet sich die Dynamik in der Gestaltung des Gewandes mit einem hingebungsvoll gen Himmel gerichteten Blick zu einem geradezu ekstatischen Ausdruck, so beispielsweise in Waigolshausen und Herrnsdorf. Hier in Schraudenbach jedoch blickt der Patron unter den aus der Höhe herabkommenden Lichtstrahlen auf die Gläubigen herab. In klassischer Kontrapost-Haltung umfaßt er mit der Rechten den beinahe filigranen Stab, während er mit der Linken das geöffnete Buch in die Hüfte stemmt. Die beiden Muscheln vorn an der Pelerine weisen ihn als Jakobus d. Ä. aus.

• In seinem Buch lesend, schreitet Jakobus auf dem um 1712 gemalten Altarbild der Jakobuskir-

Schraudenbach. *Pfarrkirche St. Jakobus. Altarfigur des Kirchenpatrons von Simon Wagner, 1784.*

che zu Kleinrheinfeld (Lkr. Würzburg) einher (Farbbild S. 82), mit bodenlangem blaugrauen Kleid, am Gürtel die doppelbauchige Flasche, mit rotem Umhang, Lederpelerine, darauf zwei Muscheln mit gekreuzten Pilgerstäben, im Nacken den Hut, in der Linken den Stab. Sein Haupt ist von einem Strahlenkranz umgeben. Über der mächtigen Gestalt öffnet sich der Himmel. Fünf Putten schauen aus den Wolken hervor, von denen eine Kranz und Palmwedel als Zeichen des Märtyrersieges über das Haupt des Heiligen hält.

Ein besonderes Interesse gilt der Landschaft im Hintergrund. Auf der linken Seite erkennt man die Szene des Galgenwunders, in der Jakobus den am Galgen hängenden Sohn stützt und ihn so am Leben erhält. Dem ist auf der rechten Seite das Bild einer Stadt mit Mauern, Tor und großer Kirche gegenübergestellt. Im Fränkischen gibt es durchaus

Beispiele, bei denen wie hier Doppeltürme am Ostabschluß der Kirchen errichtet wurden. Doch handelt es sich in diesem Fall wahrscheinlich nicht um eine bestimmte Stadt Frankens, sondern vielmehr um das Idealbild des Wallfahrtszieles Santiago de Compostela.

In diesem Zusammenhang sei auch auf das 1856 von A. Leimgrub geschaffene Altarbild der Jakobskirche zu Vasbühl (Lkr. Schweinfurt) verwiesen (Farbbild S. 82). Hier erscheint der Jakobus noch monumentaler, da der Horizont der Gebirgslandschaft, vor der er steht, im unteren Bilddrittel angesiedelt ist, so daß die Gestalt hoch in den Himmel aufragt. Über ihr erscheinen zwei Engel, die Kranz und Schwert als Zeichen seines Martyriums über sein Haupt halten. Jakobus weist mit der Rechten auf sie und deutet darin das Ziel seines Weges an. Er selbst ist jugendlich dargestellt und erinnert in seiner Art an Bildnisse aus dem Umfeld der Nazarener. Er trägt ein knöchellanges, rotbraunes Gewand, an dessen Gürtel eine kugelige, gerippte Flasche hängt. Darüber hat er einen braunen Umhang geworfen, der rechts über sein Bein zu Boden gleitet. An der Schulter erkennt man die Muschel. Ein weißer Kragen schmückt sein Pilgergewand. Das Band des im Nacken hängenden Pilgerhutes ist vor der Brust zu einer Schleife geknotet. An den Füßen trägt dieser Jakobus Sandalen. In der Linken hält er den Stab und das Buch. Gerade auch vor der Kulisse der weiten Landschaft haftet diesem Pilger etwas von einem Hirten an.

● Apostel Jakobus d. Ä. auf einem Bierkrug? – Unzählige Male erscheint sein Bild »en miniature« auf den Apostelkrügen, die im oberfränkischen Creussen von etwa 1620 bis zur Wende zum 18. Jahrhundert hergestellt wurden.[25] Die Apostel schmücken als Relieffiguren die Wandung der Trinkgefäße. Sie waren nach bestimmten Modeln geformt, die über Generationen hinweg beibehal-

Creussener Apostelkrug, 1638. Mainfränkisches Museum Würzburg.

ten wurden. Auch die Reihenfolge der Apostel war festgelegt und entsprach derjenigen, die Wilhelm von Durandus in seinem »Rationale officii divini« schon im 13. Jahrhundert beschrieben hatte.
Das Creussener Steinzeug war salzglasiert, und oft wurden nach dem ersten Brand leuchtende Emailfarben aufgetragen. Sehr beliebt waren die Apostelkrüge bei den wohlhabenden Bürgern, wo sie als Ehrengeschenke eine besondere Rolle spielten. Ein schönes Exemplar bewahrt das Mainfränkische Museum in Würzburg in dem drei Liter fassenden Krug des »·HANNS·HARTMAN·VON· ·UND· ZV·ERFFA· HAVBTMAN·«, den die Inschrift über dem Fußprofil nennt und der aus einem thüringischen Adelsgeschlecht stammte (Abb. S. 73). Die Inschrift nennt auch das Entstehungsjahr 1638. Der braune, salzglasierte Krug ist mit einem Zinndeckel versehen. Auf der Mittelleiste sind die Apostel mit dem Christus Salvator in der Mitte – dem Griff gegenüber – dargestellt. Jakobus d. Ä. erscheint zu Rechten des Salvators in der vom Henkel ausgehenden Reihe: Petrus – Andreas – Jakobus d. Ä. – Johannes – Philippus und Bartholomäus. Stab, Hut und Muschel weisen Jakobus als den Pilgerpatron aus.

● Schließlich ist der Heilige des Weges im fränkischen Land oftmals an Bildstöcken zu entdecken, sei es, daß er der Namenspatron des Stifters oder der Patron der örtlichen Pfarrkirche war. Meist tritt er an der Schmalseite als Assistenzfigur in Erscheinung. Genannt seien hier stellvertretend die Bildstöcke von Mömlingen (Lkr. Miltenberg, Abb. S. 74) und Poppenhausen (Lkr. Schweinfurt; Farbbild S. 37).
Besondere Erwähnung verdient die Marter von 1720 vor der Kirchenburg von Hollstadt (Lkr. Rhön-Grabfeld). Auf ihr ist die Enthauptung des Apostels zu sehen; die Inschrift weist auf das Anliegen der Stiftung hin: »Jacobe ora pro nobis.«[28]

Darstellungen von Pilgern

Ein lebendiges Zeugnis von der langen Tradition der Wallfahrt nach Santiago de Compostela geben neben den Darstellungen des heiligen Jakobus selbst auch die im Fränkischen zu findenden Bildnisse von Jakobspilgern.
● Einen Pilger aus spätromanischer Zeit erkennt man in der mit einem Stab ausgestatteten Gestalt rechts am Portal des Westturms der Pfarrkirche St. Andreas in Karlstadt.
● Jakobspilger, mit der Muschel ausgezeichnet, sind auf zwei Epitaphien erhalten:
Aus dem Jahre 1461 stammt das Steinrelief außen auf der Südseite der Pfarrkirche St. Gallus zu Frikkenhausen (Lkr. Würzburg; Farbbild S. 10). Rechts und links einer Kreuzigungsgruppe mit Maria und Johannes knien der Stifter und seine Frau. Hans Holtzkirchner – so der in der Inschrift genannte Name – muß zu Lebzeiten nach Santiago de Compostela gepilgert sein: Der über die Schulter hängende Hut, die Tasche sowie die Jakobsmuschel auf der Tasche und ein weiteres Mal auf dem linken Rahmen deuten darauf hin.
Das andere Epitaph findet sich außen am Chor der Pfarr- und Wallfahrtskirche Maria Heimsuchung in Eckartshausen (Lkr. Schweinfurt). Es zeigt auf einer glatten Sandsteinplatte das etwa lebensgroße

Mömlingen. *Bildstock an der Straße nach Pflaumheim, 1626.*

Würzburg. *Jakobspilger auf dem Stiftungsrelief des Juliusspitals, 1576–1578.*

Konturenbild eines bürgerlichen Ehepaares (Abb. S. 95). Das Bildnis der Frau rechts ist nahezu abgewaschen, so daß man nur noch den Ansatz der Haube und Andeutungen des bodenlangen Kleides und Mantels erkennt. Deutlich ist dagegen die Liniengebung des Mannes erhalten. Die stehende Gestalt hält in den zum Gebet erhobenen Händen einen Rosenkranz. Der knöchellange, mit einem breiten Kragen versehene Mantel fällt in geraden Bahnen herab, Schuhe sind angedeutet. Was ihn jedoch als Pilger auszeichnet, sind sein breitkrempiger Hut, der mit zwei Knäufen versehene Stab auf der benachbarten Randleiste und besonders die Jakobsmuschel zu seinen Füßen. Auf der unteren Randleiste liest man die Zahlen 1499 und 1502: Vermutlich waren es jene Jahre, in denen die Wallfahrt nach Santiago stattgefunden hat.

● Pilgerdarstellungen, auch solche, die mit der Muschel gekennzeichnet sind, können in Szenen ohne inhaltlichen Bezug zur Jakobuswallfahrt auftreten. Sie dokumentieren, daß der Jakobspilger mit all seinen unverkennbaren Attributen ganz allgemein zum Inbegriff des Pilgers wurde. Ein Motiv, bei dem dies immer wieder auftritt, ist das der Emmausjünger. Oft sind die Jünger, die nach dem Ostergeschehen nach Emmaus gehen, als Jakobspilger wiedergegeben, mitunter auch Christus selbst, der sich zu ihnen gesellt. Im Germanischen Nationalmuseum in Nürnberg finden wir auf einem Altargemälde von 1460 (kölnischer Herkunft) das gemeinsame Mahl in Emmaus dargestellt, auf dem der Jünger rechts das Zeichen des Pilgerstabs am Umhang und den Hut mit der Muschel und anderen Pilgerzeichen trägt (Farbbild S. 38).

– Ein besonders markantes Beispiel von Jakobspilgern ist uns auf dem Stiftungsrelief für das Juliusspital in Würzburg erhalten (Abb. S. 75). Ursprünglich war diese 1576 bis 1578 geschaffene »steinerne Stiftungsurkunde« über dem Haupttor des Juliusspitals angebracht. Heute ist sie im Durchgang vom Hof zum Garten eingelassen. Das Relief zeigt rechts den knienden Stifter, Bischof Julius Echter, links oben die Dreifaltigkeit. Darunter wird in mehreren Bildern die Bestimmung des Spitals vor Augen geführt: Ein Sterbender wird von einem Geistlichen besucht, Kranke und Verletzte werden von einem Arzt behandelt, Findel- und Waisenkinder werden aufgezogen, Pilger aufgenommen. Hier ist ein Pilgerpaar dargestellt: neben dem Pilger auch eine Pilgerin, die sich von ihrem männlichen Gefährten durch das lange Gewand und die Halskrause unterscheidet. Der Pilger hingegen trägt – wie wir dies auch an zeitgleichen Jakobusfiguren gesehen haben – ein etwa knielanges Gewand und darunter Beinkleider, die unterhalb des Knies durch ein Band zusammengehalten sind. Übereinstimmend ist bei beiden der weite Umhang mit dem breiten, mit Muscheln und gekreuzten Stäben geschmückten Kragen, der ebenfalls mit Muschel und gekreuzten Stäben versehene Hut und der mächtige Stab mit der Spitze unten und den beiden gedrechselten Knäufen am oberen Ende.

● An dieser Stelle sei auf die Pilgertracht und -ausrüstung des Stephan III. Praun hingewiesen, die im Germanischen Nationalmuseum in Nürnberg ausgestellt ist[29]. Während seines äußerst bewegten Lebens pilgerte Stephan III. Praun (1544 in Nürnberg geboren, 1591 in Rom gestorben) im Jahre 1571 – also etwa in jener Zeit, als das Stiftungsre-

Karlstadt. *Pfarrkirche St. Andreas. Spätromanische Pilgerfigur am Westportal.*

Die Pilgertracht des Stephan III. Praun, 1571. Germanisches Nationalmuseum Nürnberg.

lief des Juliusspitals entstand – nach Santiago de Compostela. Als Jakobspilger ließ er sich auch porträtieren. Von seiner Ausstattung haben sich Pilgermantel, Reitermantel, Sandalen, Pilgerhut, Pilgerstab und Rosenkranz bewahrt. Wir haben hier wahrhaftig Teile einer Ausstattung vor Augen, die ein Pilger vor über 400 Jahren auf seinem Weg nach Santiago de Compostela trug. Allerdings kann diese Ausstattung für den überwiegenden Teil der Jakobspilger kaum als repräsentativ gelten: Stephan III. Praun war Sohn einer wohlhabenden Nürnberger Kaufmanns- und Ratsfamilie. Das läßt sich schon an den aufwendig gearbeiteten Mänteln, dem ledernen Umhang und dem wollenen Reitermantel mit Kapuze, die in Spanien gefertigt wurden, erkennen. Eine Rarität ist auch der Pilgerhut aus schwarzem Wollfilz mit vorn aufgeschlagener Krempe, der überreich mit Pilgerzeichen verziert ist: Neben sechs großen und kleinen Muscheln sind kleine, aus Elfenbein gedrechselte Pilgerstäbe und -flaschen sowie aus Pechkohle (Azabache, Gagat) geschnitzte Figuren in großer Zahl an den Hut genäht.

● Aus dem 18. Jahrhundert stammt eine Ofenplatte in der einstigen Gaststube eines unterfränkischen Wirtshauses (64 × 67 cm), auf welcher der Jakobuspilger in einem ganz eigenen ikonographischen Kontext erscheint. Die zentrale Figur des durch eine Perlleiste gerahmten achteckigen Bildfeldes – die vier Ecken sind mit Eichenlaub besetzt – ist eine entspannt sitzende weibliche Gestalt. Ihr antik anmutendes Gewand läßt ihre linke Brust entblößt und fällt bis zum Boden in weichen, geschwungenen Falten herab; nur ihr vorgesetzter linker Fuß sieht unbeschuht unter dem Saum hervor. Mit ihrem rechten, nach vorn ausgestreckten Arm hält sie einen Anker, auf dessen oberem Querbalken ein Vogel mit ausgebreiteten Flügeln sitzt. Mit dem linken Arm lehnt sie leicht auf einer Art Schild, wobei sich der Unterarm an dessen Rundung anschmiegt. Das schildartige Gebilde hat eine rhombenähnliche Form, jedoch mit gewellter Außenlinie, die sich in der rechten oberen Ecke spaltet und unten links eine Welle bildet. Die Fläche des »Schildes« ist durch ihre genoppte Oberfläche von dem glatten Bildgrund unterschieden. Sie enthält die Darstellung des Jakobspilgers: Er ist an dem Pilgerhut mit aufgeschlagener Krempe, an der Pelerine mit den beiden Muscheln, an der Pilgerflasche, die er wie ein Handtäschchen am rechten Unterarm hält, und an dem Pilgerstab mit den beiden Knäufen zu erkennen. Während er das bärtige Gesicht frontal dem Betrachter zuwendet, drückt seine übrige Körperhaltung Bewegung aus: die Richtung der beiden Unterarme, der weit vorweggesetzte Pilgerstab und vor allem das angewinkelte, sich durch das bodenlange Gewand durchdrückende linke Bein. Vor ihm ist in der linken unteren Ecke des »Schildes«, zu Füßen des Pilgers, ein Totenschädel dargestellt.

In der Verlängerung des Pilgers wächst hinter dem »Schild« und im Rücken der weiblichen Gestalt eine blühende Palme von kräftigem, geschupptem Stamm und üppigem Blattwuchs empor, das die Sitzende bogenartig überfängt. Ein Blütenzweig fällt am rechten Bildrand herab.

In der ausgewogenen, durchdachten Komposition, in der Eleganz der Gestaltung und in der nuancierten Modellierung des flachen Reliefs erweist sich die künstlerische Qualität und malerische Wirkung dieser Ofenplatte. Es handelt sich allem Anschein nach um eine Arbeit, die in Lothringen entstanden ist[30].

Wie ist diese Darstellung nun zu verstehen? Die weibliche Gestalt ist durch den Anker als die Allegorie der Hoffnung, die Spes, ausgewiesen: »An ihr (der Hoffnung) haben wir einen sichern und festen Anker der Seele ...« (Hebr 6,19).

Der auf dem Anker sitzende Vogel wird als Phönix gedeutet[31]. Dieses Fabeltier war bei den Ägyptern dem Sonnengott Re zugeordnet. Bereits in der Antike verband sich mit dem Phönix die Vorstellung von der Unvergänglichkeit; auf römischen Münzen war seinem Bild die Umschrift »aeternitas« zugeordnet. Der »Physiologus« erzählt die Legende, nach der der Phönix alle 500 Jahre zu den Zedern des Libanons liegt, seine Flügel mit Wohlgerüchen füllt, einen Priester in Heliopolis – der Sonnenstadt – in Ägypten erscheint, sich dort auf einem Altar selbst verbrennt, um nach drei Tagen aus der Asche zu neuem Leben zu erstehen. Er wird zum Sinnbild des sich durch den Tod erneuernden Lebens, zum Symbol für Opfertod und Auferstehung Christi, wie auch zum Symbol für das ewige Leben. In der frühen christlichen Kunst ist der Phönix, der zur Sonnenstadt fliegt, von einem Strahlenkranz umgeben und oft im Zusammenhang mit dem triumphierenden Christus dargestellt. Als Paradiesvogel sitzt er auf einer Palme oder einem Palmenzweig.

Zur Palme heißt es: »Aus einer Palme heraus reicht die ägyptische Himmelsgöttin dem Toten oder seinem Seelenvogel Speise und Trank; Palmwedel (bzw. -rippen) waren Symbol für langes, ja unendliches Leben und wurden deshalb bei Begräbnisprozessionen mitgetragen. Bei den mit Palmen geschmückten Wänden und Türflügeln des Allerheiligsten im salomonischen Tempel (1 Kön 6,29–35) mag die alte Lebensbaumsymbolik anklingen. Die Palme ist ein Bild für den Gerechten (Ps 92,13), ihre Zweige sind in der Antike ein Symbol für den Sieg (...), auf frühchristlichen Grabsteinen Andeutung des Siegespreises für ei-

Ofenplatte aus dem 18. Jahrhundert. Privatbesitz.

Ornbau. *Springender Jakobspilger von Hans-Peter Wittig, 1986.*

nen guten Lebenskampf, in der christlichen Ikonographie Attribut der Märtyrer.«[32]

In der Geschichte des Einzugs in Jerusalem (Joh 12,13) begrüßt das Volk Christus als den König und Messias mit Palmenzweigen als Zeichen der Huldigung; in der Offenbarung des Johannes trägt die große Schar derer, die überwunden hat und vor dem Thron Gottes stehen, Palmenzweige in den Händen (Offb 7,9).

Sieg, Überwindung, ewiges Leben sind demnach wesentliche Bedeutungen, die sich an das Motiv der Palme knüpfen. Bezeichnenderweise heißt die Palme im Griechischen *Phoenix dactylifera*.

Damit stellt sich die Frage, wie sich diese Bildelemente zu einer Gesamtaussage verbinden. Vielleicht so, daß der Pilger hier den *status viae* vertritt: Das Leben des Menschen auf Erden heißt unterwegs sein zu seinem eigentlichen außerirdischen Ziel[33]. Der Weg der irdischen Pilgerschaft endet in seiner Begrenztheit immer mit dem Tod. Über die Grenzen des irdischen Weges hinaus ist dem Pilger jedoch die Hoffnung auf ein anderes Ziel gegeben, die Hoffnung auf Überwindung des Todes und die Verheißung des ewigen Lebens und des Paradieses, symbolisiert durch Spes, Phönix und Palme. Bei Augustinus heißt es: »Wisset, daß ihr Pilger seid auf dem Wege zum Herrn« (vgl. Ps 39,13; 1 Petr 2,11).

● Am Schluß soll ein Jakobspilger aus unseren Tagen stehen. Von dem Künstler Hans-Peter Wittig geschaffen, findet er sich seit 1986 im mittelfränkischen Ornbau, einem zwischen Ansbach und Gunzenhausen gelegenen Ort, in dem die Jakobusverehrung eine lange Tradition hat. Dort begegnet man ihm draußen unter freiem Himmel an der Altmühl. Auch er ist durch Hut, Muschel und Umhang, durch Pilgerflasche und Pilgerhut ausgewiesen. Leichtfüßig überspringt er eine Kluft, die zwei gegeneinander ansteigende Betonwälle bilden: Hier ist es konkret die Wasserscheide von Rhein und Donau, doch steht sie für manch anderes Hindernis, für manch andere Grenze, die es auf dem weiten Weg gen Westen zu überwinden gilt. Es ist ein Pilger von ausgreifender Bewegung, von sprechender Gebärde, ein Pilger, der behend und eilig, ja zielstrebig ausschreitet. Im Wegverlauf steht das Kreuz: Pilger- und Wegkreuz, das Zuspruch gibt und das Ziel weist.

Anmerkungen

[1] Zur Ikonographie des Apostels Jakobus d. Ä. vgl.: Engelbert Kirschbaum (Hrsg.), Lexikon der christlichen Ikonographie, Bd. 7, Sp. 23 ff.; Robert Plötz, Imago Beati Jacobi. Beiträge zur Ikonographie des Hl. Jacobus Maior im Hochmittelalter, in: Wallfahrt kennt keine Grenzen. Themen zu einer Ausstellung des Bayerischen Nationalmuseums, München 1984, S. 248 ff.

[2] Georg Dehio, Handbuch der deutschen Kunstdenkmäler. Bayern I: Franken, bearbeitet von Tilmann Breuer, Friedrich Oswald, u. a., München 1979, S. 80.

[3] J. K. Steppe, L'iconographie de Saint-Jacques le Majeur, in: Santiago de Compostela. 1000 ans de Pelerinage Européen (Katalog), Brüssel 1985, S. 137; ebd.: Kurt Köster, Les coquilles et enseignes de pèlerinage de Saint-Jacques de Compostelle et les routes de Saint-Jacques en Occident, S. 85 ff.

[4] Vgl. zur Symbolik der Muschel: Manfred Lurker, Wörterbuch der Symbolik, Stuttgart 1988, S. 482 f.

[5] Der Physiologus, übertragen und erläutert von Otto Seel, Zürich/München [4]1983, S. 42.

[6] So heißt es in der Predigt »Veneranda dies«, die im »Liber Sancti Jacobi« enthalten ist: »Die Muschelpanzer sind wie die Finger einer Hand geformt [...]; die Pilger heften sie sich bei der Rückkehr vom Grab des hl. Jakobus an ihre Pilgermäntel zur Ehre des Apostels sowie zu dessen Gedächtnis und bringen sie als Zeichen der langen Reise mit großer Freude nach Hause zurück. Die zwei Schilde der Muschel bezeichnen die zwei Vorschriften der Nächstenliebe, mit denen der Träger sein Leben festigen muß; d. h. Gott über alles und den Nächsten wie sich selbst zu lieben«; zit. nach Klaus Herbers, Der Jakobsweg, Tübingen [2]1986.

[7] Vgl. Ines Baumgarth, Die Jakobsmuschel, in: Erdkreis, 9 (1988), S. 457.

[8] Louis Charpentier, Santiago de Compostela. Das Geheimnis der Pilgerstraßen, Freiburg/Br. 1979.

[9] Veneranda dies, a.a.O., S. 65.

[10] Leonie von Wilckens, Die Kleidung des Pilgers, in: Wallfahrt kennt keine Grenzen, a.a.O., S. 174.

[11] Ebd.

[12] Veneranda dies, a.a.O., S. 65.

[13] Leonie von Wilckens, a.a.O., S. 174.

[14] Lenz und Ruth Kriss-Rettersbeck, Ivan Illich, HOMO VIATOR – Ideen und Wirklichkeiten, in: Wallfahrt kennt keine Grenzen, a.a.O., S. 18 ff.

[15] Bernhard Graf, Oberdeutsche Jakobsliteratur. Eine Studie über den Jakobuskult in Bayern, Österreich und Südtirol, München 1991.

[16] Vgl. zum folgenden: Erwin Mayer, Flügelaltar mit der Darstellung des Abschieds der Apostel, in: Tilman Riemenschneider. Frühe Werke, Regensburg 1981, S. 93 ff.

[17] Vgl. Franz Warmuth,, 100 Jahre Herz-Jesu-Pfarrei Bad Kissingen, Würzburg 1984.

[18] Vgl. hierzu: Jacobus de Voragine, Legenda Aurea, hrsg. von Jacques Laager, Zürich 1982, S. 243 ff.

[19] Vgl. zum Galgen- und Hühnerwunder: Engelbert Kirschbaum (Hrsg.), Lexikon der christlichen Ikonographie, Bd. 7, Sp. 24.

[20] Diözesanarchivar Erik Soder von Güldenstubbe hat zur Vorbereitung der Jakobus-Ausstellung eine Liste von möglichen Exponaten und eine Liste von fränkischen Jakobuskirchen zusammengestellt.

[21] An der mangelnden Qualität dieser Gestalt nimmt Pinder Anstoß; vgl. Wilhelm Pinder, Mittelalterliche Plastik Würzburgs, Würzburg 1911, S. 65.

[22] Vgl. zum folgenden: Eva Ulrich, Die Jakobskirche in Rothenburg ob der Tauber, Königstein o. J.

[23] Vgl. Justus Bier, Tilman Riemenschneider. Die reifen Werke, Augsburg 1930, S. 126–145, bes. 129 f.; Hanswernfried Mith, Tilman Riemenschneider (Mainfränkisches Museum, Sammlungskataloge Bd. 1), Würzburg 1982, S. 29–80; Annette Späth, Tilman Riemenschneiders Nischenfiguren an der Würzburger Marienkapelle (Magisterarbeit), Würzburg 1990.

[24] Max von Freeden, Tilman Riemenschneider, München [5]1981.

[25] Vgl. hierzu: Hanswernfried Muth, »O heiliger her Sant Jacob...«. Der Pilgerheilige auf einem Antependium aus Karlstadt, in: Altfränkische Bilder 84 (1985), 10 f.

[26] J. K. Steppe, a.a.O., S. 137.

[27] Max von Freeden, Aus den Schätzen des Mainfränkischen Museums Würzburg, Würzburg [3]1976, S. 127; Joachim Kröll, Creussener Steinzeug, Braunschweig 1980, S. 110 ff.

[28] Heinrich Mehl, Fränkische Bildstöcke in Rhön und Grabfeld, Würzburg 1978, S. 82 f.

[29] Leonie von Wilckens, Die Ausrüstung von Stephan III. Praun für seine Pilgerfahrt nach Santiago de Compostela 1571, in: Wallfahrt kennt keine Grenzen (Katalog), München 1984, S. 127 ff.

[30] Karlheinz von den Driesch, Handbuch der Ofen-, Kamin- und Takenplatten im Rheinland, Köln 1990, S. 428 f.

[31] Ebd., S. 189 und S. 498; vgl. zum folgenden: Manfred Luther, a.a.O., S. 535.

[32] Ebd., S. 535.

[33] Engelbert Kirschbaum (Hrsg.), Lexikon der christlichen Ikonographie, Bd. 3, Sp. 439.

Die Farbbilder

Seite 81
Jakobusfiguren.
Oben links: *Ornbau, Stadtpfarrkirche St. Jakobus d. Ä.*
Oben rechts: *Lengfurt, Pfarrkirche St. Jakobus d. Ä.*
Unten links: *Effeldorf, Pfarrkirche St. Jakobus d. Ä.*
Unten rechts: *Fischbach, ev. Pfarrkirche, ehem. St. Jakobus.*

Seite 82
Altarantependien.
Oben links: *Großlangheim, Pfarrkirche St. Jakobus d. Ä.*
Oben rechts: *Herrnsdorf, Pfarrkirche St. Jakobus d. Ä.*
Altarblätter.
Unten links: *Kleinrheinfeld, St. Jakobus Major.*
Unten rechts: *Vasbühl, St. Jakobus d. Ä.*

Santiago-Pilgerfahrt – Pilgerschaft in der Krise

Erik Soder von Güldenstubbe

Für den Christen, der Jesu Wort im Ohr hat »Ich bin der Weg ...« (Joh 14,6), ist es leicht nachvollziehbar, daß Wallfahrt, Prozession, Pilgerreise den inneren Weg des Menschen zu Gott versinnbildlichen. Ein Mensch, der unterwegs ist, weiß, daß er noch nicht am Ende ist. Aber der christliche Pilger ist deshalb kein Mensch ohne Ziel, vielmehr weiß er darum, daß Jesus Christus nicht nur der Weg zu Gott ist, sondern selbst als Gottes Sohn schon Wahrheit und Leben ist.

In der Bibel zeigt sich die Lebensreise besonders in zwei Berichten verdeutlicht: die Arche, die auf Geheiß Gottes und in seiner Barmherzigkeit Zuflucht und Rettung bringt (Gen 6–8). In frühchristlichen Darstellungen wird die Kirche Jesu Christi zur Arche des Neuen Bundes. Symbolisch wird das öfters derart verdeutlicht, daß der Mastbaum des Schiffes das Kreuz ist und seine Ruderer die Apostel sind. Eine frühmittelalterliche Handschrift aus der ehemaligen Würzburger Dombibliothek greift dieses Bildmotiv auf. In dem weitverbreiteten Kirchenlied, das im 15. Jahrhundert wohl in einem elsässischen Kloster erstmals handschriftlich fixiert und um 1626 vom evangelischen Dichter Daniel Sudermann in seine heutige Form gebracht wurde, erscheint das Symbol des Schiffes als Zeichen des zu uns Menschen kommenden Erlösers:

»Es kommt ein Schiff, geladen
bis an sein' höchsten Bord,
trägt Gottes Sohn voll Gnaden,
des Vaters ewigs Wort.«

Für die Menschen, die unterwegs sind, sei es allein oder gemeinsam, berichtet die Heilige Schrift vom mühsamen Weg des Gottesvolkes von der Sklaverei in Ägypten durch die Schrecknisse der Wüste bis zum Gelobten Land (vor allem das Buch Exodus). Im Hebräerbrief wird daneben auch der Weg des Abraham (Gen 12) vorbildhaft, der »durch den Glauben berufen ... hinauszog, ohne zu wissen, wohin« (Hebr 11,9). Der Kirchenlehrer und Papst Gregor der Große sah im Gang der Jünger nach Emmaus den Weg zu Christus, dem Auferstandenen. Mit Berufung auf Dionysius schreibt Bonaventura in seinem »Itinerarium mentis in Deum« (Wanderbuch der Seele zu Gott): »Führe mich, Herr, auf deiner Bahn, daß ich den Weg deiner Wahrheit gehe.«

Je mehr die spätmittelalterliche Pilgerbewegung zum Massenphänomen wurde, in das auch sehr unterschiedliche Motive eindrangen und in dem es nicht ohne Mißstände und Aberglauben abging, desto mehr gewann die Auffassung Gewicht, die in all den biblischen Berichten von Wanderung und Pilgerschaft nur noch äußere Zeichen eines inwendigen Geschehens sah.

Die Ambivalenz der Reformatoren

So mahnt schon Thomas von Kempen in seiner unauslotbaren Schrift »De imitatio Christi – Von der Nachfolge Christi«: »Die zuviel wallfahren, werden selten heilig.«

Martin Luther, der gegen das Wallfahren polemisierte und Reisen zu heiligen Stätten oft als sogenannte »Werkfrömmigkeit« ablehnte, nicht zu vergessen seine polternde Stellungnahme zu dem in seinen Lebzeiten aufblühenden Marienwallfahrtsort Grimmenthal bei Meiningen, dieser selbe Luther sah in seiner »Kirchenpostille« doch in der Geisteshaltung des Pilgers einen im tiefsten christlichen Wesenszug: »Ist dies Leben auf Erden nicht anders anzusehen denn als ein Waller oder Pilgrim; das Land, das er durchreiset, und seine Herberge, da er über Nacht lieget; denn da denket er nicht zu bleiben und weder Bürgermeister noch Bürger zu werden, sondern nimmt sein Futter und Mehl und lenkt zum Tor hinaus, da er daheim ist. Also müsset ihr euer Leben auch ansehen. Denn ihr seid nicht darum Christen geworden, daß ihr allhier auf Erden herrschen und bleiben sollet; es wohnet, bürgert und herrschet sich anderswo mit dem Christen, nicht in dieser Welt; darum denket und richtet euch als Pilgrim auf Erden in ein ander Land und Eigentum ein, da ihr sollet Herren sein und bleibend Wesen haben, da kein Unfried, Unglück sein wird, wie ihr hier in dieser Herberg müsset leiden.«

Evangelische Dichter greifen solche Gedanken auf; so schreibt beispielsweise Paul Gerhardt (1607–1676):

»In bin ein Gast auf Erden
Und hab hier keinen Stand;
Der Himmel soll mir werden,
Da ist mein Vaterland.
Hier reis ich aus und hab(e),
Dort in der ewigen Ruh
Ist Gottes Gnadengabe
Die schleußt all Arbeit zu.«

Gerhard Tersteegen sieht im Menschen einen »fremden Gast« auf dieser Erden, er ruft: »Kommt, Brüder, laßt uns gehen!« und spricht vom schmalen Pilgerpfad.

In besonders eindringlicher Weise greift das Bild des Christen auf seiner Lebensreise der im puritanischen England Oliver Cromwells lebende John Bunyan (1628–1688) in seinem Werk »The Pilgrim's Progress« auf. Bunyan, der vom herumziehenden Kesselflicker zum baptistischen Prediger und Schriftsteller wurde, stand geistig den Pilgervätern nahe, den Puritanern, die unter der Herrschaft der Stuarts ihre Heimat verließen und nach Amerika zogen. Um sein Ziel zu erreichen, war Bunyans Pilgerseele kein Hemmschuh anzulegen; das Herz schlug höher »bei dem Gedanken an das Ziel seiner Pilgerschaft«, dem alles untergeordnet wird (Lanczkowski/Nigg.).

Was verschlägt es bei einer solchen geistlichen Auffassung von christlicher Lebenspilgerschaft, wenn Luther in seiner oft so derben Art die Frage nach dem »wahren Jakob«, wo nun wirklich die Gebeine des Apostels liegen sollen, in Compostela oder in Toulouse, so beantwortete: »Darumb laß man sie liegen und lauff nit dahin, dann man waißt nit, ob Sant Jacob oder ain todter Hund oder ein todts Roß da ligt, darumb geschieht ihnen auch recht, die da also hinlaufen; dann dieweil man die guoten rechten Werck, die Gott gebeut, nachlaßt, so felt man dahin und laufft zuo Sant Jacob, und ehe man geb ainem armen Mann 30 Guldin, ehe laufft man hin und verzehret 40 oder hundert.« Es war Luther nicht um den Weg zu tun, der tatsächlich mit den Füßen zurückgelegt wurde, sondern darum, in christlicher Liebe Gutes zu tun. Bei aller Begeisterung, die Verehrer des heiligen Jakobus in sich fühlen, sollten sie nicht die folgende Mahnung Luthers vergessen, die sich an dieser Stelle in keiner Weise von der katholischen Auffassung vom rechten Verhältnis der Anbetung Gottes und der Heiligenverehrung unterscheidet: »Aber das ist nun das Ärgst, das man das Hertz auf Sant Jacob will setzen und Gott soll darneben hingehen und aus dem Mittel [gemeint ist die Mitte] geworfen werden: damit geschieht Sant Jacob kain Ehr und Gott ein grosse Unehr« (B. Graf).

Hier ist nicht der Platz, Luthers und der anderen Reformatoren Stellungnahmen zur traditionell katholischen Frömmigkeit ausführlich zu behandeln. Über allen dogmatischen Unterschieden und zeitgenössischem Streit steht die allen Christen gemeinsame Auffassung vom irdischen Leben als einer Pilgerfahrt zu Gott in der Hoffnung: »Das Reich Gottes ist nahe ... Bereitet dem Herrn den Weg!« (Mt 3,2f.; Mk 1,2f., 15; Lk 3,4; 9,2,27; 10,9; Joh 1,23).

Ablehnung durch die Aufklärer

Weniger drastisch Luthers Kritik an der Santiagowallfahrt, sondern eher ironisch sah die Stellungnahme des berühmten Humanisten Erasmus von Rotterdam aus. In seinen »Colloquia« läßt er zwei Kontrahenten sprechen:

»Menedine: Warum seid ihr so ausstaffiert? Bedeckt mit Muscheln, mit Zinn- und Bleifiguren gespickt, mit Halsbändern aus Stroh geziert, und am Arm habt ihr noch Schlangeneier hängen.
Ogyge: Ich habe Santiago de Compostela gesehen ...
Menedine: Sagt mal, wie geht es denn diesem großartigen Sankt Jakob, und wie laufen seine Geschäfte?
Ogyge: Mäßiger als sonst.
Menedine: Warum das? Wird er alt?
Ogyge: Spötter! Ihr wißt doch, daß die Seligen nicht altern. Aber diese neue Lehre da, die sich in der ganzen Welt verbreitet, mindert den üblichen, häufigen Besuch. Andererseits benügen sich die Ankommenden damit, den Heiligen zu begrüßen, ohne etwas zu opfern oder doch sehr wenig, mit dem Vorwand, es sei besser, das Geld an die Armen auszuteilen« (Barret/Gurgaud).

Bereits in diesen Sätzen des Dialoges wird deutlich, daß Erasmus – der reformatorischen Ansicht – die hier als »neue Lehre« bezeichnet wird, nahesteht, und wie bei Luther versteckt sich auch in diesen Sätzen die Auffassung, es sei besser, mit den Armen sein Geld zu teilen als es in Wallfahrtsorten auszugeben. Was für Luther eine klare Bekenntnisangelegenheit ist, in der er eindeutig Position bezieht, wird bei Erasmus zur diskutierbaren Ironie. Nicht nur hier zeigt es sich, daß Erasmus einer der Vorläufer der philosophischen Aufklärer war, in der Glaubensüberzeugungen relativiert und dem Urteil des menschlichen Verstandes unterworfen wurden.

Die nicht wegzustreitenden Mißstände, die sich in die Religiosität breiter Volksschichten eingeschlichen hatten, gaben immer wieder Anlaß, um je nach Temperament Schimpf und Schande oder nur gelinderen Spott über das Wallfahrtswesen auszuschütten.

Aber die Gegnerschaft der Aufklärer speist sich nicht allein aus religiösen Motiven. Eine der Ursachen und zugleich eine der Folgen der Reformation war das Bestreben gewesen, die universale Kirche – als die sich die mittelalterliche Kirche des Abendlandes weithin verstanden hatte – zu schwächen und dagegen eigene Landeskirchen aufzubauen. Einer solchen territorial begrenzten Kirchengemeinschaft konnte das grenzüberschreitende Pilgern vieler Menschen nicht gleichgültig sein. Kommerzielle und merkantile Erwägungen kamen dazu. Die langen Wanderzeiten verringerten die Wirtschaftskraft und die Arbeitszeit im eigenen Land. Geld floß ab und anderen, konkurrierenden Staaten zu. Gute Arbeitskräfte waren im aufkommenden Zeitalter des Merkantilismus und der Manufakturen Mangelware geworden, die man ungern für längere Zeit oder sogar für immer gehen ließ. Unter dem Pilgergewand, das rechtlichen Schutz gewährte, verbargen sich mehr und mehr Verarmte, obdachlos Gewordene, Arbeitsunwillige, Bettler, Vaganten, Landstreicher, ja Verbrecher. Je mehr der Obrigkeitsstaat der Neuzeit sich entwickelte, desto mehr waren ihm die Pilgerscharen ein Dorn im Auge. Immer strengere Regelungen schränkten die Freizügigkeit der Menschen ein. Schließlich kam es in Frankreich und Österreich zu Verboten. Weder sollte die Zahl der »Untertanen« verringert werden, noch sollten sich junge Männer ihrer Wehrpflicht oder überhaupt jemand seiner bürgerlichen Pflicht entziehen. Zudem tolerierten unter dem Einfluß der Aufklärer immer weniger »Gebildete« – auch in katholischen Ländern – die peregrinatio religiosa, die inzwischen von vielen Philosophen, Kirchenmännern und Schriftstellern abgewertet, wenn nicht sogar lächerlich gemacht worden war. Allenfalls in spiritualisierter Form wurde sie noch toleriert. Eine Zeitlang waren dann in verschiedenen Ländern nur noch die ortsüblichen Prozessionen – und auch das nur eingeschränkt – sowie Wallfahrten im eigenen Territorium erlaubt. Nach der Säkularisation wurden in vielen ehemals von Kirchenfürsten regierten Gebieten sogar noch diese Äußerungen traditionsreicher Frömmigkeit zeitweise verboten.

Erst wieder die Romantik, die ein tieferes – wenngleich manchmal auch schwärmerisches – Verständnis für das abendländisch-christliche Mittelalter entwickelte, brachte hier einen Wandel.

Literatur (Auswahl)

P. Barret/J.-N. Gurgaud, Unterwegs nach Santiago. Auf den Spuren der Jakobspilger, Freiburg/Basel/Wien 1982; *B. Graf*, Oberdeutsche Jakobsliteratur. Eine Studie über den Jakobuskult in Bayern, Österreich und Südtirol (Kulturgeschichtliche Forschungen 14, Hrg. D.-R. Moser), München 1991; *G. Lanczkowski*, Die heilige Reise. Auf den Wegen von Göttern und Menschen, Freiburg/Basel/Wien 1982; *W. Nigg*, Des Pilgers Wiederkehr (Stundenbücher 64), Hamburg 1966; *R. Plötz*, (Hrg.), Europäische Wege der Santiago-Pilgerfahrt (Jakobus-Studien 2), Tübingen 1990.

Der Europarat und die Entscheidung für Santiago

Paul-Ludwig Weinacht

Politische Patronage über Wallfahrtswege

Die große Jakobuswallfahrt beschränkte sich in der ersten Hälfte unseres Jahrhunderts auf spanischen Boden. Ein europäisches Ereignis war zu einem nationalen, ja regionalen Brauchtum geschrumpft. Die Stadt, in der das Apostelgrab verehrt wurde, pflegte ihr Patrozinium und die »Heiligen Jahre«. Erst Generalissimus Franco erhob den Patron Spaniens mitten im Bürgerkrieg 1936–1939 wieder in seine alten Rechte (21. 7. 1937). Anlaß war ihm die Besetzung Galiciens durch die Truppen der Falange.

Die Bemühungen der Kirche und des neuen Staates um den Jakobuskult wurden auch von Wissenschaftlern unterstützt. Ein Forschungszentrum, eine dem Compostellanum gewidmete Zeitschrift, mehrere Kongresse aktualisierten die Tradition. Diesseits der Pyrenäen wurde der »falangistisch« in Anspruch genommene Kult nur zaghaft aufgegriffen – am frühesten in Paris, wo im Jahr 1950 eine Gesellschaft zur Förderung der Pilgerschaft unter dem Namen »Les amis de Saint-Jacques de Compostelle« begründet wurde.

In unseren Tagen überspringt der Jakobuskult die spanisch-französische Dimension. Er wird wieder zu einem gesamteuropäischen Ereignis, das fast alle Länder einbezieht, aus denen seit vielen hundert Jahren Pilger nach Santiago sich auf den Weg gemacht hatten. An dieser Erneuerung, die ein Aufbruch, ein Ausbruch aus der Enge Nordspaniens in die Weite gemeineuropäischer Ideen ist, beteiligte sich auch eine politische Institution: der in Straßburg residierende, aus damals 21 europäischen Mitgliedsstaaten bestehende und auf der Grundlage der Europäischen Menschenrechtserklärung arbeitende Europarat. Sein kulturpolitisches Patronat über die Bestrebungen, den Jakobusweg in allen vormals beteiligten Ländern wieder sichtbar und gangbar zu machen und mitzuhelfen, ihn ganz Europa zurückzugeben, scheint der Sache nicht abträglich zu sein. Sie wird zu einer demokratischen und wahrhaft menschheitlichen.

Man mag fragen, ob das, was vormals aus dem Glauben hervorwuchs, nicht sein Wesen ändert, wenn es Politikern verdankt wird – seien es Könige, Falangisten, Demokraten. Man darf beruhigt sein: Politik und Glaube gingen schon immer Hand in Hand. Der Pilgerweg hatte ursprünglich ja die Aufgabe, die Reconquista in Nordspanien abzusichern. Er verteilte Ideen und Personen über Europa, leistete der Ausbreitung von kulturellen, technischen und künstlerischen Errungenschaften Vorschub, förderte den Geld- und Kapitaltransfer – so wie er sich heute der Ausbreitung von touristischen Standards öffnet und seinen Anwohnern Zusatzeinkünfte verspricht. Die Kirche hatte noch nie das alleinige Anrecht auf die Motive der Pilger, und so wird man es hinnehmen dürfen, daß einer aus Wegelust (»Tourismus«), ein anderer aus Sport, wieder ein anderer der Resozialisierung wegen pilgert (wie es die belgische Organisation Oikoten mit jungen Sträflingen seit 1982 versucht). Und was den Europarat anbetrifft, so hat er sich nicht gescheut, dem Pilgerweg eine sehr Europapolitische Widmung zu geben.

Wie kam der Europarat auf den Camino?

Es fing alles damit an, daß sich der Rat für Kulturelle Zusammenarbeit (CDCC) mit dem Thema Kulturtourismus beschäftigen wollte. Eine Arbeitsgruppe (»L'Europe Continue«) legte 1964 einen Bericht vor, der die Einbeziehung von Orten hoher kultureller Bedeutung in das Freizeitverhalten der Gesellschaft fördern wollte. Ein Programm von Studienreisen sollte geschaffen und Kriterien der Bedeutsamkeit festgelegt werden:
1. Möglichkeit für den Tourismus, das Bewußtsein des Reichtums, der Verschiedenheit, der Einheit und des Zusammenhangs einer Kultur zu fördern;
2. Maß, in dem Reisen in alter und neuer Zeit zu diesem Ziel beigetragen haben bzw. beitragen können;
3. Entwicklungschance einer neuen Art des Tourismus, der breite Bevölkerungsschichten zur Entdeckung von Orten hoher Kulturbedeutung führt und verstehen läßt, was es bedeutet, die lebendige Gegenwart einer Tradition zu erfahren.

Die Prüfung »Europäischer Kulturwege« nach diesem Raster währte zwanzig Jahre lang. Dann entschloß man sich, konkrete Beispiele auszuwählen; eines davon sollte der Pilgerweg nach Santiago sein.

Der Camino wird die Nummer 1

Thematische Kulturreisen, Studienfahrten usw. gibt es in den europäischen Ländern seit langem. Sie werden von Veranstaltern im Blick auf Sehenswürdigkeiten individuell zusammengestellt. Manche »Routen« haben sich durch Wiederholungen bewährt und werden immer neu »abgefahren«. Als Routen des Europarates sind heute die Barockstraßen, die Seidenstraßen, die Wikingerstraße u.a.m. ausgezeichnet.
Im Fall des Camino gab es zwei gewichtige Verfechter des Vorhabens: die Kultusminister Spaniens und Frankreichs. Beide hatten sich aus Gründen der kulturellen Belebung auf die Erneuerung des Pilgerwegs nach Santiago, der in beiden Ländern Befürworter hatte, bereits verständigt und haben auf der Konferenz von Granada im Jahr 1985 die Kulturminister der Mitgliedsstaaten des Europarats zu einer gemeinsamen Entschließung veranlaßt. Die Konferenz konnte die spanisch-französische Initiative schon darum nicht ablehnen, weil im Jahr zuvor (1984) die Parlamentarische Versammlung in Straßburg den Weg nach Santiago empfohlen hatte (Empfehlung Nr. 987). Keiner der Minister wollte gegen die Versammlung Stellung nehmen.
Auch gab es eine relativ breite Interessengemeinschaft. Sie war nicht religiös, schon gar nicht konfessionell, sondern kulturell und touristisch. Der grenzüberschreitende Verlauf der alten Pilgerstraßen und ihre Ausdehnung brachten es mit sich, daß auch skandinavische Orte sich als Perlen am Wegenetz der Jakobuswallfahrt verstehen konnten, von Portugal, den Benelux-Staaten, Deutschland, der Schweiz, Italien ganz zu schweigen. Die Kultusminister der zwölf EG-Staaten haben im Dezember 1985 das gemeinsame europäische Interesse an den Jakobuspilgerstraßen bekräftigt.
Was nun die Verwaltung des Europarates angeht, so muß man wissen, daß ihr Prüfkatalog für die Kulturstraßen – wenngleich zunächst sehr allgemein entworfen – zuletzt doch immer deutlicher in eine Richtung wies, die vorzüglich mit der Jakobuswallfahrt harmonierte. Kulturwege, so hatte es der Lenkungsausschuß für Städtebau und Denkmalpflege formuliert, sollen geeignet sein, die Menschen in den Stand zu setzen, ihre Herkunft zu verstehen und ihr kulturelles Erbe miteinander zu teilen, sich zu gemeinsamem Leben und Arbeiten zu vereinen, den Geist der Reziprozität, der Toleranz und der Gastlichkeit kennenzulernen, sich weltoffen zu beweisen, ihre Kultur lebendig und auf der Höhe der Zeit zu bewegen *(vitalité dans l'expression culturelle et la création contemporaine)*. Nimmt man hinzu, was »europäisch bedeutsam« heißen sollte, dann wird vollends klar, daß solche Kriterien den Jakobusweg geradezu empfehlen mußten.
Doch ist noch nicht alles gesagt. Was in der Theorie stimmen kann, muß in der europäischen Praxis noch lange nicht erfolgreich sein. Also braucht es am Ende einen besonderen Glücksumstand, der in der Person des Generalsekretärs des Europarates, Señor Marcelino Oreja, lag. Seit seiner Berufung in dieses Amt vergaß er nie, was er seiner Herkunft, dem nordspanischen Galicien und der Stadt Santiago schuldete. Er wirkte wie in ureigener Sache für den Grabesort des Apostels. Er bündelte unterschiedliche Interessen seiner Organisation, wiegelte den Widerstand der Nordiren, der übrigen protestantischen Länder, insbesondere auch islamische Vorbehalte ab und brachte es fertig, daß aus dem Kulturfonds des Rates für Kulturelle Zusammenarbeit Mittel für das Projekt zugestanden wurden.
So wurde es möglich, daß im Oktober 1987 der Präsident des Ministerrats des Europarats, Fürst von Liechtenstein, in der Stadt Santiago bei einem Festakt die Pilgerwege als Europäische Kulturstraßen *(Itinéraires culturels européens)* ausrufen konnte.

Der Geist des Europarates: Zivilreligion

Was war nun proklamiert worden: eine transnationale Verkehrsverbindung mit kulturellem Thema oder eine religiöse Wallfahrt? Vermutlich beides. Kulturbetrieb, Politik und Tourismus finden in den Spuren einer alten Wallfahrt statt. Der Geist, in dem die Wallfahrt beschworen wurde, ist nicht der Geist mittelalterlicher Frömmigkeit oder zeitloser Spiritualität. Von ihnen bleiben nur »äußere Hüllen«, Ruinen, Reliquien, Namen und Zeichen.

Bamberg. *Schild des Europarates vor St. Jakob.*

Der Geist der Kulturstraße »Nr. 1« entspringt aus den gesellschaftlichen Verhältnissen der Gegenwart, aus der Erfahrung der »europäischen Bürgerkriege« des 20. Jahrhunderts (E. Nolte), aus dem Ungenügen an einer dem Konsum verfallenen Massenkultur. Darum will er die Entfernungen, die Grenzen und das Unverständnis hinter sich lassen und Toleranz, Rücksicht auf andere, Freiheit, Solidarität mehren.
Mit Christentum im engeren Sinn hat das wenig zu tun. Wir sehen aufklärerische und nachaufklärerische Wertvorstellungen vor uns. Christen werden ihnen ihre Zustimmung nicht versagen wollen. Auch das Zweite Vatikanische Konzil hat mit seiner Erklärung der Religionsfreiheit den Katholizismus über die Schwelle der Aufklärung getragen. Die Menschheit, die in der UN-Menschenrechtserklärung, in Korb 3 der Helsinki-Beschlüsse der KSZE, in der Kopenhagener Erklärung der KSZE-Staaten über die menschliche Dimension Äußerungen ihres Selbstverständnisses, ihrer Identität anerkennt, diese Menschheit wird sich im Geist der Kulturstraße »Nr. 1« wiedererkennen. Ihre Bedeutung für die europäische Kultur und für das gesellschaftliche Leben in und zwischen den Ländern Europas ist als »Zivilreligion« (Rousseau) verständlich zu machen. Dieser Begriff verweist auf einen Moralkodex, auf den wir uns verpflichten müssen, um als Menschen zu überleben. Es ist ein Kodex, der weltweit beachtet werden muß, wenn Regionalkonflikte anders als gewaltsam beigelegt werden sollen.
Zivilreligion verbindet die Bürger und Gesellschaftsmitglieder nach Rechtschaffenheit, nicht nach Recht. Wer dagegen verstößt, wird nicht durch ein Gericht verurteilt. Zugleich ist sie anspruchsvoller, weil auf innere Zustimmung angelegt: Wer gegen den Moralkodex der ersten europäischen Kulturstraße verstößt, fällt hinter die heute erreichte Kulturstufe zurück.

*Maßnahmen des Europarates:
Beschilderung und Projekte*

Der Europarat gab dem Projekt »Kulturstraße« eine kulturbewahrende (denkmalpflegerische) und eine erzieherische Aufgabe. Indem jung und alt sich auf den Weg machen, bilden und erziehen sie sich, werden sie ins europäische Erbe einbezogen (»Initiationsreise«), entdecken die wichtigsten Momente ihres Reisethemas. Im Fall des Camino sind dies Städte, Denkmäler, Museen, Landschaften, Örtlichkeiten, Ereignisse, Feste, Feierlichkeiten – verbunden im Zeichen der Muschel.
Damit dieses Bildungsprojekt Gestalt annehmen konnte, hat der Europarat drei Ziele zu realisieren beschlossen:
1. Identifizierung der historischen Wegläufe: Von wo startet man? Durch welche Orte kam man? Wo vereinigten sich die Pilgerströme?
2. Beschilderung von Wegen, die für den heutigen Santiagoreisenden geeignet sind. Hierfür wurde ein Logo, also ein Kennzeichen, festgelegt, das in allen Ländern Verwendung finden soll.
3. Koordinierung auf europäischer Ebene der projektbezogenen Maßnahmen regionaler und lokaler Stellen. Welche Denkmäler werden wiederhergestellt? Welche Kulturereignisse finden statt? Welche Landschafts- und Städtepartnerschaften entstehen entlang des Weges?
Was das erste Ziel angeht, so wurde eine Faltkarte

publiziert. Auch hat man zwei Kongresse veranstaltet – einen in Bamberg (1988), einen zweiten in Viterbo/Italien (1989). Hierbei stützte man ich auf einen Sachverständigenausschuß, der in den einzelnen Ländern auf mancherlei wissenschaftliche und vereinsmäßige Grundlagen zurückgreifen konnte. Heute gilt diese erste Aufgabe als im wesentlichen erfüllt.

Die Ausstattung der Wege mit dem Santiago-Logo kam am besten in den Kernländern Frankreich und Spanien voran. Begonnen hat man damit in Deutschland, Irland, Portugal. Als der Verlauf der Oberen Straße südlich Konstanz festgestellt war, konnte man auch hier mit der Markierung beginnen. Belgien begann im Juli 1990 in Verbindung mit Gruppen der Provinz von Namur. Ob das Logo, an dessen Verbreitung dem Europarat so sehr gelegen ist, gefällt, ist wohl weniger wichtig als die Tatsache, daß es sich unterscheidet – zum Beispiel von Firmensymbol eines internationalen Mineralölkonzerns.

Zur dritten Aufgabe, nämlich der Koordinierung regionaler Aktivitäten, zählt an vorderer Stelle die Tourismusförderung. Die Regierungen von Madrid und Paris als Hauptinteressenten haben eine Europäische Stiftung der St.-Jakobus-Wege gegründet, mit der sie eine Reihe von Zielen verfolgen: Denkmalpflege betreiben, Theater- und Musikaufführungen, bzw. Sons-et-Lumières-Spektakel fördern, einen sanften, dem Jakobusweg angemessenen Tourismus beleben. Auch können heute in der Gegend von Nantes und in Straßburg Gymnasiasten Kurse über den Jakobusweg besuchen und Lehrlinge können in Ausbildungsschulen wechseln, die in ein Jakobus-Austauschprogramm eingebunden sind.

Vielleicht steht es um den Jakobusweg im ausgehenden 20. Jahrhundert ähnlich wie im späten Mittelalter: Er lädt – quer durch Europa – zum Beschreiten und Befahren ein, zu einem Ziel, aber aus vielen Motiven, die teils offenkundig, teils verborgen sind. Wenn vormals die Kirche den Weg begleitete, so sind es heute (auch) politische Autoritäten, auf höchster Ebene der Europarat. Er wollte, daß der Jakobusweg den moralischen Kodex Europas zu verbreiten hilft, den wir als die moderne europäische Zivilreligion bezeichnet haben: das Bekenntnis zu Toleranz, Rücksicht auf andere, Freiheit, Solidarität.

Bamberg. *Haus zum Tüthorn, um 1720 von Johann Dientzenhofer. Nischenfigur des Pilgerpatrons von Leonhard Gollwitzer.*

Jenseits der Kampagne

Der Nutzen der Kampagne des Europarates zugunsten des »Europäischen Kulturweges Nr. 1« liegt, wie wir zu sehen meinten, im Politischen: Es ist das Zumutbarmachen eines von der Falange politisierten Kults für das demokratische Europa. Indessen darf man fragen, ob die Menschen, die seit den siebziger Jahren sich von nah und fern wieder zum Apostelgrab aufmachen, eines solchen Nutzens überhaupt bedurften. Die Pilgerstrecke spricht jeden auf seine eigene Weise an – und ob die einheitliche Ausschilderung mit einem behördlich approbierten Logo dafür wichtig war, mag man bezweifeln. Auch hat sich der Europarat an die ansteigende Welle mehr angehängt, als daß er sie ausgelöst hätte. Santiago erinnert so stark an eine universal-europäische Tradition, daß es nicht so sehr um einen Dienst an Jakobus ging als vielmehr um ein Medium der Popularisierung der

Idee der europäischen Einigung. Was man kürzlich von Paris als dem Adressaten einer Kampagne »Europäische Kulturstadt" gesagt hat, gilt darum auch von dem Europäischen Kulturweg Nr. 1: »Eine derart souveräne Kulturhauptstadt wird von einer Kulturstadt-Kampagne eher beleidigt als geehrt« (FAZ v. 11. 4. 1991).

Doch wir wollen den Europarat nicht für etwas tadeln, was aufs Ganze gesehen Begegnungen, Verbindungen, Korrespondenzen schafft, die das moderne Europa auch zur Entwicklung von Spiritualität dringend braucht. Unsere Zivilisation des langen Urlaubs, der alternativen Lebensplanung erlaubt es mehr Menschen als noch vor Jahrzehnten, den ganzen Weg nach Santiago oder zumindest ein gutes Stück von ihm zurückzulegen und dabei in den jakobitischen Geist einzutauchen. Auf der Europäischen Kulturstraße Nr. 1 ziehen Wallfahrer und Europäer mit gleich vielen Schritten. Sehr schön sagt Adrien Ries, ein Luxemburger, der von seinem Heimatort Bivels den Weg über 2286 Kilometer nach Santiago in 99 Tagen zurücklegte: »Das Europa ohne Binnengrenzen besteht, aber man entdeckt es nur, wenn man zu Fuß geht. Man muß seinen Wagen und seine schlechten Gewohnheiten daheim lassen und einfach loslaufen, zu Fuß, ohne andere Verbindung als das Telefon. Als ich in Bivels losging, war ich ein Wandersmann; in Santiago bin ich Pilger.«

Dokumente und Literatur

Conseil de l'Europe, Strasbourg, le 23 juin 1986, Comité Directeur pour les politiques urbaines et le patrimoine architectural (CDUP), Promotion d'itinéraires culturels européens, Document de travail établi en vue de la réunion des 16–17 septembre 1986 à Strasbourg; ders., Un Avenir pour notre passé, Nr. 32–1988: Les chemins de Saint-Jacques: itinéraire culturel européen (mit Beiträgen von M. Oreja, A. d'Haenens, R. Plötz u.a.); ders., Patrimoine architectural, Rapports et études nr. 16, Les chemins de Saint-Jacques-de-Compostelle, Rapport du Congrès de Bamberg, Strasbourg 1989 (mit Beiträgen von W. Wild, K. Herbers, H. Kellenbenz, H.-P. Schneider u.a.); ders., Rapport annuel 1989 du Conseil de la coopération culturelle, Strasbourg 1990 (zu den »Itinéraires culturels« S. 18 f.); ders., Strasbourg, janvier 1990, Conseil de la coopération culturelle, Itinéraires culturels européens, Note d'information du Secrétariat Général (Überblick über alle Kulturwege, der Jakobusweg auf S. 10 f.); ders., Strasbourg, le 5 mars 1990, Comité Directeur pour la conservation intégrée du patrimoine historique (CDPH), Lancement par le Conseil de l'Europe d'un reseau européen des métiers du patrimoine; ders., Comité Directeur pour la conservation intégrée du patrimoine historique (CDPH): Bilan des travaux et perspectives de la coopération en materiè de patrimoine architectural dans le cadre du programme intergouvermemental du Conseil de l'Europe, Document de réflexion, Note du Secrétariat Général (Rückblick auf Programme zur Denkmalpflege und Ausblick auf die Periode 1990–1995 unter den Stichworten »conservation intégrée« und »environnement culturel«. Zum Jakobusweg S. 6 f.); Ministerio de Obras Publicas y Urbanismo, Camino de Santiago, Itinerario Cultural Europeo, Manual de Normas para la senalizacion, Madrid 1989; Daniel Thérond, Administrateur principal au Conseil de l'Europe, Division du patrimoine culturel, Interview mit Verf. am 30. 10. 1990; Robert Plötz (Hrsg.), Europäische Wege der Santiago-Pilgerfahrt (=Jakobus-Studien 2), Tübingen 1990 (mit Beiträgen von K. Herbers, H. Kellenbenz, A. v. Mandach u. a.); Adrien Ries, Camino de Santiago, ein Pilgergang von Bivels nach Santiago de Compostella, Luxemburg 1989 (das Zitat S. 18); Mathias Schreiber, Kulturstadt – Krise einer Kampagne in: FAZ v. 11. 4. 1991 (Feuilleton).

Die Farbbilder

Seite 91
Oben: *Röthlein, Pfarrkirche St. Jakobus d. Ä. Neugotischer Altar.*
Unten: *Üchtelhausen, St. Jakobus d. Ä. Glasfenster von Curd Lessig, 1986.*

Seite 92
Oben: *Baunach, Überkumkapelle (St. Magdalena). Gemälde rechts vom Hochaltar mit dem Gespannwunder des seligen Überkum.*
Unten links: *Königsfeld, Pfarrkirche St. Jakobus und Kilian. Deckengemälde mit dem Matamoros.*
Unten rechts: *Bad Kissingen, Pfarrkirche St. Jakobus. Gemälde des Hochaltars mit der Marter des Kirchenpatrons, bez. Giuseppe Appiani.*

Eine Wallfahrt wird neu

Manfred Zentgraf

Tot war sie ja nie, diese Wallfahrt an »das Ende der Welt«, in den äußersten Westen des europäischen Festlandes, nach Santiago de Compostela in Galicien im Nordwesten Spaniens.
Tot war sie nie, diese europäische Fernwallfahrt, weder in den Jahrhunderten des Niedergangs nach der Reformation noch in der Zeit der Aufklärung und des Rationalismus.
In den Blütezeiten waren es jährlich rund 300 000, in den Heiligen Jahren gar eine halbe Million, die auf den Straßen Europas unterwegs waren. Und auch nach der Französischen Revolution, die der Wallfahrt den Zustrom von diesseits der Pyrenäen endgültig raubte, waren es wenigstens noch die Spanier, die sich auf den Weg machten. Und Franco erhob den Apostel wieder zum Nationalpatron. Das hatte seine Auswirkungen. Und immer waren auch vereinzelt Franzosen auf dem Weg.
Die Wiederentdeckung des Apostelgrabes im Jahre 1879 ließ in Europa das Interesse am Pilgerweg wach werden. Organisierte Pilgerfahrten begannen. Das Bayerische Pilgerbüro in München stehe dafür als Beispiel.
Aber erst seit den Jahren um 1950 wird die Zahl der französischen Pilger wieder spürbar auf dem Camino. Es sind meist Studenten, die von den Pyrenäen aus nach Santiago ziehen. Und das Jubiläumsjahr 1965 macht die Wege von Le Puy und Vézelay her wieder attraktiv. Nach und nach entdecken auch junge Menschen aus den Nachbarländern den Fernwallfahrtsweg. Das Erscheinen des Buches der beiden Journalisten Pierre Barret und Jean-Noël Gurgaud »Priez pour nous à Compostelle« (1978) gab der ganzen Bewegung einen deutlichen Anschub. Im Heiligen Jahr 1982 wurde die Zahl der Besucher auf sechs Millionen geschätzt.
In den letzten zehn Jahren nun steigt die Zahl der Pilger zu Fuß oder mit dem Fahrrad unaufhörlich an. Sie kommen aus Frankreich, aus Belgien, den Niederlanden, aus Luxemburg, aus Deutschland, England, Österreich, Italien, ja aus Polen, Kanada und den USA, um mit den Pilgern Spaniens zusammen der untergehenden Sonne entgegenzuziehen. Und es sind nicht mehr nur die jungen Menschen, die sich von der Sehnsucht aufzubrechen packen lassen.
Das Domkapitel der Kathedrale von Santiago hat die »Compostela«, die Bestätigung für die vollzogene peregrinatio (für eine Pilgerstrecke, die nachgewiesen wenigstens 100 Kilometer zu Fuß oder mit dem Fahrrad beträgt), neu aufgelegt und seit 1986 an der Kathedrale ein Pilgerbüro als Anlaufstelle eingerichtet. Einige Zahlen aus den letzten Jahren nach Don Jaime Garcia Rodriguez' Bericht auf der Jahrestagung der Deutschen St.-Jakobus-Gesellschaft in Münster 1990, ergänzt durch die Statistik für 1990 in »compostella VII« vom 13. 2. 1991, und für 1991 ergänzt durch die Angaben Don Jaime's:

Jahr	Gesamtzahl	Anzahl deutscher Pilger
1986	1800	174
1987	2905	325
1988	3501	492
1989	5760	648
1990	4918	561
1991	7274	751

Davon haben 6917 die »Compostela« erhalten.

Bis 1989 lagen von den Nichtspaniern regelmäßig die Franzosen der Zahl nach an der Spitze. Im Jahr 1990 lagen die Deutschen an zweiter Stelle nach den Spaniern (2731) und vor den Franzosen (486). Auch 1991 gilt diese Reihenfolge: Spanien (4926), Deutschland (751), Frankreich (490). Dann folgen Belgien (357), Niederlande (213), England (133), Italien, Schweiz usw. Insgesamt kamen die Pilger aus 34 Ländern. Für 1991 lag die Zahl der Fußpilger bei 4222, der Fahrradpilger bei 2443; zu Pferde kamen 30.
Im Pilgerbüro der Kathedrale wird auch nach der Motivation des Pilgers gefragt. Der Domherr nannte einige Zahlen: 1989 gaben 83,5% eine religiöse, 12% eine religiös-kulturelle Begründung; 1990 nannten 93,4% eine religiöse Begründung. 1991 waren es 50,43% religiös, 44,18% religiös-kulturell und 4,91% kulturell motivierte Pilger. Don Jaime stellte die Frage: Kann man diesen Begründungen Glauben schenken oder geben die Pilger etwas vor, um die »Compostela« zu erhalten?

Die große Zahl derer, die zum und – einige wenige Kilometer – mit dem Papst 1989 nach Santiago pilgerten, ist hier natürlich nicht berücksichtigt. Nicht gezählt sind ferner die »Pilger«, die gar nicht wissen, daß es da so etwas wie eine »Compostela« gibt. Sie wissen auch nicht, daß die verschiedenen nationalen Jakobus-Gesellschaften oder die Abtei Roncesvalles und andere Institutionen am spanischen Weg einen Pilgerausweis bereithalten, in dem man seine Stationen mit Stempeln festhalten und nachweisen kann.

Für 1991 sind auch die Zahlen von Pilgergruppen bekannt. 335 Gruppen mit 16 449 Pilgern kamen aus 27 Ländern. Deutschland zählte 79 Gruppen (3440 Pilger), Spanien 67 Gruppen (3552 Pilger), Italien 62 (2380), Frankreich 26 (1553), Portugal 21 (1173).

Auch die Geschichte der Jakobus-Gesellschaften markiert den neuen Aufschwung der Wallfahrt nach Santiago. Vorreiter war auch hier Frankreich. Bereits 1950 entstand »La société des amis de St. Jacques«. Dann vergingen Jahre, bis die spanische, die britische (1983) die flämische (1985), die wallonische (1986) und die niederländische (1986) Gesellschaft gegründet wurden. 1987 folgte die Deutsche St.-Jakobus-Gesellschaft mit Sitz in Aachen, 1988 die Fränkische St.-Jakobus-Gesellschaft Würzburg als erste und bisher einzige regionale deutsche Vereinigung. 1988 entstand in der Schweiz eine frankophone Gesellschaft der Freunde des Jakobsweges mit Sitz in Genf.

In Deutschland gab es allerdings schon einige Jahre vorher die Jakobus-Bruderschaft in Düsseldorf, die bis vor kurzem nur solche Mitglieder aufnahm, die auch den Weg selber gegangen waren. Und über die Jahrhunderte hinweg existieren in Bremen zwei Jakobus-Bruderschaften, die aber in unserer Zeit mit der Wallfahrt selber nichts mehr zu tun haben.

Welches Interesse die Jakobus-Wallfahrt gerade auch in unserm fränkischen Raum gefunden hat, beleuchtet eine andere Zahl: Gottfried Amendt, Pilger des Jahres 1987, hat als Rektor im Matthias-Ehrenfried-Haus in Würzburg vom Herbst des Jahres 1987 bis in den Herbst 1990 etwa 25 Mal seinen zweistündigen Bildbericht von der Wallfahrt gezeigt. Insgesamt haben mehr als 1600 Personen aller Altersschichten seinen Bericht gesehen und gehört. Und nicht wenige haben sich davon anregen lassen, sich ebenfalls auf den Weg zu machen, wenn auch nicht immer zu Fuß.

Schließlich ist auch der Europarat mit im Spiel. Ausgehend von einer Empfehlung des Europäischen Parlamentes am 28. Juni 1984 deklarierte er am 23. Oktober 1987 in Santiago de Compostela die Jakobuswege als europäische Kulturstraßen. Ein größeres Programm europäischer Zusammenarbeit soll in die Wege geleitet werden, das Interesse wecken und stärken, die Pilgerrouten erforschen und sie mit einem gemeinsamen Emblem versehen. Zweimal trug der Europarat internationale Kongresse mit: 1988 mit der Deutschen St.-Jakobus-Gesellschaft in Schney bei Bamberg und 1989 in Viterbo zusammen mit der dortigen Universität und dem Centro italiano di studi compostellani.

Anläßlich des Kongresses in Deutschland wurde an der St.-Jakobs-Kirche in Bamberg zum erstenmal auf deutschem Boden die Hinweistafel des Europarates enthüllt, die mittlerweile in Spanien, aber auch in Frankreich nicht zu übersehen ist. Diese Aktivität des Europarates hat in manchen Jakobus-Gesellschaften zu Spannungen geführt. Die Angst, daß der Weg touristisch ausgeschlachtet wird, ist groß und auch nicht von der Hand zu weisen. Doch hat die Aktivität des Europarates zumindest mitbewirkt, daß die spanischen Bistümer entlang des Weges aufgewacht sind. Es gab ein gemeinsames Rundschreiben im Jahre 1988 »Der Jakobsweg – ein Weg zur christlichen Pilgerschaft«, es gibt diözesane Verantwortliche, und es gibt seit 1990 sogar eine kleine Broschüre, die für den gesamten spanischen Weg Kontaktadressen, Gottesdienstzeiten usw. angibt.

Die letzten drei Jahre haben schließlich auf dem Büchermarkt eine Unzahl von Publikationen zum Jakobusweg beschert, vielfach aus Verlagen, die mit Wallfahrt und Pilgern nicht in Verbindung gebracht werden, aus Verlagen, die sich mit Fernreisen oder Esoterik beschäftigen. Und fast jeder Verlag, der Reiseführer herausgibt, hat inzwischen auch einen Führer zum »Jakobsweg«. Der Weg nach Santiago findet Nachfrage. Das wird im kommenden Jahr 1993, dem Heiligen Jahr in Santiago – das Apostelfest am 25. Juli fällt auf einen Sonntag –, besonders deutlich werden. Aber wer die beiden Sommermonate Juli und August meiden kann, wird immer noch die Einsamkeit des großen Weges spüren können.

Der Weg ist zum Bild für die Suche des heutigen Menschen geworden. Doch ist der Weg damit zugleich in der Gefahr, wie andere Bewegungen, die

Eine Wallfahrt wird neu

Fränkische Pilger

Als die Idee zu diesem Buch Gestalt annahm, waren wir uns alle sehr schnell einig, daß die Gegenwart ihren Platz darin finden muß. Zeugnisse von Pilgern, die in der Vergangenheit ins ferne Galicien aufgebrochen und zurückgekehrt waren, sind in Baunach (überkum), in den Epitaphien von Ekkartshausen, Machtilshausen und Frickenhausen oder auch in Bildstöcken gegenwärtig. Die heutigen fränkischen Santiagopilger und ihre Erfahrung aufzuspüren, war spannend und gar nicht so einfach. . Im unterfränkischen Raum ging es ja noch, aber welche Pilger gab es in diesen Jahren in Ober- und Mittelfranken? Da wurde hier ein Name genannt, dort ein anderer. Die Nachfrage erbrachte oft genug Fehlanzeige oder einfach gar keine Reaktion.

Trotzdem kam im Laufe dieser Jahre doch eine ansehnliche Liste von Fuß- und Fahrradpilgern aus Franken zusammen, die innerhalb der letzten Jahre – seit 1984, ja schon seit 1965 – dem Weg in den äußersten Westen Europas gefolgt sind. »Fränkische Pilger« sind es. Der Rahmen ist nicht zu eng gesteckt. Ein fränkischer Geburtsort (die erste Ortsangabe) oder ein fränkischer Wohnort (die zweite Ortsangabe), selbst wenn er nur vorübergehend war, genügte. Und die außerfränkischen Mitpilger haben wir nicht unterschlagen.

Die Berufsangabe bezieht sich auf das Jahr des Pilgerns. Für die angegebene Strecke haben wir keine Kilometer angegeben, es geht hier nicht um Rekorde. Ganz allgemein liegt die Entfernung von Le Puy bis Santiago de Compostela bei 1450 km, ziemlich genau halbiert vom Grenzübergang nach Spanien.

Eckartshausen. *Epitaph am Chor der Wallfahrtskirche, um 1500.*

Machtilshausen. *Epitaph an der Jakobuskirche, für Jakob Köberlein.*

1965
Höllhuber, Dietrich (*1943), Poznàn/Nürnberg, Student: Pamplona – Astorga (zu Fuß 14 Tage) – Santiago/zu Fuß und Autostop.

1984
Bayer, Alfred (*1936), Fürth/Bay./Lichtenfels, Pfarrer: Les quatre-routes de Nebouzat bei Clermont-Ferrand – Santiago/mit dem Fahrrad 18. August bis 8. September.

1985
Röckelein, Dr. Hedwig (*1956), Burgebrach/Freiburg/heute Hamburg, Historikerin;
Wendling, Gottfried (*1948), Braunschweig/Freiburg, Archäologe: Freiburg/Brsg. – Santiago/zu Fuß 22. April bis 16. September.

Plötz, Dr. Robert (*1942), Nürnberg/Kevelaer, Museumsdirektor: Oviedo – Santiago/zu Fuß; weitere Wege zu Fuß: 1986 und 1990 Astorga – Santiago; 1987 Konstanz – Genf; 1988 Villafranca – Santiago; 1989 Coimbra – Santiago.

1987
Amendt, Gottfried (*1945), Ebersbach/Würzburg, Rektor des Matthias-Ehrenfried-Hauses Würzburg;
Zentgraf, Manfred (*1937), Hain im Spessart/Kirchlauter/Pfarrer: Le Puy – Santiago/zu Fuß/Juni–Juli.

Hippelein Ralf (*1962), Nürnberg/Dipl. Ing.: St. Jean-Pied-de-Port – Santiago/zu Fuß/im August.

1988
Rosenberger, Michael (*1962), Kitzingen/Traustadt, Kaplan;
Rosenberger, Burkard (*1965), Kitzingen/Kiel, Student f. Lehramt;
Forster, Josef (*1965), Biberg/München, Dipl.-Ing. E-Technik;
Zimmer, Christine (*1964), Würzburg, Verwaltungsbeamtin: Würzburg – Santiago/Fahrrad vom 24. Juli bis 25. August.

Boom, Ulrich (*1947), Alstätte/Frammersbach, Pfarrer;
Becker, Hermann (*1958), Sulzbach (Main)/Niederwerrn, Pfarrer;
Goldbach, Matthias (*1963), Schweinfurt;
Marpert, Josef (*1939), Legden (Münsterland)/Ahaus-Alstätte, Lehrer: Frammersbach – Santiago/Fahrrad vom 17. Juli bis 11. August.

Weeger, Edmund (*), Ornbau/Freiburg: einige Fußetappen.

1989
Breitenbach, Roland (*1935), Aschaffenburg/Schweinfurt, Pfarrer;

Kram, Karlheinz (*1958), Waldsachsen, Techniker: Le Puy – Santiago/zu Fuß.

Weinacht, Paul-Ludwig (*1938), Freiburg i. Brsg./Güntersleben, Hochschullehrer;
Weinacht, Annette (*1944), Grünberg/Güntersleben, Lehrerin;
Weinacht, Stefanie (*1970), München/Güntersleben, Studentin; Orthez – St. Jean-Pied-de-Port – Pamplona – Logroño/León – Santiago/zu Fuß im August.

Suerbaum, Werner (*1933), Westfalen/München, Hochschullehrer;
Suerbaum, Renate (*1938), Würzburg/München, Hausfrau;
Suerbaum, Eva (*1969), München, Krankenschwesterschülerin: Burgos – León – Santiago/zu Fuß im August.

Huber, Hans (*1957), Kirchdorf (Obb.)/Effeldorf, Priester-Student;
Heindl, Sebastian (*1953), Kirchdorf (Obb.)/Wildenwart, Jugendpfarrer: Astorga – Santiago/zu Fuß vom 18. August bis 26. August.

Unter Leitung von P. Alois Hofmann (*1949), Freising, pilgerten:
Bald, Christl (*1940), Karlstadt, Angestellte;
Forstner, Josef (*1939), Karlstadt, Uhrmachermeister;
Forstner, Gitti (*1944), Karlstadt, Angestellte;
Herold, Franz (*1950), Karlstadt, DB-Beamter;
Hofmann, Wolfgang (*1963), Karlstadt, Raumausstattermeister;
Netraval, Wolfgang (*1964), Karlstadt, Dipl.-Ing.;
Netraval, Stefan (*1964), Karlstadt, Dipl.-Ing.;
Schäfer, Annette (*1964), Würzburg, Angestellte;
Scheiner, Egon (*1949), Karlstadt, Industriekaufmann;
Seubert, Theo (*1939), Karlstadt: Astorga – Santiago/zu Fuß vom 29. August bis 5. September.

1990
Weckert, Ernst (*1941), Würzburg/Randersacker, Grafik-Designer;
Tully, Oswald (*1943), Bamberg/Mainberg, Kfm. Angestellter: Pamplona – Santiago/zu Fuß im Mai.

Lang, Rosemarie (*1940), Köln/seit 1970 Wiesentheid, Dolmetscherin: Burgos – Santiago/zu Fuß vom 19. Juni bis 6. Juli (im Vorjahr: St. Jean-Pied-de-Port – Burgos).

Becker, Hermann (*1958), Sulzbach (Main)/Niederwerrn, Pfarrer;
Eschenbacher, Stephan (*1967), Niederwerrn/Würzburg, Student;
Gabler, Harald (*1957), Kaiserslautern/Würzburg, Student;
Reinel, Peter (*1967), Niederwerrn, Student: St. Jean-Pied-de-Port – Santiago/zu Fuß vom 3.–29. August.

Die »Compostela«

1991
Egbert-Gymnasium Münsterschwarzach mit 26 Pilgern (Schüler, Lehrer, Eltern): Villafranca del Bierzo – Santiago/zu Fuß in den Pfingstferien.

Oehrlein, Klaus (*1955), Margetshöchheim/Krum, Jugendpfarrer;
Gräf, Marika (*1969), Schweinfurt/Ottendorf, Zahnarzthelferin;
Faulstich, Veronika (*), Würzburg/Berlin, Krankengymnastin;
Gößmann, Sabine (*), Schonungen, Verwaltungsangestellte: Santo Domingo de la Calzada – Santiago/Fahrrad im August.

Münch, Hans (*1928), Schweinfurt, kfm. Angestellter: Le Puy – Santiago/zu Fuß vom 23. August bis 13. Oktober.

Heller, Bernhard (*1962), Haßfurt, CNC-Programmierer: Pamplona – Santiago/zu Fuß vom 25. September bis 16. Oktober.

1992
Hain, Peter (*1945), Kleinwallstadt, Werkzeugmacher;
Neumann, Erich (*1940), Kleinwallstadt, Fahrlehrer;
Scheckenbach, Ernst (*1937), Rottendorf/Kleinwallstadt, Pfarrer;
Stich, Erwin (*1939), Großheubach, Keramikarbeiter;
Weidner, Franz (*1944), Großheubach, Arbeitstherapeut;
Oettinger, Christof (*1971), Großheubach, Maschinenbauer;
Weiner, Manfred)*1939), Obernburg-Eisenbach, Techniker;
Reinhardt, Bernd (*1969), Röllbach, Kupferschmied;
In den Begleitfahrzeugen:
Bein, Arnulf (*1926), Kleinwallstadt, Schneider i. R.;
Fritzsche, Henry (*1928), Kleinwallstadt, Gärtner i. R.: Vèzelay – Lourdes – Santiago/Fahrrad vom (2.)/8. bis 16. August.

Kober, Stefanie (*1974), Haßfurt, Schülerin;
Hüfner, Nicole (*1975), Unterhohenried, Azubi Med. Techn. Ass.;
Löhr, Alexandra (*1974), Unterhohenried, Azubi Erzieherin;
Lehner, Jürgen (*1974), Königsberg/Bay., Industriemechaniker;
Schneschke, Frank (*1970), Unfinden, Industriemechaniker;
Bausenwein, Johannes (*1971), Würzburg, Zivildienstleistender;
Bausenwein, Stefan (*1971), Würzburg, Schüler;
Oehrlein, Klaus (*1955), Margetshöchheim/Krum, Pfarrer und Regionaljugendseelsorger: Astorga – Santiago/zu Fuß vom 16. bis 24. August.

Seit einigen Jahren zu Fuß auf dem Weg sind folgende Pilger:
Spielmann, Peter (*1947), Volkach: 1987 bis 1992: Le Puy – Conques; Conques – Moissac; Moissac – Pamplona; Pamplona – Santiago.

Alferink, Elisabeth und Werner (beide *1936), Bad Brückenau;
Amendt, Gottfried (*1945), Würzburg;
Biernat, Helga (*1939), und Wolfgang (*1940), Würzburg;
Birkenbach, Paul (*1929), Flieden;
Breunig, Bernd (*1944), Würzburg;
Hein, Tobias (*1975), Leidersbach;
Hofmann, Leo (*1936), Lusberg;
Kniffki, Christa (*1944), und Klaus-D. (*1941), Güntersleben;
Konrad, Hannelore (*1937), und Heinz (*1935), Würzburg;
Mittenhuber, Erika (*1933), und Fritz (*1938), Höchberg;
Popp, Ilse (*1938), und Herbert (*1936), Würzburg;
Reichert, Karl (*1921), Aschaffenburg;
Ruppert, Karl-Heinz (*1943), Würzburg;
Simon, Hilke (*1941), Würzburg: 1988 bis 1993: Würzburg – Einsiedeln; Einsiedeln – Lyon; Lyon – Cahors; Cahors – Pamplona; Pamplona – León; León – Santiago.

Aus dieser Gruppe wuchs 1988 eine zweite Gruppe heraus mit neuen Mitpilgern und den gleichen Etappen (einzelne Teilnehmer haben den Weg schon 1992 beendet):
Breunig, Bernd (*1944), Würzburg, Professor;
Ebner, Martin (*1954), Schweinfurt/Würzburg, Priester;
Heidt, Manfred (*1941), Karlsruhe, Professor;
Kühnel, Dieter (*1944), Aussig/Würzburg, Jurist;
Mahlke, Gertrud (*1929), Margetshöchheim, Lehrbeauftragte;
Pfefferle, Rudolf (*1935), Wolfach, Professor;
Puiu, Beatrice (*1956), Kronstadt/Würzburg, Zahnärztin;
Schmitt, Robert (*1956), Würzburg, Vermessungsangestellter;
Wehner, Rita (*1935), Würzburg, Hausfrau.

Fränkische Pilgerberichte

Die Tradition ist alt. Pilger berichten von ihrer Pilgerfahrt. Einer der berühmtesten Pilgerberichte vom Weg nach Santiago ist das 5. Buch aus dem »Liber sancti Jacobi«. Dieses Buch, dem Aimeric(us) Picaud(us), einem Priester aus Parthenay, als dem letzten Redakteur des gesamten »Codex Calixtinus« (= Liber sancti Jacobi) zugeschrieben, ist so etwas wie ein erster Reiseführer geworden. Ziel dieser Reise ist das Grab des Apostels Jakobus in Galicien. Unzähligen Pilgern ist dieser Klassiker aus dem 12. Jahrhundert zum Begleiter geworden.

Hermann Künig von Vach verfaßt am Annatag (26. Juli) 1495 – einen Tag nach dem Jakobusfest – den ersten bekannten deutschsprachigen Pilgerbericht. Er war Servitenmönch im Kloster Vacha an der Werra nordöstlich von Fulda, ein Nachbar zu Franken.

Bald sind auch Franken in der Reihe der Autoren zu finden. Gabriel Tetzel, ein Nürnberger Patrizier und Begleiter des Leo von Rozmital, verfaßt im 15. Jahrhundert einen solchen Bericht.

Ursula Ganz-Blättler hat in »Andacht und Abenteuer« die Berichte europäischer Jerusalem- und Santiagopilger zwischen 1320 bis 1520 untersucht. Unter den 41 genannten Santiago-Berichten finden sich neben Gabriel Tetzel die fränkischen Santiagopilger Georg Pfintzing (Nürnberg, 1437), Hieronymus Münzer (seit 1480 Bürger in Nürnberg, 1494) und Sebald Örtel (1521).

In der Mitglieder-Zeitschrift der Deutschen St. Jakobus-Gesellschaft, dem »Sternenweg« 9/1992, berichtet Alfred Löw über Nürnberger Jakobspilger im Mittelalter. Zu den obengenannten kommt hier noch der Nürnberger Kaufmann Nicolaus Rummel, der 1408 (1409?) einen Empfehlungsbrief für seine Reise nach Santiago erhält, hinzu. 1428 bzw. 1462 besuchten Peter und Sebald Rieter, Vater und Sohn, das Apostelgrab in Spanien. Das »Reisetagebuch der Familie Rieter« (1594, von Hans Rieter redigiert) berichtet in wenigen Zeilen von der Pilgerfahrt des Vaters. Ausführlicher ist der Bericht über die Pilgerfahrt des Sohnes, der 1462 mit seinem Schwager Axel von Lichenstain »gehn Sant Jacob zohe«. Auch die Praunsche Familienchronik kann einen Santiagopilger vorstellen. Stephan III. war mit 26 Jahren gegen den Willen seiner Familie in den Dienst Philipps II. von Spanien eingetreten und diente dort als Rittmeister. Als Angehöriger der Ritterbruderschaft Sanct Jacob di Compostella kam er im Frühjahr 1571 zum Apostelgrab. Seine Pilgerbestätigung liegt vor, seine Pilgerkleidung ist im Germanischen Nationalmuseum in Nürnberg zu sehen (vgl. Seite 77). Der letzte aus dem späten Mittelalter nachweisbare Nürnberger Jakobspilger ist der junge Kaufmann Erkenbrecht Koler 1587. Auch wenn von diesen fränkischen Pilgern keine, zumindest keine eigenen, Berichte vorliegen, sollen sie hier nicht unerwähnt bleiben.

In diese Reihe gehören durchaus auch die Berichte von Pilgern unserer Tage. Da sind einmal die in Zeitungen, Zeitschriften und Büchern erschienenen Berichte[1]. Zum andern sind es aber auch die folgenden Kurzberichte der fränkischen Pilger, die für dieses Buch entstanden sind. Es sind naturgemäß nur Momentaufnahmen, die aber zusammen ein Mosaik ergeben, aus dem die Faszination des »Weges« hervorleuchtet.

Anmerkung

[1] U. Boom, Unterwegs zum Ende der Welt. Bilder und Gedanken zum Pilgerweg nach Santiago de Compostela, Kuppenheim 1991; R. Breitenbach, Lautlos wandert der Schatten. Auf dem Pilgerweg nach Santiago de Compostela, Schweinfurt ²1992; R. Lang, Geführt vom gelben Pfeil: Auf dem Weg nach Santiago de Compostela, in: Kitzinger Anzeiger (18. 7. 1989); dies., Pilgerweg nach Compostela: Von Störchen und Rosenduft begleitet, in: Kitzinger Anzeiger (11. 8. 1990; K. Lechner, Pilgerwege nach Santiago, Bamberg 1989; M. Zentgraf, In trostloser Landschaft viel Trost gefunden, in: Fränkischer Tag, Bamberg (19. 9. 1987); ders., Bildreportage für KNA-Bild in Frankfurt/Main – 1988/89 von vielen Kirchenzeitungen mit unterschiedlichem Titel übernommen; ders., Der Jakobsweg, in: Anzeiger für die Seelsorge 7 (1988).

Unterwegs – Der Weg als Ziel

Bei einem theologischen Wochenendseminar 1973 – wir haben die Aufgabe, eine Stunde lang allein durch die Natur zu gehen – kommt in mir der Wunsch auf, einmal zu laufen ... immerzu ..., ohne an Zeit und Ort gebunden zu sein. Dieser Wunsch geht 1987 in Erfüllung. Manfred Zentgraf aus Kirchlauter fragt mich, ob ich Lust hätte, nach Santiago de Compostela mitzugehen. Letzteres ist mir kaum ein Begriff, viel weniger noch, was auf mich zukommt. Es lockt mich die Gelegenheit zu laufen, etwas Ungewöhnliches zu tun, den Wunsch von 1973 zu erfüllen. Heute kann ich nur danken für dieses Geschenk, für diese zwei Monate unterwegs zu sein: zu Fuß von Le Puy nach Santiago de Compostela. Ich weiß nicht – oder doch? – woher ich die Kraft bekam für den schweren Rucksack (ca. 15 kg), für meine Füße, für das morgendliche Aufstehen – 49 Tage lang – immer weiter – bei Wind und Wetter, Regen und Sturm und vor allem bei glühender Sonne.

Diese Zeit hat sich mir sehr tief eingeprägt: Immer wieder tauchen Erinnerungen auf: Einzelne Wegstrecken, Erlebnisse, Situationen, die Blumen am Wegrand, die toten Tiere entlang der Straße. Begegnungen mit Menschen: mit der gastfreundlichen, an den Rollstuhl gefesselten 83jährigen Frau, die uns zu einer Tasse Kaffee einlädt; mit dem Mann, der uns im Vorbeigehen eine Flasche Rotwein zusteckt; mit Brenda und Manuel, die ab den Pyrenäen mit uns unterwegs sind; mit meinem Weggefährten und Freund Manfred ... und vor allem die Begegnung mit mir selber: unendlich viel Zeit zum Nachdenken, zum Schweigen, zum Reden, zum Beten – und immer wieder gehen – einfach gehen: durch die Natur, die jeden Tag anders ist. Aufbruch im Dunkeln – mit oder ohne Frühstück – die Vögel zwitschern – es ist kalt – der schwere Rucksack – der Morgen erwacht – die Hitze des Tages – der vorbeirauschende Verkehr – Gedanken: Gute und weniger gute – endlich am Tagesziel. Immer wieder kommt mir Michael Endes »Momo« in den Sinn: »Beppo Straßenkehrer – Schritt für Schritt – du darfst nicht an die ganze Straße auf einmal denken – das packst du nicht – sondern immer Schritt für Schritt – Besenstrich um Besenstrich.« Sehr hilfreich auch das tägliche Rosenkranzgebet: als Meditation beim Gehen, wo sich alle Anliegen einbringen lassen – immer weiter – dazwischen Lichtpunkte: Absetzen des Rucksacks – ein gutes Essen – eine schöne Aussicht – eine romanische Kirche – ein Bildstock – eine Brücke – das Angelusgebet – Begegnung mit Menschen – mit der Natur – mit mir selber – mit Gott.

Es ist sehr schwer, dies alles in Worte zu fassen, d.h. eigentlich unmöglich. Was bleibt, ist die Erinnerung: das Geschenk des Gehens, das Unterwegssein: Begegnungen – Erfahrungen – Eindrücke. Am Ziel Santiago anzukommen, ist zwar sehr schön und ein gutes Gefühl. Wichtiger ist mir jedoch das Unterwegssein – der Weg als Ziel: Erlebnisse, Begegnungen, Erfahrungen auf dem Weg.

»Auf den Geschmack gekommen« läßt mich der Weg nicht mehr los. So darf ich bereits ein Jahr später wieder nach Santiago unterwegs sein: diesmal mit 17 Gefährten/innen – in sechs Jahresetappen.

Parallelen zum Alltag tun sich auf: Die äußere Wegstrecke ist sehr kurz, dafür die innere um so länger und intensiver. Ich erfahre es jeden Tag neu in der großen Universitätsklinik: Im Gespräch am Krankenbett – mit den Angehörigen – bei nicht wenigen als Brücke zu einem anderen Leben. Unterwegs – der Weg als Ziel: nach Santiago – zum Mitmenschen – zu mir selber – zu Ihm..!

Gottfried Amendt

Ich würde nach Santiago kommen.
Das war nun gewiss

Ein Erlebnis auf der Fahrt: Am Samstag, dem 25. August 1984, erreichte ich am späten Nachmittag die Stadt Moissac. Ich hatte Bergland durchfahren, die letzten Kilometer ging es ständig bergab – das ist sehr angenehm nach anstrengender Fahrt an einem heißen Tag. Am Stadtrand von Moissac brach plötzlich ein Pedal meines Fahrrades an der Kurbel ab. Ich stieg ab, besah mir den Schaden, hob das abgebrochene Teil auf und versuchte nun, halb schiebend und halb auf dem verbleibenden Pedal stehend, die Stadt zu erreichen. Da ich ein kleines Zelt bei mir hatte, folgte ich den Hinweisschildern zu einem Campingplatz und fragte dort die Verwalterin des Platzes, wo sich denn eine Fahrradreparaturwerkstatt befinde. Sie bedeutete mir, daß ich mich beeilen müßte, da die Werkstatt um 6 Uhr schließen würde. Mein Gepäck ließ ich auf dem Campingplatz und machte mich sofort auf den Weg zur Werkstatt, die ich auch schnell fand. Wie groß war aber meine Enttäuschung, als mir der Meister dort sagte. »Das Rad ist ein deutsches Rad, ich kann es nicht reparieren. Ich habe nicht die nötigen Ersatzteile dafür.« Was tun? Sollte ich aufgeben?

Ich schielte schon auf die neuen Räder, die neben der Werkstatt im Laden ausgestellt waren und erkundigte mich nach den Preisen. Er gab mir den Preis in Francs an, umgerechnet waren das etwa DM 300,– für ein schönes leichtes Rad mit Dreigangschaltung, Marke Peugeot. Ich beschloß kurzerhand, es zu erwerben, sagte dem Meister, daß ich nicht mehr so viele Francs hätte und deshalb mit einem Eurocheque bezahlen würde. Ein Eurocheque, das waren für ihn »böhmische Dörfer«. Er bestand auf Barzahlung. Ich kehrte zum Campingplatz zurück, stellte mein Zelt auf, ging anschließend durch die Stadt. Die Banken waren natürlich schon geschlossen. In einigen Hotels versuchte ich einen Eurocheque einzulösen – zwecklos. Anscheinend hatte man in dieser Gegend noch nichts von einem Eurocheque gehört. Was tun? Zu meinem Entsetzen erfuhr ich noch, daß die Banken in Frankreich auch am Montag geschlossen hätten. Wenn mir nichts einfallen würde, dann könnte ich meine Fahrt erst am Dienstagmorgen fortsetzen. Es war dann allerdings zweifelhaft, ob ich Santiago je erreichen würde, da dann sicher mein Urlaub nicht ausreichen würde und ich vorzeitig umkehren müßte. Ich war müde, begab mich bald in mein Zelt, schlief aber sehr unruhig.

Der nächste Tag war ein Sonntag. Am Morgen ging ich zum Gottesdienst in die Abteikirche. Wunderschön das Portal, im Bogenfries die 24 Ältesten, die dem huldigen, der auf dem Throne sitzt.

Für den herrlichen Kreuzgang fehlte mir die nötige Aufmerksamkeit. Ich suchte noch einmal den Fahrradhändler auf. Der Meister war immer noch nicht bereit, sich auf einen Eurocheque einzulassen. Ich ging wieder durch die Straßen und überlegte. Mein Weg führte mich noch einmal zur Abteikirche. Der Priester, der am Morgen den Gottesdienst gehalten hatte, verließ gerade die Kirche. Ich sprach ihn an, stellte mich als Mitbruder vor und erzählte ihm von meinem Mißgeschick. Er war sofort bereit, mir zu helfen. Er wollte mir das Geld für das neue Fahrrad geben. Wir gingen zum Pfarrhaus, tranken miteinander eine Tasse Kaffee und er stellte mir einen französischen Scheck aus. Ich gab ihm dafür einen Eurocheque, den er, wie sich später herausstellte, ohne Schwierigkeiten einlösen konnte. Noch einmal ging ich zu meinem Fahrradhändler. Jetzt ging alles glatt. Den Scheck einer französischen Bank nahm er ohne Zögern an, und ich hatte mein neues Fahrrad. Das alte ließ ich zurück bei ihm, nur die Pilgermuschel ließ ich mir auf das neue Fahrrad montieren. Ich war sehr glücklich! Nun konnte ich meine Fahrt fortsetzen. Ich würde nach Santiago kommen. Das war nun gewiß.

Alfred Bayer

Spuren

Wer einen Weg geht, muß damit rechnen, sich zu verlaufen. Wie sollte es uns ergehen, von St. Jean-Pied-de-Port bis Santiago? Das sind 700 Kilometer. Vier Wochen haben wir uns dafür Zeit genommen. Aber wir sind ja nicht die ersten, die hier gehen. Es gibt Führer für den Camino, schon seit dem 12. Jahrhundert. Und die Pilger vor uns haben Spuren hinterlassen. Gerade das hat uns auch gereizt, diesen alten Weg zu gehen.

Der kleine gelbe Pfeil ist uns bald vertraut geworden. Auf dem ganzen Weg weist er die Richtung, führt uns manchmal überraschend von der Hauptstraße weg auf einen Seitenpfad, läßt uns die richtige Ausfallstraße aus einer Stadt finden und schickt uns manchmal sogar mitten durch reife Weizenfelder. Die Landschaft mag sich verändert haben, der Weg nimmt heute noch seinen Lauf wie ehedem, geht es mir durch den Kopf. Aber es sind andere Hindernisse dazugekommen. Die neuen, verschwenderisch breit angelegten Hauptstraßen zwingen zum Ausweichen, wenn es irgendwie geht. Oft aber gibt es noch keine Alternative – dann muß man die Teerstraße in Kauf nehmen. Hier spielen sich denn auch die härtesten Camino-Szenen ab: stundenlang auf den Kirchturm von Santo Domingo de la Calzada zugehen, stundenlang die Sonne aushalten, bis endlich Sahagun erreicht ist ... Geradezu angenehm waren dagegen die Wege durch die Felder der Meseta. Auf dem Teer suche ich vergeblich nach den Spuren meiner Vorgänger. Die Straße ist unmenschlich für den Fußpilger. Ich kann zwar schneller eine Etappe zurücklegen – aber hier präge ich keinen Weg. Hier bleibt kein Fußabdruck zurück. Hier werden die Füße am stärksten strapaziert. Hier gibt es auch kein Verlaufen. Auf der Straße spüre ich höchstens, unerwünscht zu sein. Ich beeile mich, sie wieder verlassen zu können. Anders auf den manchmal staubigen Wegen »durch Wald und Feld«. Die Spuren unserer Vorgänger haben wir dankbar wahrgenommen, denn an manchen Wegegabelungen halfen sie ohne langes Überlegen, sich für den richtigen Weg zu entscheiden, wenn von dem kleinen gelben Pfeil einmal nichts zu sehen war. Im Sand in den Eukalyptuswäldern Galiciens wurden es immer mehr Spuren. Hier sind mehr Menschen zu Fuß unterwegs als am Anfang des Camino durch Navarra. Menschen hinterlassen Spuren. Die Pilger vor uns haben die Erde festgetreten mit ihren Füßen, mit ihren Lasten, die sie auf den Schultern und im Herzen trugen, hin zum Herrn. So ist ein Weg entstanden, der ein Ziel hat. Viele sind auf diesem Weg gegangen, haben die Spur vertieft. Auch wir sind ihnen gefolgt. Oft kam mir das Wort Jesu in den Sinn: »Mir nach!« Auch da ist es gut, sich an die Spur derer halten zu können, die vor mir Jesus nachgefolgt sind. Die Kirche, Gemeinschaft der Pilgernden, sagt mir, daß es ein »Weg mit Ziel« ist. Die Schritte auf diesem Weg muß und darf ich aber selber setzen.

Santiago ist ein vorläufiges Ziel auf diesem großen Weg, meinem Lebensweg. Wenn auch nur kurz, gingen wir den Weg auch ein Stück zurück, aus der Stadt wieder hinaus. Das macht noch einmal einen tiefen Eindruck. Ich ahne meine eigenen Spuren, die ich erst vor kurzem hier gelegt habe. Ich gehe zurück, gehe in die entgegengesetzte Richtung, verlasse einen Ort, den ich über viele Wochen ersehnt habe, auf den ich so gespannt gewesen bin. Ich spüre, jetzt würde noch einmal ein ganz neuer Abschnitt der Wallfahrt beginnen: der Heimweg. Dabei könnten die Einsichten reifen, die sich auf dem Heimweg angebahnt hatten. Mein Lebensweg geht weiter, nicht zurück. Denn ich komme als neuer Mensch zu den Orten, wo ich den anderen wiederbegegne, wo ich arbeite und ruhe, wo ich die Nachfolge Jesu zu leben versuche. Auch ich habe Spuren hinterlassen – und tue dies jeden Tag.
Hermann Becker

Angekommen in Santiago

Als Begleiter für den Weg geworben, wurde der Camino von Tag zu Tag mehr zu meinem »eigenen« Erlebnis. Die abwechslungsreiche Landschaft. Die geistige Verbindung zu den Pilgern früherer Zeiten. Die herrlichen Bauten am ganzen Weg. Die Sehnsucht nach dem Ziel – Santiago. Kleine und große Ereignisse am Rande, die ärgern, faszinieren, meistens erfreuen.
Dann endlich angekommen in Santiago. Drei Tage erkunden wir die Stadt. Und immer kommen wir doch wieder zurück zur Kathedrale, verweilen drinnen oder sitzen draußen auf den Stufen.
Wir waren lange unterwegs, hatten ein Ziel. Das Ziel ist erreicht. Dies ist mehr als beglückend. Wir haben uns eingereiht in die große Schar der glücklichen Peregrinos.
Oswald Tully

Unser tägliches Brot gib uns heute – vor Saint-Félix

Eine Tür öffnet sich
und eine greise
vom Alter gebeugte Frau
schaut mich an
Sie hat hellblaue Augen
wie ein ruhiger See
Nehmen Sie das Stück Brot
der Bäcker war gerade da
Einige hundert Meter später
bei der Rast
spüre ich noch den Geschmack ihres Parfüms
auf dem Brot
und ihre Güte
im Herzen
Peter Spielmann

Am Ziel

Als wir nach der langen Fahrt durch Frankreich und Spanien endlich Santiago sahen, haben wir uns gefreut. Wir hatten uns überlegt, was wir machen, wenn wir in den Dom kommen: Eine Stille – und dann singen und beten wir. Wir sind festlich gestimmt.

Von der Puerta del Camino schieben wir unsere Fahrräder durch die Gassen der Stadt zum Domplatz. Auf dem Platz eine Menge von Menschen. Verkäufer wollen ihre Karten und Andenken loswerden.
Wir stellen die Fahrräder ab und steigen die Stufen zur Kathedrale hinauf. Die Menschenmenge nimmt zu. Bis vor das Portal wird verkauft. Am Portal selbst Reisegruppen mit ihren Führern. Unsere festliche Stimmung wird erdrückt und geht im Gedränge unter.
Irgendwie hatten wir – ich wenigstens – etwas Besonderes erwartet. Wir waren zweieinhalbtausend Kilometer mit dem Fahrrad gefahren – das war doch etwas Besonderes. Und jetzt: nichts.
Wir waren Menschen mitten unter vielen. Unter den Touristen und Besuchern fiel unsere Leistung nicht auf. Mir kam die Frage: Wenn das so ist am Ende deines Lebens? Wenn das so ist im himmlischen Jerusalem, bei Gott?
Je mehr ich in den folgenden Tagen darüber nachdachte, desto mehr gefiel mir dieses Bild: Die Kathedrale von Santiago – voll mit Menschen – unterschiedlich, wie sie kommen und warum sie da sind.
Bei Gott kommen wir unterschiedlich an – die Wege und Beweggründe sind verschieden. Ohne Unterschied werden wir von Gott an- und aufgenommen.
Wie gesagt, das Bild gefiel mir mit dem Trubel und den verschiedenen Menschen im Haus Gottes. Es gefällt mir, je mehr ich darüber nachdenke und mir klar wird, daß mir eine solche Fahrt – auch bei aller Anstrengung, bei aller Plage und allem Abstrampeln – geschenkt ist, ja daß mein ganzes Leben, meine Lebensfahrt, mein Lebensweg ein Geschenk ist vom Anfang bis zum Ende, und daß Gott mir jetzt, hier und heute schon, sagen will: Du wirst bei mir ganz glücklich, ganz geborgen und zu Hause sein.
Ulrich Boom

Gedanken am Cruz de Ferro

Ich habe den schweren Kiesel abgeladen, den ich den Berg hinaufschleppte. Auf dem Weg zwischen Rabanal de Camino und dem einfachen Kreuz auf einer hohen Stange blieb viel Zeit, den Stein zu betrachten, seine Ecken und Kanten zu fühlen, seine farbigen Einschlüsse zu entschlüsseln, seine von anderen Steinen beschädigten Stellen zu betasten. Sogar eine winzige Flechte hatte sich auf ihm einen fingernagelgroßen Lebensraum erobert. Der Stein wanderte von einer Hand in die andere und die Gedanken wanderten mit: was wir Menschen alles mit uns herumschleppen, Feindschaften und böse Gedanken; was uns belastet, Sorgen um die Zukunft und um die Gesundheit, was wir uns unnötigerweise aufladen, Erwartungen und Hoffnungen. Das alles will uns niederdrücken, so daß wir nicht aufstehen, nicht unseren Weg erkennen können.
Jetzt habe ich meinen Stein zu den unzähligen Steinen der Pilger von tausend Jahren und mehr geworfen und versucht, damit alles loszulassen, was mich belastet, bedrückt und bedroht. Nur das Loslassen macht wirklich frei, aber wie schwer muß manchmal diese Freiheit bezahlt werden, weil sie uns zwingt, uns zu trennen. Trennung ist Abschied, und jeder Abschied schmerzt. Da aber liegt nun mein Stein als einer unter vielen. Und die vielen Steine anderer Pilger sehen mich an als wollten sie sagen: Alles ist längst vergessen und vorbei.
Auch das gehört zum geistlichen Gewinn des Weges, den kleinen Dingen, und sei es, einem Stein neue Erfahrungen abzugewinnen, Schritt für Schritt mit jedem Atemzug neue Gedanken zuzulassen, dadurch Einsichten zu gewinnen, die uns in der Unbeweglichkeit und der Seßhaftigkeit verlorengehen. Der Anfang zur Erneuerung ist gemacht.
Ich wurde oft gefragt, was hat dir der Weg eigentlich gebracht? Für mich kann ich diese Frage so beantworten: Ich habe mich ganz anders erlebt als sonst. Ich habe im Vorwärtsgehen verlernt, mich selber ständig anzutreiben, neue, bessere Leistungen im Auge zu haben. Ich habe mich von der Seite selber angesehen, so wie im Laufe des Tages der Schatten um mich gekreist ist, lautlos und unermüdlich. Ich habe an mir Einstellungen kennengelernt, die ich bislang unterdrückt hatte, die mich überraschten, die mir zum Teil sogar völlig fremd waren. Ich habe mich selbst als ein ganz anderer erlebt und zu einem guten Stück bin ich auch so nach Hause gekommen, als ein erneuerter Mensch mit größerer Gelassenheit, mit mehr Geduld, mit fröhlicher Dankbarkeit über die ganz kleinen Dinge, mit erstaunlicher Offenheit für die Menschen, vor allem für die Kleinen und solche, die an ihren Lasten noch schwer zu tragen haben. Und ich habe das Anliegen vieler Menschen mitgetragen und loslassen können: Sorgen, die mir schon zu Hause aufgetragen worden waren, Probleme, die ich unterwegs aufgelesen hatte, Ängste, die ich miterfahren und miterlitten hatte. Das alles konnte ich schon am Cruz de Ferro zu den Steinen werfen, die Tausende vor mir zu einem großen Hügel aufgehäuft hatten. Das Gefühl der großen Entlastung ist nicht zu beschreiben und ich erlebte dieses Gefühl noch einmal, als ich nach meiner Rückkehr feststellen konnte, daß sich auch zu Hause so manches auf fast wundersame Weise gelöst hatte. Dem Himmel und Jakobus sei Dank.
Schließlich habe ich auch über Gott nachgedacht und ihn als treuen Begleiter in den einsamen Stunden des Wegs erlebt. Wie mein Schatten vom frühen Morgen bis zum späten Abend um mich wanderte, so kreisten auch meine Gedanken um ihn, der so spürbar an meiner Seite ging. Ich habe Gott ganz neu erfahren, denn die Bilder, auch die Schreckgespenste, die ich, fast neurologisch-ängstlich seit meinen Kindertagen und meiner Jugendzeit mit mir her-

Am Cruz de Ferro.

umschleppte, verblaßten und blieben schließlich ganz hinter mir an den Rändern des Wegs zurück. Ein einziger Weg der Befreiung, so würde ich meine Pilgerfahrt mit einem Wort umschreiben: eine Freiheit, die mir niemand mehr nehmen kann.
Roland Breitenbach

Stundenlang das Gefühl, durchs Paradies zu fahren

Wenn ich an die Santiago-Fahrt denke, die ich mit dem Rad unternahm, kommen mir viele Bilder, Erinnerungen und Eindrücke in den Sinn – einzelne Etappen, körperliche Tiefpunkte, aber auch Euphorie auf besonders schönen Strecken, einsame Pässe und verkehrsreiche Straßen, die alten Bauwerke und Kirchen, die wir angeschaut haben, die Abende mit anderen Pilgern und vieles mehr. Ich glaube, es war eine der intensivsten Wochen in meinem Leben!

An einen Nachmittag kann ich mich besonders gut erinnern: Wir hatten anderthalb Tage mit Gegenwind, verkehrsreichen Straßen und einer kleinen Panne hinter uns und waren nun plötzlich fast allein auf unserer Route. Durch den wolkenlosen, azurblauen Himmel, die blühenden Sonnenblumenfelder und die kargen braunen Hügel rundum entstand ein so wunderschönes Farbspektrum, daß ich stundenlang das Gefühl hatte, durchs Paradies zu fahren. Der Gegenwind war jetzt weg, und die Strecke ging eben leicht bergab. Es waren ein paar ganz tolle Stunden – ich hab mich selten so wohl gefühlt.

Aber wie auch sonst im Leben gab es natürlich auch harte Etappen. Da muß ich seltsamerweise gar nicht an den höchsten Paß denken, sondern an den letzten Tag in Galicien. Ich glaube, es war kein ebener Kilometer dabei, es war ein dauerndes Auf und Ab. Kaum hatte man einen Berg oder Hügel bezwungen, war schon die nächste Steigung in Sicht. Und das, da wir uns doch auf eine gemütliche letzte Etappe eingestellt hatten. Auf der Karte waren nämlich nur die Höhenmeter der einzelnen Dörfer eingezeichnet und diese miteinander verbunden. Das es zwischen den Dörfern beständig bergauf- und bergab geht, konnte man daraus nicht lesen.

Was sicher diese Harmonie ausgemacht hat, war das Gefühl, du triffst da Menschen, die sich freiwillig auf einen mühsamen Weg gemacht haben, das sind Leute, die nicht den einfachsten Weg gehen.
Marika Gräf

Dankbarkeit für diesen Menschen und sein Tun

Die Etappe von vor zwei Tagen – 52 Kilometer von Carrión de los Condes bis Berziano – nahm mir mein rechter Fuß sehr übel. Das Gelenk schwoll stark an.

Mit großen Schmerzen erreiche ich heute um die Mittagszeit Astorga. Ich überquere die Bahngleise. Gleich vor dem ersten Haus steht ein Señor, um die 60 Jahre alt. Ich frage ihn nach dem Weg zum Refugio bei den Padres Hermanos Hollandeses. Des Spanischen bin ich nicht mächtig. Unterhalten können wir uns nur mit Händen und Füßen. Er deutet auf meinen Fuß, was ich denn da habe und wo denn mein Pilgerstab sei. Er verschwindet für kurze Zeit in seinem Haus. Dann kommt er mit einem zwei Meter langen Ast zurück, den er mir als meinen Pilgerstab vorstellt. Er stützt sich darauf und zeigt mir, wofür so ein Stab nützlich ist, nämlich zum Ausruhen.

Während er im Haus war, habe ich Schuhe und Socken ausgezogen. Er sieht mein angeschwollenes Fußgelenk. Kopfschüttelnd führt er mich in seinen Garten. Auf einem Stuhl darf ich Platz nehmen. Er bereitet mir ein sehr, sehr heißes Fußbad und massiert kräftig die angeschwollene Stelle. Ab und zu gießt er von dem heißen Wasser darüber. Wie das schmerzt! Ich lasse es geschehen und schaue mich dabei im Garten um. Nur zwei Meter weiter legt ein Herr, wohl der Bruder meines Wohltäters, ein Beet an. Er holt Wasser vom Bach neben der Straße, befeuchtet das Beet, pflanzt und gießt nochmals an. Mittlerweile bekommen

wir Gesellschaft. Die Nachbarin kommt mit ihrer kleinen Tochter. Ich verstehe von ihrer Unterhaltung mit Pablo, meinem Masseur, nur einzelne Worte wie »peregrino« »aleman« »dolor«. Ich gebe dem Mädchen einen Kaugummi. Strahlend bedankt es sich mit »muchas gracias«. Nach drei Stunden Wasserbad und Massage bin ich erlöst. Mein Fuß ist mollig warm. Die Schwellung ist stark zurückgegangen. Da stehe ich wieder reisefertig. Zu meiner Überraschung drückt mir Señor Pablo eine Tüte in die Hand, gefüllt mit Tomaten und Paprika. Mit seinem alten Lieferwagen bringt er mich auch noch zum Refugio. Mit einer ganz festen Umarmung verabschiedet er sich, aber erst, nachdem er gesehen hat, daß ich gut untergebracht bin. Ich höre ihn noch »buen viaje« sagen – gute Reise. Dann wird es still um mich. Ich beginne zu weinen, was ich lange Zeit nicht mehr konnte. Weinen vor Glück und Dankbarkeit für diesen Menschen und seine Hilfe.
Am späten Abend kommen noch zwei spanische Fahrradpilger an. Wir essen Brot und Fisch mit Tomaten und Paprika.
Bernhard Heller

Detlef Willand, Sandalen. Holzschnitt 1985.

Gemeinschaft auf dem Weg

Eine Wallfahrt zum Grab des hl. Jakobus zu unternehmen, wurde im Anschluß an die Wallfahrt zum Kreuzberg begeistert aufgenommen. Unsere Gruppe setzte sich aus drei Frauen und acht Männern zusammen. Die Weggefährten hatten die unterschiedlichsten Berufe und Interessen. Wir waren zwar alle untereinander bekannt, doch wollten wir uns auch einmal etwas näher kennenlernen. Im Urlaub einmal etwas Besonderes erleben, einmal nicht nur Ferien am Strand, nicht nur faulenzen. Trotz unserer Erfahrung als »alte« Wallfahrer (jährlich die viertägige Wallfahrt zum Kreuzberg, dem heiligen Berg der Franken) verspürten wir in uns eine Spannung über das Ungewisse des Camino. Was werden wir in den nächsten acht Tagen gemeinsam erleben? Sind die Probleme, die in so einer Gemeinschaft auftreten, zu bewältigen?
Nach einer kurzen Morgenandacht, am Dienstag, dem 25. August 1989, begannen wir, etwas außerhalb von Astorga den Camino zu begehen. Das blühende Heidekraut am Wegrain erinnerte uns an die Heimat, an die Rhön. Durch zerfallene, fast verlassene Dörfer, die nur noch von einigen alten Menschen und vielen Hunden bewohnt waren, erreichten wir, ständig bergauf gehend, den Rabanal-Paß, das Cruz de Ferro. Mit einem symbolischen Steinwurf befreite sich ein jeder von der Last der Sorgen, die von zu Hause aufgeladen waren,
Wir gingen unbekümmert, losgelöst von den Alltagssorgen und dem täglichen Streß am Arbeitsplatz. Keine Nachrichten, keine Zeitungen, jeder mit sich selbst und den Problemen der Gruppe beschäftigt. Auch die Frage des Nachtlagers ließen wir auf uns zukommen. Im Refugio ist bestimmt noch Platz für uns. Es gibt auf jeden Fall Compostela: Lager unter den Sternen.
Die Landschaft wird karg. Die Gebirgsdörfer einsam und verlassen. Wir glauben uns Jahrhunderte zurückversetzt. Die Bergbauern bearbeiten die Felder mit hölzernen Pflügen und Eggen. Die Armut und Bescheidenheit der hier lebenden Menschen haben in uns einen tiefen Eindruck hinterlassen. Wir gehen ohne Kompaß und Karte und verlassen uns voll und ganz auf die Markierungen am Wegesrand. Wir haben jedoch niemals das Gefühl, auf dem falschen Weg zu sein, wir verlieren das Zeitgefühl. Wir haben nur noch ein Ziel: Santiago.
Die karge Landschaft wird von einer grünen Fauna abgelöst, unterbrochen von immer wieder auflodernden Waldbränden.
Unsere Gruppe hatte sich gefunden. Wir sind zu einer richtigen Gemeinschaft zusammengewachsen. Kleine Reibereien wurden sofort bereinigt. Zweistündiges gemeinsames Schweigen am Morgen, Rosenkranzbeten und gelegentliches Singen bestimmten den Tagesrhythmus, der nur durch Erholungspausen an den Raststellen unterbrochen wurde. Persönliche Probleme konnten mit unserem geistlichen Begleiter oder auch mit den Weggefährten besprochen werden. Überhaupt keine Probleme hatten wir am Abend beim Vino oder beim Cerveza. Da waren die Müdigkeit und die Anstrengungen des Tages vergessen.
So verging ein Tag um den anderen. Endlich erreichten wir am achten Tag unserer Wallfahrt den Monte Gozo, den Berg der Freude. Die verbrannte, braune Erde erinnerte an den Riesenzeltplatz beim Papstbesuch. Nach 270 Kilometern liegt Santiago vor uns. Die Frauen schmücken unser Vortragekreuz. Das Gefühl der Spannung steigt. Gemeinsam, das Kreuz in der Mitte, gehen wir in die Stadt hinein. Plötzlich steht die Kathedrale vor uns. Golden leuchtet die Fassade in der Nachmittagssonne. Singend ziehen wir in die Kirche ein. Von der Größe und der prunkvollen Ausstattung im Innern der Kathedrale sind wir überrascht.

Ein jeder umarmt die silberne Statue des hl. Jakobus, und staunend stehen wir vor dem Hochaltar. Störend wirkt auf uns das Reden der Besucher. Doch beim gemeinsamen Singen »Segne, du Maria« ist es mucksmäuschenstill in der Kirche. Wir haben feuchte Augen bekommen, eiskalt rieselt es den Rücken hinunter – ein unbeschreibliches Gefühl umgibt uns. Lange standen wir vor dem Altar, unsere Umgebung hatten wir vergessen. Wir hatten unser Ziel erreicht.

Für eine Überraschung sorgte Pater Alois. Nach großen Überredungskünsten ist es ihm gelungen, in der Krypta eine Messe zelebrieren zu dürfen. Nahe am Schrein des hl. Jakobus, eng aneinandergedrängt, abgeschirmt durch eine Türe, feierten wir in dem kleinen Raum das Meßopfer. Dies ist der Höhepunkt unserer Wallfahrt. In der Eingeengtheit der Krypta spüren wir, daß aus einer Gruppe Bekannter echte Freunde geworden sind.

Nach Überreichung von Compostela und der Jakobusmuschel treten wir einige Tage später die Heimreise an. Das Ziel des Camino haben wir erreicht, auf den Weg des Lebens gehen wir weiter. Durch die Wallfahrt geprägt und zusammengeführt, nimmt ein jeder Anteil am Leben des anderen.

Franz Herold und Mitpilger

BUEN VIAJE

»Buen viaje! – Gute Reise!« wünschen die Spanier entlang des Camino de Santiago dem Pilger. Wie oft hat mir dieser zugerufene Gruß neuen Auftrieb gegeben, wenn bei flimmernder Hitze, kaltem Regen oder gedrückter Stimmung die Kräfte schwanden!

»Buen viaje!« – auf einer im Lauf der Jahrhunderte von Millionen begangenen Strecke nach Santiago de Compostela, von der viele sagen: Der Weg ist das Ziel. Mit vielen kleinen Schritten kam ich von den Höhen der Pyrenäen zur endlosen Weite der Meseta zur Ruhe – und wurde frei, frei von dem Druck, Santiago unbedingt zu Fuß erreichen zu müssen und frei von Gedanken und Sorgen.

Wie die Pilger beim Cruz de Ferro mitgebrachte Steine zu einem großen Haufen auftürmen, legte ich meine Lasten am Kreuz Jesu Christi ab.

»Buen viaje!« – entlang der grünen Gärten des Bierzo, über Berge und durch Täler in Galicien, so ist auch mein weiterer Weg interessant, abwechslungsreich und nicht immer einfach, bis ich Schritt für Schritt, wie alle Wallfahrer, Santiago, das langersehnte Ziel erreiche. Es wurde eine gute Reise.

Ralf Hippelein

ÜBERNACHTUNG IM PILGERHOSPIZ MIT LATEINKONVERSATION

Auf unglaublich staubigen Feldwegen immer geradeaus zwischen erntereifen Weizenfeldern dahinstolpernd, malte ich mir mein nächstes Nachtquartier aus. Eine freundliche Bauersfrau, die den noch leeren Stadel zur Verfügung stellt, vielleicht – es kam ja immer wieder vor – zum Essen einlädt? Oder eine billige Absteige über der Bar des nächsten Dorfes, Fenster zum Platz mit seinem nicht endenwollenden Stimmengewirr? Oder doch wieder in die Decke gehüllt unter einer Pappel an einem ausgetrockneten Kanal und ab vier Uhr früh frierend und um fünf wieder auf den Beinen (nie wieder in meinem Leben bin ich so oft hintereinander so früh aufgestanden!)?

Vor Einbruch der Dunkelheit kam ich in einem Dorf an,

das sich mir von seinen äußeren Aspekten so wenig eingeprägt hat, daß ich es wahrscheinlich schon einen Monat später nicht mehr aus Hunderten gleichartiger hätte herauspicken können. In diesem Dorf gab es eine kleine Wirtschaft, ein Zimmer mit Hinterzimmer, vorne saß ich und wurde mit einem Glas Wein bedient, hinten wohnte die Besitzerin. In meinem gebrochenen Spanisch fragte ich sie, ob sie mich wohl für die Nacht unterbringen könne. Mit einer Handbewegung verwies sie auf das zweite Zimmerchen mit seinem einen Bett und mit einer Wendung des Kopfes deutete sie an, daß das wohl nicht in Frage komme. Mein Erröten mag sie nicht bemerkt haben. Aber, meinte sie, der Pfarrer könne mich unterbringen.

Der Pfarrer war über einen ausgedehnten Platz zu erreichen. Dort, jenseits des Platzes standen die riesige, für das Dorf viel zu große Kirche, und ein links an die Kirche angebautes Gebäude mit vielen kleinen Fenstern und nur einer kleinen Tür. Dort hinein führte mich meine Wirtin und übergab mich dem Pfarrer, einem freundlichen Herrn mittleren Alters. Wir konnten uns wegen meines schwachen Spanisch nur recht schlecht unterhalten, so daß der geistliche Herr den Vorschlag machte, wir sollten doch Latein verwenden, offensichtlich in der Annahme, daß dies die Sprache aller Intellektuellen sei, mich dergestalt als Intellektuellen ansehend, was mir recht schmeichelte. Ich hatte an der Universität Wien für mein Geschichtsstudium gerade zwei Semester Mittel- und Vulgärlatein belegt und mit Prüfung abgeschlossen, so daß ich, meine Schulkenntnisse zusammenkratzend und das eben Gelernte intensiv einsetzend, tatsächlich lateinisch konversieren konnte, was uns beiden sehr viel Spaß machte, zumal der geistliche Herr während unseres von Wein und einem von der Haushälterin aufgetragenen Essen begleiteten Gespräches eher mehr von mir erfuhr, als ich von ihm, war er doch sicher den starken Wein besser gewohnt als ich.

Irgendwann zu sehr später Stunde zeigte mir der Pfarrer meine Bettstatt. Um sie zu erreichen, passierten wir einige Räume des Pfarrhauses, das, wie die Kirche auch, noch aus dem Mittelalter stammte. Mein Bett war unter dem Dach, war in einem riesigen Raum mit kleinen, hoch angebrachten Fenstern, der sich über den gesamten Firstbereich erstreckte. Irgendwann hatte man im größten Teil dieses Raumes eine Zwischendecke angebracht, aber durch Löcher und fehlende Balken hindurch erkannte man immer noch, daß es sich einmal um einen einzigen Raum gehandelt hatte. Der Schlafraum des Pilgerhospizes, dachte ich unwillkürlich und stellte im Geiste Vergleiche zwischen den von mir besichtigten Hospizen an, wie in Puente la Reina. Kein Zweifel, der riesige Raum mußte einmal diese Funktion gehabt haben und wurde von mir heute, nach einem halben Jahrtausend wieder in dieser Funktion genutzt. Ich habe sehr gut und traumlos geschlafen in dieser Nacht.
Dietrich Höllhuber

SÜSS IST DER SCHLAF DES ARBEITERS (KOH 5,11)
RUHE-IMPRESSIONEN AUF DEN SPUREN
EINER ALTEN TRADITION

Gehen, essen, trinken, reden, beten, schlafen: Beim Pilgern reduziert sich das oft so komplizierte Leben auf die einfachsten Grundvollzüge. Gleichwohl stecken sie voller Überraschungen.

Zu nachtschlafender Zeit, um 2.17 Uhr, steigen wir in León schwerfällig aus dem überfüllten Zug nach La Coruña. Trotz der Platzreservierung war es eng gewesen im Abteil: Die überladenen Rucksäcke zweier Engländerinnen auf Interrailfahrt belegten die Gepäcknetze. Eine spanische Mutter hatte für sich und ihre Tochter mehrere Taschen mit Eßbarem um sich herum aufgebaut. Und schließlich wir: Sebastian aus Rosenheim und ich, der oberbayerische Wahlfranke aus Effeldorf mit der Jakobuskirche. Wir hatten unsere Habe knapp bemessen und rückenfreundlich verstaut. Wie Türme standen unsere Rucksäcke zwischen den Sitzbänken. Als wir unsere Plätze räumten, rutschten die Tramperinnen erleichtert in die Waagerechte. Hoffentlich konnten sie schlafen. Danach ist auch uns zumute. Einige haben sich schon in der düsteren Bahnhofshalle niedergelassen. Wir tun es ihnen nach, legen die Isomatte auf den Boden, den Schlafsack darauf und die Jacke als Kissen unter den schweren Kopf. Kaum haben wir es uns halbwegs bequem gemacht, werden wir von zwei pflichtbewußten Aufsichtsbeamten darauf aufmerksam gemacht, daß wir nur in der Halle bleiben dürfen, wenn wir uns auf die fest montierten Plastikstühle setzen. Wieder kein Flachliegen, der Kopf klappt immer wieder herunter und holt uns Müde aus dem Schlaf.

Mit dem nächsten Zug treffen weitere Übernachtungswillige ein. Auch sie breiten sich auf dem Betonpflaster aus. Niemand stört sie mehr. Auch die Leute nicht, die fünf Stunden später über ihre Köpfe steigen, um am Schalter eine Fahrkarte zu lösen.

Wir können erst am frühen Nachmittag nach Astorga weiterfahren, dem Ausgangspunkt unserer Fußwallfahrt. Das grandiose Portal der Kathedrale empfängt uns, ist aber geschlossen. Bis 16.00 Uhr ist Mittagspause. Wir müssen uns noch umstellen.

Als die Sonne schwächer wird, machen wir uns auf den Weg. Schier endlos zieht sich die Teerstraße, auf der wir die beiden Turmspitzen von Astorga hinter uns lassen. Leere Schafpferche, eine alleinstehende, ohne Liebe erhaltene Kirchen, ein riesiger Mähdrescher auf mäßig bewachsenen Feldern: Eindrücke über Eindrücke.

Bis El Ganso, dem angesteuerten Tagesziel, ist es weiter als erwartet. Sebastian, der spanisch spricht, fragt nach einer Übernachtungsmöglichkeit. Ich verstehe von der Antwort nur »la presidente« und »Bar«. »Wir müssen zur Bürgermeisterin und die ist in der Bar«, übersetzt mir mein Freund. Wir finden sie, wie sie, umringt von einigen Männern, heftig gestikuliert und diskutiert. Die

Bar ist Einkaufszentrum, Gaststätte, Jugendtreff und Fernsehraum in einem. Jemand macht die »Chefin« auf uns aufmerksam. Jetzt wird sie geschäftig. Hektisch sucht sie in den Schubladen nach einem Schlüssel und bittet uns, mitzukommen. Die nächste Tür im selben Haus ist das Pilgerquartier. Ein ehemaliges Klassenzimmer. An den Fenstern fehlen einige Scheiben, der Holzboden ist mit einer ansehnlichen Staubschicht bedeckt, und über der Tür haben Schwalben auf einem Stromkabel ihr Nest gebaut. »Licht kaputt, Wasser am Dorfbrunnen, Toilette la pampa« übersetze ich mir aus dem Redestrom der quirligen Frau, zu dem auch Sebastian nur etwas hilflos nicken kann.

Was die Übernachtung kostet, fragt er schließlich. »Oh, gratis«, meint die Bürgermeisterin und wird beinahe feierlich, »ist traditione antiqua«. Aber wenn wir je in Santiago ankommen, sollen wir ihr eine Karte schreiben. »La Presidente, El Ganso, León« genüge als Anschrift. Wir sind's zufrieden, rollen unsere Matte aus, legen den Schlafsack darauf und die Jacke als Kissen unter den Kopf und schlafen ungestört. Nach weiteren Nächten auf Büropflaster in Molinaseca, auf Lehmboden in Villafranca, auf Ziegenstroh am Cebreiro, im Gras vor einem verwahrlosten Kirchenbau nahe Pintin, heißgeduscht im Dreistockbett in Puertomarin, in einer abgelegenen Turnhalle in Palas de Rey, auf einer Matte über der Sakristei in Arzua: Da sehen wir von dem durch den Papstbesuch verwüsteten Hügelfeld aus die Turmspitzen der Kathedrale von Santiago. Als wir dort ankommen, beginnt der Sakristan, die Tore zu schließen.

Eine ältere Frau nimmt uns mit in eines ihrer einigermaßen billigen, nach unseren Erlebnissen komfortablen Pensionszimmer. Sebastian und ich erzählen uns von den Menschen, die wir unterwegs getroffen, gesehen, manche kennengelernt haben: die Radlergruppe aus dem Allgäu, von denen einer Effeldorf in Unterfranken kannte; die vier irischen Priester, die in hochgeschlossener Soutane bei brütender Mittagshitze den Cebreiro-Paß hochkeuchten; die junge Frau aus Freiburg, die in vier Monaten allein zu Fuß nach Santiago gegangen war; die galicische Bäuerin, die sich von uns nicht beim Wasserschleppen helfen lassen wollte: Das sei ihre Arbeit, die unsere das Pilgern, hatte sie gemeint.

Und am nächsten Tag, es ist ein Sonntag, gehen wir zur Kathedrale, stellen unsere Pilgerstäbe in das Tor der Verzeihung: Man könnte sie hier sammeln, im »Botafumeiro« verheizen und so eine neue Tradition ins Leben rufen, flachsen wir. Dann kaufen wir die schönste Karte, die wir finden, und schreiben sie an »La Presidente« von El Ganso, der Hüterin der »Traditione antiqua«. Wahrscheinlich zieren unsere Grüße inzwischen die Bar des kleinen Dorfes, und alle Pilger, die dort Quartier suchen, bekommen sie gezeigt.

Hans Huber

UM MICH HERUM NUR WEITE, EINSAMKEIT UND STILLE

»Du bist noch jung, du wirst es schon schaffen«, hatte die alte Benediktinerschwester im Kloster von Sahagun gemeint, wo ich in einer schmalen Einzelzelle genächtigt hatte. Ihre Worte nehme ich als Ansporn, denn genau 39 Kilometer beträgt die Tagesstrecke nach Mansilla de las Mulas durch die jetzt im Hochsommer glühend heiße Meseta.

Schon weicht die Morgenkühle der strahlenden Sonne, die ich von nun an bis zum Nachmittag buchstäblich im Genick haben werde, geht der Weg doch permanent westwärts. Die randvolle Wasserflasche erhöht das ohnehin schon beträchtliche Rucksackgewicht, ein Apfel wölbt sich in der Seitentasche, mehr Eßbares habe ich nicht dabei. Angesichts des sich rührend um seine Jungen kümmernden Storchenpaares auf dem Kirchturm von Bercianos bin ich trotz ansteigender Hitze noch frohen Mutes, schreite aus auf dem rötlich-braunen, überaus steinigen Pfad, der wie mit dem Lineal gezogen diese karge, baumlose kastilische Hochebene durchzieht und nur den Himmel als Grenze hat.

Allmählich werden die Steine zahlreicher und spitzer, der Fuß muß sich seinen Platz zum Auftreten suchen, die Wasserflasche ist schon halbleer. Auch wische ich nicht mehr den Schweiß von der Stirn, lasse ihn einfach zu Boden tropfen. Irgendwann geht es nicht mehr – der Rücken brennt wie Feuer, schwer wie Blei ist der Rucksack. Schnalle ab, stelle ihn an den Wegrand und setze mich darauf – um mich herum nur Weite, Einsamkeit und Stille. Tapfer kämpfe ich mit den Tränen. Den Apfel habe ich längst nicht mehr – am liebsten würde ich jetzt schlafen.

Doch ich raffe mich wieder auf; ganz in der Ferne hohe Strommasten, dann die Eisenbahnlinie Madrid–La Coruña. Lange stehe ich da und schaue die Gleise entlang, schnurgerade bis zum Horizont. Durch die Hitze flimmert eine Staubwolke, mein Ohr vernimmt ein zartes Bimmeln. Müde kommt eine große Schafherde daher, von drei struppigen Hunden zusammengehalten. Noch sechs Kilometer bis zum nächsten Dorf, meint der Schäfer, stolz, daß ich ihn inmitten seiner Tiere fotografiert habe.

Halbtot vor Durst falle ich in die kleine Dorfbar von Reliegos – die kartenspielenden Männer blicken kurz auf, nicken mir freundlich zu, meine Aufmachung, besonders aber die große Jakobsmuschel am Rucksack weisen mich als Pilgerin aus. Frisches, herrlich kaltes Wasser holt mich ins Leben zurück, jetzt kann ich weiter, und bald schon grüßt mich der Kirchturm von Mansilla, der mauerumgürteten Stadt am Rio Esla.

Die Dusche sei aber leider nur kalt, bedeutet mir der Angestellte auf dem Weg zu meinem Zimmer im einzigen, von einstiger Pracht zeugenden Hotel am Platze. Ist mir egal, Hauptsache schlafen. Noch nicht einmal mehr fürs Abendessen reicht die Kraft, und kaum registriere ich den großperligen Rosenkranz über meinem Bett, der den abblätternden Putz nur mühsam verdeckt – die Gottesmutter vom Bild beim Fenster lächelt mich in den Schlaf.

Rosemarie Lang

Je länger ich unterwegs war, desto leichter und fröhlicher wurde der Weg

Ein paar persönliche Eindrücke und Erlebnisse, eher stichwortartig. Am zweiten Tag, bei Temperaturen von 35 Grad, erleichtere ich mein Gepäck. Meine neue Ersatzwäsche verschenke ich zum Teil in Monistrol. Abendmesse in Saugues. Wie ergreifend kann ein Gottesdienst sein – nur mit Gesang, ohne Orgel, ohne Mikrofon.

Am vierten Tag gehen meine schweren Wanderschuhe per Post Richtung Heimat. Die ersten Blasen melden sich und begleiten mich bis zu den Pyrenäen. Täglich sechs Meter Pflaster plus Salben – und das bei mir, einem sogenannten Wanderexperten.

Le Thabor Montredon. Ich höre Stimmen aus der Kirche von St. Michael. In Gedanken an meinen Sohn trete ich in die Kirche ein und bin betroffen. Ein Pfarrer, eine Schwester und ich. Ich erinnere mich an Don Camillo in Montenara. Nach der Messe ein Gespräch mit dem Geistlichen. Er spricht hervorragend deutsch. Seine erste Pfarrei war in Aussig, im Jahre 1944 war auch ich dort – als Flakhelfer.

Auf dem Weg nach Estella habe ich gebummelt. Es wird Nacht. 16 Strohballen auf einem Acker ergeben einen sicheren Schlafplatz. Die gefürchtete Meseta. Es war ein wunderschöner Tag, sonnig, mit leichtem Wind. Von Sahagun nach Mansilla de las Mulas. Der einsame Weg wird durch die Begegnungen mit den Schäfern unterbrochen. Wir unterhalten uns gestenreich und in froher Stimmung. Diese Menschen strahlen eine wohltuende Ruhe aus, leben genügsam, geprägt und geformt von ihrem Land.

Dann, die Perlenkette auf meiner Landkarte erwartet den letzten Punkt. Seit einigen Tagen spüre ich ein verzögerndes Planen und Gehen. Fast ängstlich laufe ich in Compostela ein. Mein Ziel ist erreicht.

Aus meinem Pilgerweg ein Erlebnis herauszugreifen, fällt mir nicht leicht. Der gesamte Pilgerweg war täglich ein Erlebnis, ein Suchen nach dem einfachen Leben, ein Finden. Ohne Fremdsprachenkenntnisse in einem neuen Land lernt man die Sprache des Herzens, der Augen und der Hände schätzen.

Ich habe auf meinem gesamten Pilgerweg von Le Puy nach Santiago de Compostela nicht ein negatives Erlebnis gehabt. Hilfe, wo nötig, Herzlichkeit und menschliche Wärme waren meine täglichen Begleiter. Je länger ich unterwegs war, desto leichter und fröhlicher wurde der Weg. Ich habe mein Ziel wie geplant erreicht. Unterwegs bin ich heute noch. Es war die schönste Zeit meines Lebens.

Hans Münch

Je schwerer wir tragen, desto erlösender das Ablegen

Man muß lange gehen, um richtig anzukommen.
Man muß lange schweigen und hören, um richtig zu sprechen.
Man muß lange wandern, um richtig zu rasten.
Man muß Bürde lange tragen, um richtig abzulegen.
Man muß lange arbeiten, um richtig zu feiern.
Man muß lange wach sein, um richtig zu schlafen.
Man muß wenig haben, um viel zu bekommen.
Und je weniger wir haben, desto mehr können wir bekommen.
Je länger wir wach sind, desto besser das Schlafen.
Je härter wir arbeiten, desto lustiger das Feiern.

Je schwerer wir tragen, desto erlösender das Ablegen.
Je beschwerlicher wir wandern, desto erholsamer das Rasten.
Je länger wir schweigen und hören, desto besser das Sprechen.
Je schlimmer wir dürsten, desto erfrischender das Trinken.
Je länger wir unterwegs sind, desto schöner die Ankunft.
Denn die Mühen können sehr, sehr schwer sein, aber nicht größer als die Erlösung.
Eine Pilgerin der Gruppe des Egbert-Gymnasiums Münsterschwarzach

Der Jakobsweg lebt

Am 22. April 1985 schließen wir endlich die Tür zu unserer Wohnung hinter uns. Da stehen wir nun mit unseren schweren Rucksäcken, in Wanderkleidung, mitten im Freiburger Verkehrsgewühl. Und wo, bitte, geht's hier nach Santiago?
Von Deutschland aus war es schwierig gewesen, sich über den Pilgerweg zu informieren (das hat sich ja inzwischen geändert), deshalb hatten wir uns voll ausgerüstet: Rucksack, Wanderschuhe, Zelt, Schlafsack, Isomatte und Kochgeschirr. Der Ende April erneut einsetzende Schnee, der uns in den Vogesen überraschte, und der langanhaltende Regen im Mai sorgten dafür, daß wir unsere Ausrüstung öfter brauchten, als uns lieb war. Oft hätten wir uns ein Dach über dem Kopf und einen warmen Ofen gewünscht, aber im Nordosten Frankreichs gibt es – abgesehen von den Ausflugszielen in den Vogesen – keine touristische Infrastruktur, d. h. kein Gasthaus, kein Hotel, keine Pension. In den Dörfern sind viele Häuser verlassen. Die Jungen zogen in die Städte, die Alten sind inzwischen gestorben. Kein Bäcker, kein Metzger, kein Lebensmittelgeschäft läßt sich in dieser trostlosen Gegend nieder.
Erst hinter Le Puy, auf der vorgezeichneten »Rennbahn« der Santiagopilger, verbessert sich die Situation, und Spanien endlich ist vergleichsweise ein Paradies für Pilger. Als wir in die Pilgerherberge von Roncesvalles eingewiesen wurden, konnten wir es fast nicht glauben; solch ein Luxus, nur für uns? Die Gastfreundschaft und Hilfsbereitschaft der Spanier, die entlang des Camino leben, nach jeder Tagesetappe ein Kloster, ein Pfarrer, eine Gemeinde, die ein Domizil zur Verfügung stellt, all dies waren wir nicht gewohnt.
Und was wir zu Hause, im »hohen Norden« und nach unseren Erfahrungen in Frankreich nicht vermutet hätten: Der Pilgerweg lebt! Er lebt in einem doppelten Sinne: durch die Spuren, die jeder einzelne, der sich zu Fuß nach Santiago begibt, auf dem Weg hinterläßt, zum andern durch die lebendige Gemeinschaft, die unter den Pilgern immer wieder neu entsteht. Dies gelingt, obwohl die Motive, Nationalitäten und Religionszugehörigkeiten der Pilger so verschieden sind wie die Individuen, die sich auf den Weg begeben. Für viele junge Franzosen, die wir trafen, war der Weg eine sportliche Herausforderung. Wer ist zuerst und am schnellsten am Ziel? Das war ihre wichtigste Frage. Ein spanischer Student aus Madrid dagegen suchte dem Mythos des Sternenweges auf die Spur zu kommen. Zwei Studenten aus Katalonien warben mit einer gelb-roten Standarte für die Einheit Spaniens, sie protestierten gegen die Autonomieforderungen der Separatisten.
Der Jakobsweg lebt, er ist nicht allein das Relikt vergangener Jahrhunderte, das romantische und abenteuerliche Vorstellungen in unseren Köpfen hervorruft. Wenn man ihn geht, wird man zwangsläufig auch mit der Gegenwart der Gastländer konfrontiert, die man durchquert: mit den Fehlplanungen der Europäischen Gemeinschaft auf dem Sektor der Landwirtschaft in Frankreich (Wassermangel, Monokulturen), mit der Umstrukturierung des Agrarstaates Spanien in einen modernen Industriestaat, mit den unbewältigten Umwelt- und Verkehrsproblemen, mit der Hoffnung auf den Tourismus als das »neue« Geschäft.
Wir sind in Labacolla angekommen – müde, erschöpft, nicht körperlich, sondern überfüllt und ausgelaugt von den vielen Begegnungen mit Menschen, Landschaften, Kunstwerken, die fünf Monate lang, täglich neu und anders auf uns eingestürmt sind. Es gibt jetzt nur noch einen Wunsch: endlich ankommen, bleiben dürfen, am nächsten Morgen nicht den Rucksack packen müssen.
Die rituelle Waschung im Bach von Labacolla, mit der sich die Pilger früher auf ihre Ankunft in Santiago auch äußerlich vorbereiteten, gehört der Vergangenheit an. Das kleine Rinnsal ist unter einem Berg von Müll verschwunden. Ein letzter, besinnlicher Abend bei Kerzenschein in der Rochuskapelle. Die lange Reise läuft wie ein Film vor unserem inneren Auge ab, die Erinnerung an jeden Stein, jede Blume, jede Wegbiegung ist so frisch, daß man den Weg im Schlaf wiederfinden würde.
Wir brechen mit den ersten Strahlen der Sonne auf, um rechtzeitig für die Pilgermesse um 12 Uhr in der Kathedrale zu sein. Vom Montjoie, dem Berg der Freude aus, werfen wir einen ersten Blick hinunter auf die Stadt unserer Träume. Es hat wochenlang nicht geregnet, eine Dunstglocke hängt über der Stadt. Wir suchen die letzten halbwegs sauberen Kleider aus den Tiefen unseres Rucksacks, denn heute ist für uns ein Feiertag!
Wir kämpfen uns durch die gesichtslosen Mietskasernen der Vorstadt von Santiago, bevor uns das Labyrinth der Gassen in der Altstadt aufnimmt. Eine ältere Frau mit einer Einkaufstasche am Arm deutet unsere ratlos umherirrenden Blicke. Sie nimmt uns bei der Hand und führt uns durch das Gewimmel der Menschen zum Ziel.

Auf dem Platz vor der Puerta Immaculata zeigt sie auf die Tür: Hier müßt ihr hineingehen! Wir folgen nur widerstrebend, hatten wir uns doch einen Einzug durch den mittelalterlichen Pórtico de la Gloria vorgestellt. Aber sie hat ja recht: Die nördliche Pforte war das Paradiesestor der Pilger!

Bis zum Beginn der Messe bleibt noch etwas Zeit. Wir eilen mit Sack und Pack die Treppen hinter den Hochaltar hinauf, zur mächtigen silberglänzenden Statue des Heiligen. Ihn zu umarmen, wie es die Tradition der Pilger gebietet, dieses Ziel haben wir endlich nach 2500 Kilometern Fußmarsch durch Frankreich und Spanien erreicht. Wir spüren ihn hautnah, den »wahren Jakob«. Alle wissenschaftlichen Zweifel, ob die Gebeine des Apostels nun wirklich unter uns in dem silberbeschlagenen Reliquienschrein ruhen, sind verschwunden, sie spielen keine Rolle mehr. Der Mythos ist zur Wirklichkeit geworden.

Hedwig Röckelein

WALLFAHRT – SICH EINANDER VERWANDELN LASSEN

Beim Aufbruch am 24. August 1988 waren wir zum ersten Mal alle vier zusammen. Trotz langfristiger Vorbereitung war es uns nicht möglich gewesen, uns vorher gemeinsam zu treffen. Zu eng waren die Terminkalender gespickt mit Einträgen.

So war der Pilgerweg ein besonderes Wagnis für uns, denn mindestens ein/e Teilnehmer/in war für die übrigen noch so gut wie unbekannt. Was uns vereint hatte, war
– die Herausforderung, das große Ziel Santiago aus eigener Körperkraft zu erreichen,
– der Wunsch, uns innerlich zu erneuern auf dem gemeinsamen geistlichen Weg im gemeinsamen Gebet, im Bibelgespräch, in der Meßfeier und in der Stille des Wallfahrens,
– das Interesse, hier mit einem bedeutenden Kapitel europäischer (Kirchen-)Geschichte unmittelbar in Berührung zu kommen, deren Zeugnisse am Weg unübersehbar sind.

Im nachhinein sagten wir alle, daß die Wallfahrt wie große Exerzitien war. Nicht leicht, aber lohnend.

Wir brauchten alle eine Weile, bis wir zueinander und zu dem ungewohnten Tagesrhythmus fanden. Das frühe Aufstehen, die oft weiten Tagesetappen mit schwerbepackten Rädern, die extreme Hitze und gewiß auch das Übernachten im Freien forderten ihren Tribut.

Das alles machte uns sensibler für die zwischenmenschlichen Beziehungen. Vier durchaus ausgeprägte Charaktere, jeder mit seinen Eigenschaften und Spleens, prallten sehr unmittelbar aufeinander. Zunächst schien es, als ließen sich die Reibungspunkte sehr schnell beseitigen. Doch je höher die Berge und je größer die körperliche Belastung, um so mehr traten die gegensätzlichen Standpunkte zutage. Oft entzündeten sich die Diskussionen an so winzigen Problemen wie »Haben wir Zeit für einen Kaffee?« oder »Wie viele Kirchen wollen wir denn heute noch besichtigen?« Mit der Zeit staute sich die Unzufriedenheit an.

In Conques kam es zum großen Krach. Der Ärger war so groß, daß wir alle wirklich ratlos waren, wie es mit der Pilgerfahrt weitergehen sollte. Einige Stunden fuhren wir in »eisigem Schweigen« weiter. Mittags fanden wir schließlich den Mut zum klärenden Gespräch. Alle wunden Punkte wurden sachlich und ruhig beim Namen genannt. Dann suchten wir gemeinsam nach Lösungen. Und wir fanden sie.

Die Messe dieses Abends bleibt uns allen unvergessen. Es war eine große Feier der Umkehr und Versöhnung. Denn wir hatten leibhaftig erfahren, welches Geschenk der Frieden ist – nicht »gemacht«, sondern aus Gottes Hand empfangen. Er verwandelte uns so wie die eucharistischen Gaben.

Dieser Tag war die Wende unserer Wallfahrt. Nicht nur, daß es fortan keinen Streit mehr gab, nein, auch die Offenheit füreinander und der behutsamere Umgang miteinander waren ganz offenkundig. Diese geistliche Gemeinschaft, in der Krise gereift, trägt uns bis heute weiter.

Michael Rosenberger

CONQUES

Angekommen in Conques

Ich liege auf dem Bett
und suche nach Ruhe
draußen bellt ein Hund
noch geheimnisvoll im Hintergrund
der Berg, die Quelle und die Höhle
die Reliquie, das Kind, Fides
das Tor und der Raum
heiliger Raum
vor der Türe des Hotels
ruhen noch die Muscheln.

MÜDE

kein Traum
kein Licht
nur Erinnerung an die unbarmherzige Sonne
die Füße schmerzen
und jeder Laut von außen
tanzt ein Furioso
in meinem Körper

Mittagsruhe

Zwei weiße Flecken
auf der Mittagswiese
in der Nähe des Schattens einer Eiche
Sie ruhen sich aus
vom Schweiß des Weges
von ihrem Durchtränktsein
mit einer Mischung von
Hoffnung, Angst und Sehnsucht
Peter Spielmann

Höhepunkt auf dem Weg nach Santiago

Sind es die Kirchen, romanische, gotische und barocke, die Klöster mit den maurischen Gärten, die riesigen Kirchenschiffe in winzigen Dörfern? Sind es die Pässe, der »Rabanal« oder »El Cebrero«, oder die üppige Flora der Maragateria, oder ist es Santiago, der Zielpunkt mit dem Pórtico de la Gloria des Maestro Matheo, das Silber und Gold des Jakobus, oder die bewachsenen Dächer der Kathedrale, Kirchen und Paläste mit sich im Winde wiegenden Gräsern und rosafarbenen Blüten?
Sind es die Pilger am Weg, wie die Frau, deren Füße nur noch aus Blasen bestanden und die ohne Mißmut ihren Weg allein ging?
Aber auch gefeit sein gegen Regen und Hitze, gegen unwirtliche Herbergen, Hunde und Ungeziefer und gegen Zurufe wie »die Verrückten kommen« –
Nichts von dem und doch alles zugleich, denn der wirkliche Höhepunkt ist der Weg selbst; die Spanier bezeichneten es »en el camino« – zu fühlen, auf dem Weg zu sein, dem Lebensweg zu sein, ein Teil des Weges, ein paar Körner Staub oder Sand.
Denn der Camino ist – unser Weg.
Ernst Weckert

Auch die Heiligen waren beteiligt

Alles klappte wie vorgesehen – fast. In León verfehlten wir uns, weil wir nicht wußten, daß man in Spanien Zugreisen Tage voraus vorbestellen muß. Eine Telefonnummer in Heidingsfeld vermittelte die beiden Gruppen und erlaubte eine neue Verabredung in Villafranca. Zwei Tage später holen wir die anderen ein: großer Willkomm! Fast 400 Kilometer werden wir in drei Wochen zu Fuß bis Santiago zurückgelegt haben.
Daß wir unser Ziel gesund und zu Pilgern herangewachsen erreichen konnten, daran, so scheint uns, waren auch die Heiligen beteiligt. Am Weg haben sie uns erwartet und leidend oder lächelnd unseren Dank angenommen. In Kirchen und Kapellen erwarteten sie uns, am schönsten die Muttergottes in Eunate (Navarra): Das Kind auf ihrem Schoß hielt uns Korn entgegen, wie die Bauern es draußen auf den goldgelben Feldern gerade abernteten. Und auch der Heilige, zu dessen Grab die Reise ging, half uns gewiß: Wir haben ihm dafür seine silbernen Schultern berührt.
Paul-Ludwig Weinacht

Auf dem Weg nach Santiago

Mein Traum war fast schon zu alt, um noch einmal Wirklichkeit zu werden. Irgendwann in den sechziger Jahren war der Traum da. Die romanische Kunst, die großen Kirchen von Vézelay, Autun, Le Puy, Arles, St. Gilles und dann Toulouse, Conques, Moissac hatten ihn entstehen lassen.
Die Jahre vergingen. Wann habe ich schon mal zwei Monate Zeit, um von einem der Sammelorte in Frankreich aus den Weg zu gehen? Allein?
Im Herbst 1986 nahm der Traum Gestalt an. Gottfried, ohne zu wissen, um was es eigentlich ging, sagte spontan zu. Der Traum nahm Gestalt an und wurde Weg. Von Le Puy an nahm uns der Weg gefangen. Aber der Weg bescherte auch wunde Füße. Am linken Knöchel des rechten Fußes bekam ich eine Blutvergiftung. »Keinen Schritt mehr«, sagte der Arzt. Zerplatzt mein Traum, scheitert der Weg? Mir wird schlagartig bewußt, wie es dem Pilger im Mittelalter ergehen konnte. Allein, irgendwo, ohne Hilfe. Nach einem Ruhetag entscheiden wir, daß Gottfried allein weitergeht und ich versuche, mit öffentlichen Verkehrsmitteln am vorgesehenen Etappenort zu sein. Ich lerne, auf ein Stück Weg zu verzichten. Ich lerne, daß der Weg unterschiedliche Formen annehmen kann.
Unterwegs sein, über Wochen, lehrt mich einen anderen Verzicht. So vieles am Weg wollte ich sehen. Aber der Weg ist schließlich nur ein schmaler Streifen, fünf Meter breit vielleicht. Jene Kapelle ist zu weit abseits, die Kirche unmittelbar an der Straße ist geschlossen, die Füße sind zu müde. Also weiter. E ultreia! Lassen, loslassen. Ich lerne, daß der Weg allein zu gehen ist. Auch dann, wenn man zu zweit, zu viert unterwegs ist. Das zeigt sich jeden Tag neu. Jeder hat sein Tempo, seinen eigenen Schritt. Jeder hat seinen anderen Tagesrhythmus.
Aber gleichzeitig spreche ich jeden an, der auf dem »Camino« nach Westen strebt. Auch wenn mir die spanische Sprache fremd ist. Diese Begegnungen auf dem Weg mit Franzosen, Belgiern, Niederländern, Luxemburgern, Kanadiern, Schweizern, Österreichern, Deutschen, Amerikanern, Polen und Spaniern haben die Enge des topographischen Wegs aufgebrochen. Dazu gehören auch die Begegnungen mit den Menschen am Weg, mit den Pfarrern in St. Alban, in Cajarc, in Cizur major, mit den Knoblauchbauern und Winzern, mit den Kindern vor Burgos, mit dem französischen Fotografen am Cebreiro, mit dem alten Ehepaar nicht weit davon.

Fränkische Pilgerberichte

Diese alte Frau in Galicien, keine 150 Kilometer vor Santiago, bemerkte eher bitter: »Der Camino, das ist eine Sache für die Reichen. Wir können nicht fort. Das Vieh ist da, der kleine Laden.« Reich muß man sein an Geld oder wenigstens an freier Zeit, um aufbrechen zu können.

Santiago, die Kathedrale, der Pórtico de la Gloria – das war dann ein Stück Himmel. Die Umarmung des Apostels in der Kathedrale, das Gebet am unwahrscheinlichen Grab bleibt unvergessen – und auch das erste Bier bei Suso.

Noch einmal gehen, den ganzen Weg? Nein, ich denke nicht. Der Weg als Sucht? Dreimal nein. Aber sicher irgendwann mit dem Auto Entdeckungen machen, Weg-Entdeckungen Richtung Santiago.

Manfred Zentgraf

Hohenberg bei Ellwangen (Württ.). *Jakobuskirche und Jakobushaus. Dieses Gebäude, ein ehemaliges Schulhaus, wurde von Pfarrer Sieger Köder bemalt. Das Erdgeschoß zeigt in der Mitte den Bau der alten Jakobuskirche mit den Mönchen und dem Abt von Ellwangen, rechts und links die Berufe der Einwohner: Waldarbeiter und Bauern. Am ersten Geschoß ist in der Mitte das Schiff dargestellt, mit Muscheln bedeckt, das den Leichnam des Apostels nach Spanien bringt. Links Dante und Beatrice in der göttlichen Komödie, die »vom Stern in der Ferne« spricht. Rechts die Pilgergruppe, die mit Pfarrer Köder auf dem Weg nach Santiago war. Das Giebelfeld zeigt die zwei Hauptszenen des Neuen Testamentes mit Jakobus: links Ölberg, rechts Tabor.*

Spiritualität unterwegs: Pilgern – gestern und morgen

Josef Sudbrack

Nicht erst seit Eugen Drewermann weiß man, daß in Bild, Symbol, Ritus, Sprachform die Weltreligionen sich sehr nahestehen. Einer solchen Form, gewiß nicht der schwächsten, soll nachgegangen werden.

Aus dem Buch der Geschichte

Selbst im Buddhismus, der den Menschen befreien will vom Haften am »Schein« dieser Welt, wallfahrtet man. Buddha soll seinem Lieblingsjünger gesagt haben: »Es gibt, o Ananda, vier Orte, die ein gläubiger Sohn mit tiefer Bewwegung besuchen muß. – Welches denn sind diese vier? – Es sind die Orte, wo man folgendes sagen kann: Hier ist es, wo der Vorherbestimmte geboren wurde ... Hier ist es, wo der Vorherbestimmte das höchste und vollkommene Erwachen erreicht hat ... Hier ist es, wo der Vorherbestimmte das Rad seines Schicksals gewendet hat ... Hier ist es, wo der Vorherbestimmte ins Nirvana eingetreten ist, Ausruhen, ohne Rückkehr.« Natürlich stammt das Wort aus der späteren, Buddha verehrenden Tradition. Doch führte nicht auch Buddha selbst ein Wanderleben!

Wohl in jeder Religion findet sich das Motiv, der Archetyp des Pilgerns – sei es zu einer berühmten Erinnerungsstätte mit Kultbild oder Reliquien, sei es als Ausdruck des »Noch-nicht-angelangt-Seins« oder sei es gar, um in dieser Wanderschaft den Zustand der Erleuchtung zu erlangen. Dies wird z.B. in den vier Stufen des hinduistischen Ashram-Ideals angestrebt: vom Schüler zum Familienvater; dann zum Klostermönch; doch das Ziel ist der Bettelmönch, der alles aufgegeben hat und einsam am Wegesrand, im Tempel, im Wald von den Almosen frommer Hindus lebt. Er hat spirituell diese Welt schon verlassen. Alles Sichtbare ist unwirklich geworden; das Jenseits ist jetzt schon da.

Der Schluß der Benediktusregel wird ähnlich ausgedeutet: »Wenn du also dem himmlischen Vaterland entgegeneilst, wer immer du bist, verwirkliche mit der Hilfe Christi diese kurze Regel, die für Anfänger geschrieben ist.« Alte Kommentare greifen ein Mönchsideal auf und interpretieren: Der Vollkommene hingegen soll sich noch mehr von dieser Welt trennen und Einsiedler werden.

Im Islam hat die berühmte Pilgerreise nach Mekka den fast entgegengesetzten Sinn: nicht Ablösung von der vergänglichen Welt, sondern Hineilen zum heiligen Ort, an dem das Göttliche in dieser Welt präsent ist: Einmal im Leben wallfahrtet der Hadschi zur Ka'aba, zum Haus Gottes, nach Mekka. Die islamische Theologie findet hierin einen vielfach gestaffelten geschichtlichen Sinn: einen Bezug zum Paradies Adam und Evas, dem heiligen Ort der Gottesnähe; einen Bezug zu Abraham, dessen Pilgerschaft auch mit diesem Ort verbunden wird; und einen zu Mohammed, der bewußt die Gebetsrichtung vom jüdisch-christlichen Jerusalem nach Mekka umwandte.

Der Wallfahrt der abrahamitischen Religionen steht das konkrete, historisch-spirituell grundgelegte Ziel deutlicher vor Auge als den asketischen Religionen Indiens. Das Nirgendwo-zu-Hause-Sein, die Loslösung von allem Diesseitigen ist eher das Pilger-Ideal der indischen Religiosität und die Bindung an historisch-geographische Ziele demnach ein Zugeständnis an das Niveau der breiteren Massen.

Zwischen diesen beiden Typen lassen sich die christlichen Zeugnisse in ihrer Vielfalt ansiedeln: ein Ort, ein Gegenstand, ein Ritus, eine Person als konkretes Ziel der Wallfahrt, oder Erhaben-Sein über die irdisch-welthafte Konkretheit und deshalb als Pilger, als Narr in Christo Ortlos-Sein im Nirgendwo.

Auch dieses Ideal wird im Christentum berührt. Neben den Pilgermönchen, die gleichsam eine missionarische Wallfahrt unternehmen, um fremde Völker Christus entgegenführen, steht z.B. »Perigrinatio« der iroschottischen Mönche, denen die keltisch-germanischen Gefilde Orte der Buße und der Weltabsage waren. Das Missionarische war eher eine zufällige Begleiterscheinung. Der Einsiedlerkardinal Petrus Damiani unterscheidet daher Büßer oder Asketen, die sich in einer Zelle abseits der Welt leben, und Asketen, die »ziellos in der Wüste ihres irdischen Erbes umherirren«, und erhob damit das von der Benediktus-Regel getadelte »Gyrovagantentum« zum geistlichen Ideal. Das Buch »Aufrichtige Erzählungen eines russischen Pilgers« aus dem letzten Jahrhundert lebt aus diesem Ideal. In der westlichen Kirche steht hier der heilige Benedikt-Josef Labre, dem Elisabeth Langgässer wichtige Seiten gewidmet hat. Nach vergeblichen Versuchen, bei Kartäusern, Zisterziensern, Trappisten einzutreten, wurde er ein heimatloser und unbekannter Pilger in Europa († 1783).

In der christlichen Spiritualität findet sich als dritter Bezugspunkt auch die Mahnung der Imitatio Christi (Meister Eckhart und manchen Kirchenvätern folgend): »Die viel wallfahren, werden selten heilig.« Doch sie kommt immer wieder auf den inneren, den geistlichen Sinn des Wallfahrens und Pilgerseins zu sprechen: »O Jesus«, betet sie, »Glanz der ewigen Glorie, Trost der wallfahrenden Seele«. – »Ich möchte lieber mit dir auf der Erde in der Fremde pilgern, als ohne dich den Himmel besitzen.« – »Wisse dich«, mahnt sie, »als Pilger und Gast auf Erden ... denn für die, die an Christus glauben, ist die Erde nur Pilgerstätte.«

Ignatius von Loyola, ein begeisterter Leser dieser Imitatio Christi, war von Jerusalem als Wallfahrtsort so sehr ergriffen, daß er sein Leben aufs Spiel setzte, um sich die Bildgestalt eines alt-ehrwürdigen, sogar apokryphen Zeichens einzuprägen. Es ist keine devote Verbeugung vor der Kirche, sondern die innere Überzeugung eines Heiligen, der von der Konkretheit göttlicher Mensch-Fleisch-Welt-Werdung ergriffen ist, wenn er in der sechsten Regel des »Spürens mit der streitenden Kirche« der Exerzitien schreibt: »Reliquien von Heiligen loben, wobei man jene verehrt und zu diesen betet: Dabei Stationskirchen, Wallfahrten, Ablässe, Jubiläen, Kreuzzugsbullen und angezündeten Kerzen in den Kirchen loben.«

Die drei Pole: Innerlichkeit, der konkrete Ort und Leben im »Unterwegssein« gehören zusammen ins Wallfahrtsbild.

Gotteserfahrung im Vorübergang

Das Grundanliegen aber ist zentrales biblisches Zeugnis. Kaum eine gewaltigere Szene kennen die Schriften des Alten Testaments als die Selbstoffenbarung Gottes im Dornbusch: Mose hat ehrfürchtig die Schuhe abgelegt, sich dem geheimnisvollen Ort genähert und empfängt den Auftrag, sein Volk aus Ägypten herauszuführen. Um sich ausweisen zu können, fragt er nach dem Namen des Auftraggebers. Die Antwort aber ist ebenso offenbarend wie verhüllend: »Ich bin der Ich-bin-da« (Ex 3,14), wie die Einheitsübersetzung überträgt. Das Hebräische ist im indogermanischen Sprachspiel kaum nachzuempfinden. Deshalb gibt es immer neue Interpretationen. Doch wir stehen in der Mitte des biblischen Gottesverständnisses.

Es geht um den Namen Gottes und damit um sein Wesen. Früher sah man darin oft eine Seinsprädikation nach der Art griechischer Metaphysik – wie die Septuaginta, der klassische griechische Text des Alten Testaments überträgt: »Ich bin der Ich-bin«; das meint: Ich bin das Sein selbst, die unveränderliche Absolutheit, die allumfassende Wirklichkeit, die ewige Subsistenz, die »Causa sui« (Grund seiner selbst). Diese Hermeneutik hellenistischer Philosophie verkennt den Text wie auch ganz allgemein die biblische Gotteserfahrung.

In der Selbstaussage Jahves liegt keine statische Behauptung, sondern eine dynamische Beziehung: »Ich bin derjenige, der bei dir, mit dir ist, dir zur Seite steht. Und das ist mein Wesen!« Nicht aber: Ich bin ein Sein absoluter Vollkommenheit, das sich herabläßt, um dir das Almosen der Befreiung und der Führung zum gelobten Landes zu schenken. Nein!: »Das Dir-zur-Seite-Stehen ist mein Wesen; einen anderen Namen, ein anderes Sein habe ich nicht. Du erkennst mich nur, wenn du dich auf meinen Beistand einläßt. Sich-auf-mich-Einlassen ist identisch mit Mich-Erkennen.« Nicht zuerst erkennen und dann sich einlassen, sondern im Einlassen auf Gottes Beistand realisiert sich Gotteserkenntnis.

Die Geschichte des »Beistandes Jahve« ist Gottes Wesen, ist Gottes Sein. Man hat keine »Wesenserkenntnis« von Jahve spekulativ in der Hand, sondern er ist das Geschehen, dem man sich hingeben, auf das man sich einlassen muß.

Zweifach also ist das hellenistische, allgemein-abendländische Gottesverständnis zu korrigieren: Zum ersten gibt es keine »Erkenntnis« losgelöst vom geschichtlichen Unterwegssein; zum zweiten darf der Gott dieses orthopraktischen Erkennens nicht im Jenseits seines konkreten Beistands konzipiert werden.

Mose soll Israel sagen: Du hast keinen Gott, von dem man sich ein System metaphysischer Aussagen konstruieren kann; du hast keinen Gott, den du aus der Geschichte herauslösen und mit ihm – aufgrund einer Erleuchtungserfahrung oder einer Weisheitseinsicht – umgehen kannst. Dein Gott weist dich ein in den geschichtlichen Prozeß, in das Vertrauen, mit dem du dich in die Zukunft hinein bewegst. Nur dort ist er; nur in diesem vertrauenden Weitergehen kennst du den Namen Gottes, begegnest du seinem »Wesen«.

Ein Beispiel möge verständlich machen, was gemeint ist: Man weiß noch nicht, was Wald ist, wenn man ihn in einem Lehrbuch studiert hat. Man weiß es auch noch nicht, wenn man von einer Bank aus ihn bewundert. Man weiß es erst, wenn man in den Wald hineingeht, ihn durchwandert, die leisen Geräusche hört, das lebendige Wachsen riecht, sein durchlichtetes Laubdach erblickt, die Käfer und Insekten, die zart bewegten Äste erfährt. Und man weiß dies nur voll und ganz, solange man in den Wald hineingeht. Das alles ist integraler Bestandteil des wahren »Wissens« von dem, was Wald ist. Im Weitergehen er-»fahre« ich Wald; es ist ein »fahrendes Wissen«. –

Nicht als ob Gott ein anderer würde; aber wir haben ihn nur in diesem »er-fahren«; und das ist sein Leben, sein Wesen. Gott hat sich in der Selbstoffenbarung des »Bei-uns-Sein« ganz und gar hineingebunden in unsere Geschichte.

Man ist sich darüber einig, daß die alttestamentliche Offenbarung nur in dieser Weise verstanden werden darf. Noch die späte Tradition des Talmud-Studiums mit dem so typischen Diskutieren der Rabbis lebte von dieser Grundsicht: Man kann den Willen Gottes nicht an einer einzigen, eindeutigen rabbinischen Antwort festmachen, man muß ständig neu darüber diskutieren, die verschiedenen Meinungen in ihrer Lebendigkeit aufzeigen und neue Möglichkeiten der Interpretation finden: Gottes Name, Gottes Wille bleibt als Geheimnis zwischen den Buchstaben und den Zeilen der Tora verborgen. Deshalb ist es verboten, seinen Namen auszusprechen; statt dessen liest man: »Er – sein Name sei gepriesen!«

Im Neuen Testament klingt diese nicht-auszusprechende und nicht-festzuhaltende Selbstaussage weiter und trifft Jesus als die Präsenz Gottes unter uns. Ernst Lohmeyer hat es schon 1934 in einem immer noch gültigen Aufsatz gezeigt: »Und Jesus ging vorüber ...« (neu aufgelegt 1955). Das Vorübergehen, also Nicht-Festhalten-Können ist die Grundstruktur der Jesusbegegnung. Man hat den Glauben an Jesus weder intellektuell noch emotional in der Hand, sondern muß Jesus vorüberziehen lassen und ihm nachfolgen, um seinen »Namen« wirklich zu verstehen. Luthers Theologia Crucis, die sich auf das alttestamentliche »Gott von hinten sehen« stützt, akzentuiert diesen »Vorübergang«: »Halte mich nicht fest!«, nur so kannst du mich haben – mit diesem Paradox spricht der Auferstandene Maria von Magdala an. Aufgefahren sendet Jesus den »Geist« seiner Gegenwart, der weht, »wo er will«.

Auf unsere Fragestellung übertragen besagt dies: Verzichte auf das Wissen des Gottesnamen, des Gotteswesen, aber übergib dich seiner Führung, seiner Begleitung: Nur darin erfährst du, wer er ist. Gottes, Jesu Wesen erkennt nur, wer ihn vorübergehen läßt und dem Ruf gehorcht: »Du aber folge mir nach!« Gott ist – nach einem anderen biblischen Grundwort – im Pascha, im Vorübergang. Jesus ist das Pascha-Lamm.

Das meint die Schlußverheißung bei Matthäus: »Ich bin bei euch bis zum Ende der Welt.« Nicht festhaltend an Gesetzen und Formeln, sondern weitergehend in die Zukunft, vertrauend auf den Beistand, lernt man Jesus kennen: »Der Geist der Wahrheit wird euch in die ganze Wahrheit einführen.«

Die Urstelle aller Selbstaussagen zeigt es. Jesus steht vor dem Gericht der Hohenpriester. Markus hat ihn durch das ganze Evangelium hindurch seinen Namen verschweigen lassen (das »Messiasgeheimnis«). Auch jetzt schweigt er vor den Anschuldigungen. Doch zur entscheidenden Frage auf Leben und Tod antwortet er: »Ich bin es; und ihr werdet den Sohn des Menschen kommen sehen ...« Er verweist in die Zukunft. Nur im geschichtlichen Prozeß ist Jesus zu erkennen.

Wenn Paulus im Philipperbrief vom »Namen über jedem Namen« spricht, hat er den offenbarend-verhüllenden Namen im Ohr, mit dem Jahve sich im Dornbusch dem Mose zu erkennen gibt. Die Selbsterniedrigung, die »Kenosis« des Gottessohnes »bis zum Tod am Kreuze« ist verbunden mit dem Bekenntnis der Gesamt-Schöpfung und Gesamt-Geschichte: »... damit alle im Himmel, auf der Erde und unter der Erde und jeder Mund bekennt ...« Der Name von Gottes Einziggeborenem ist eine eschatologische Wahrheit: Erkannt wird er nur im Prozeß der Geschichte und im Zusammenklang der ganzen Schöpfung.

Wallfahrt als Realsymbol christlicher Existenz

Daß Gott weder durch Denken noch durch Erfahren be-, er-griffen wird, blieb in der christlichen Theologie stets lebendig. Gott ist grundsätzlich »größer«, »anders«, »mehr« – viele Versuche wie die »Negative Theologie« zeigen es.
Das gilt auch der Erfahrung, auch der Mystik: Je tiefer die Erfahrung von Gott, desto unergründlicher leuchtet sein Geheimnis. Mystik und Mysterium korrespondieren einander.
Doch der »geschichtliche« Aspekt der biblischen Gotteserfahrung ging in der Theologie verloren. Der »Vorübergang« Gottes wurde gleichsam aus der Horizontale der Geschichte in die Vertikale der geschichtslosen Metaphysik umgelegt. Die griechisch-lateinisch geprägte Denkweise konnte das hebräische Mit-Gehen und darin erst Mit-Vollziehen nicht aufgreifen. Das »Hinaufsteigen« zu Gott, um ihn als »je-größer«, »je-anders« zu erfahren, wurde zeitlos bedacht. Das vertrauende Weitergehen in die Geschichte hinein, um Gottes Namen zu verstehen, sein Wesen zu realisieren, fiel aus.
Doch im konkreten »Wallfahren« blieb das prozeßhafte Erfahren Gottes erhalten. Daß man Schritt für Schritt, Stunde für Stunde in der Wallfahrt sich Gott nähern muß, um ihm so zu begegnen, darf als Realsymbol für das biblische »Gott im Vorübergehen« verstanden werden. Mit dieser Begrifflichkeit meint Karl Rahner folgendes:
In der heutigen Anthropologie ist unumstritten, daß für eine lebendige Wirklichkeitserfahrung pure Rationalität und wertfreie Empirie nicht ausreichen. In Symbolen, Mythen, Märchen usw. kommen Wirklichkeiten und Wahrheiten zur Sprache, die eine pure Rationalität übersteigen.
Neben »Symbolen«, die mehr oder weniger willkürlich festgelegt sind (Verkehrszeichen gehören dahin), dienen andere aufgrund einer Ähnlichkeit als Zeichen für anderes, wie z. B. das Verkehrszeichen des Pfeils für eine Kurve.
Noch tiefer wurzeln »Symbole«, die aufgrund ihrer inneren Wirklichkeit zu einer anderen Wirklichkeit führen, sie darstellen oder gar herstellen. So symbolisiert Wasser Reinigung und Feuer Vernichtung oder Licht und Wärme.
Hier beginnt, was Karl Rahner »Realssymbol« nennt. Im theologischen Bereich werden z. B. die Sakramente definiert als Zeichen, die das bewirken, was sie darstellen.

Das Wallfahren darf nun mit Recht ein »Realsymbol« für das bleibende Unterwegssein des Menschen genannt werden, auch wenn es – nach katholischem Verständnis – die Tiefe der sakramentalen Symbolik nicht erreicht. Den Wallfahrer, der zu einem Heiligtum pilgert, trifft beides: Es ist eine persönliche Erfahrung, also eine Realität mit konkreten, genau zu beschreibenden Zügen. Und es ist ein Zeichen für das »Unterwegssein« des Menschen zur vollen Gottes/-erfahrung/-begegnung.
So schreiben Champlaux/Sterckx in der vorzüglichen »Einführung in die Welt der Symbole« (1990): »Für den religiösen Menschen kann jede konkrete und noch so alltägliche Reise zu einer mythischen, einer liturgischen Reise werden, die ihren wahren Sinn erst dadurch erfährt, daß sie parallel gesehen wird zu jener großen und einzigartigen Reise des Menschen hin zum seligen Aufenthalt. Die Vorstellung ist noch heute bei den Pilgerfahrten zu den großen Heiligtümern und mehr zu den heiligen Stätten lebendig, die allesamt Sinnbild für das himmlische Vaterland sind ... Das auserwählte Volk der Bibel ist ein wanderndes Volk auf dem Weg zum gelobten Land, zum Neuen Paradies.«

Eine moderne Phänomenologie

Jede Realisierung des Realsymbols der Wallfahrt wird sich zwischen Eck-Möglichkeiten bewegen:
Das Pilgersein der Weltverachtung wie im indischen Ashram-Ideal. Der »Pilger« hat die Welt, in der er nur Fremdling ist, verlassen; seine Leiblichkeit existiert wie unwirklich. Er lebt schon in der wahren Heimat des Jenseits.
Der missionarische Pilger bleibt unterwegs, um andere zu Gott zu führen. Selbst die Kreuzzüge in ihrer perversen Entartung trugen vom Ansatz her auch den missionarischen Akzent, das Heilige Land zur Wahrheit zurückzuführen. Hierher gehören die frühchristlichen »Wanderprediger«, mit Paulus als dem größten, wie sie die Untersuchungen von G. Kretschmar und G. Theissen vorstellen.
Ein anderer Pilger (wie der Hadschi) sucht den Ort seiner Lebenserfüllung. Er erstrebt eine Heimat, einer besseres »geistliches« Zuhause an. Die Pilgerväter, die dem nordamerikanischen Kontinent zur Blüte verhalfen, sind ein Beispiel für den aufbauenden Typus dieses »Unterwegs-seins«. Die

alttestamentliche Wüstenwanderung war eine solche Pilgerschaft.

Das Ideal des modernen Wallfahrens sollte wohl näher am biblischen »Gott im Vorübergehen« stehen. Die Theologie charakterisiert dies als den »schwebenden« Zustand zwischen »jetzt schon« und »noch nicht«; also »Gott erfahren« im »Nicht-festhalten«; »Gotterfahren im Nichterfahren«.

Von daher sollen einige Züge vorgestellt werden.

1. Wesentlich ist die *Spannung von »schon-jetzt« (bei Gott) und »noch-nicht« (bei ihm)*, von Zielort und Unterwegssein. Schon-jetzt ist das Heil, das Gott mit Jesus Christus geschenkt hat, in Raum und Zeit unseres Lebens gegenwärtig – seine Gegenwart wird an einem festen Ort gefeiert: Das Heiligtum der klassischen Wallfahrt. Zugleich bleibt Gottes Heilstat eine Gabe der Zu-Kunft, auf die der Mensch zu-geht. Moderne Wallfahrer sollten das Unterwegssein auf den Wallfahrtsort »zu« als einen eigenen Wert erleben.

2. In der *Erfahrung von Weite, Raum, von Jenseits-der-Grenzen* hat sich diese Spannung immer schon realisiert. Die klassische Jakobus-Wallfahrt ging nach Compostela – zum »Campus Stellae«, zum Feld der Sternen-Unendlichkeit, an den geographischen Ort des Kap Finisterre – wörtlich: Ende der Welt. Der mittelalterliche Wallfahrer realisierte dort das Weltgefühl: Die Erde auf dem Ur-Wasser der Schöpfung, das sich – wie der Sternenhimmel – der Unendlichkeit (Gottes? des Abgrundes?) öffnet. Ein Stück von »faustischem« Streben kann Gottes »Je-Größer-Sein« erfahrbar machen. In der Romantik Caspar David Friedrichs ist dies zu finden.

3. Dicht daneben liegt die *Abenteuerlust*, eine Triebfeder des antiken wie des mittelalterlichen, aber ebenso des modernen Wallfahrens. Auch sie hat ein Doppelantlitz: Angst vor dem Unbekannten und Neugier auf das Noch-nicht-Gewußte. Der Schritt ins Geistig-Religiöse liegt nahe. Die französische Mystikerin Simone Weil, die als Jüdin im Herzen von Jesus gefangen, als Philosophin im Partisanenkampf gegen die Nazi-Besetzung und als Arbeiterin gegen die Ungerechtigkeit des Kapitalismus engagiert war, lebte im »Abenteuer mit Gott«. Ähnliches gilt von der tief konservativen und progressiv sozialistischen US-Amerikanerin Doris Day.

Gottesbegegnung bleibt ein Abenteuer. Wer es hinter sich gelassen haben und zur genießenden Ruhe gelangt sein will, hat die Gotteserfahrung. Dieses Abenteuer läßt den Menschen – wie den Jakob beim Engelkampf am Jabbok-Fluß – verwundet zurück. Teresa von Avila erfuhr die Liebe Gottes im Schmerz der Herzdurchbohrung.

4. Wallfahren ist *ein Ganzheitserleben*. Im Zeitalter meditativer Religiosität muß betont werden, daß die Ganzheitserfahrung, die in der Bewegung wurzelt, tiefer greift als Ganzheitserfahrungen in Ruhe und Ablösung vom Motorischen. Erst im Rhythmus von Ruhe und Bewegung verwirklicht der Mensch seine ganze Existenz.

Als Jugendlicher habe ich auf der Echternacher Springprozession mitgetanzt: Drei Schritte vor, zwei zurück; die große Prozession zur Willibrord-Kathedrale ging dabei im normalen Schritt. Dazu gehörten – besonders an Sonntagen – Schweiß und Erschöpfung. Ähnliches erlebte doch der mittelalterliche Pilger, der nach der Mühe des Tages erschöpft im Quartier auf der harten Lagerstatt, vielleicht dem Steinboden einer Kirche, niederfiel.

Diese Ganzheitserfahrung ist wiederum ein Grunderlebnis menschlicher Existenz! und auch ein Protest gegen die Fülle der leicht-gemachten Seins-Absolutheits-Ganzheits-Erfahrungen, die heute angeboten werden. Man darf sich allerdings nicht in den wirklichen Meditationsweisen des Ostens täuschen: Sie kennen und fordern die Härte der Erfahrung, die Askese und Mühe miteinschließt, aber Ganzheit schenkt. Ihre »Meditationen« stehen der sportlichen Leistung, die den Menschen an den Rand seiner körperlichen Möglichkeiten treibt und ihm aber dadurch ein befreiendes Selbsterleben schenkt, näher als den betulichen Massage-Bad-Musik-Erleben in psychologischen Workshops für Selbstwerdung.

5. *Das Gehen* sticht dem nur-zuschauenden Beobachter zuerst in die Augen. Der Völkerkundler und der Psychologe finden gerade im Gehen eine Fülle von symbolischen und mythischen Beziehungen. Aufrechtstehen und Voranschreiten – homo erectus nennt es Ernst Bloch und greift damit christliche Bilder auf – sind Realsymbole für die Würde des Menschen. Nach der jüdischen Mythologie wurde die Paradieses-Schlange für ihre Verführungskünste damit bestraft, daß sie ohne Füße mit dem Bauch auf der Erde kriechen muß. Und im griechischen Mythos löst Ödipus – übersetzt »Schwellfuß«, Hinkender – das Rätsel der Sphinx vom Zwei- und Drei- und Vier-Fuß (Erwachsener – Alter – Kind) und rettet dadurch Theben.

Statt mythischer Erinnerungen kann man schlichthin das Bild eines Babys vor Augen haben: Wie das Kleinkind sich zum erstenmal stolz auf die Füße erhebt, die ersten Schritte tut, wieder hinfällt; aber sich nichts daraus macht, sondern weiter den aufrechten Gang trainiert. Die Psalmen leben von den Bildern (Realsymbolen): Aufrecht, nach Oben, Vorwärts, Stehen, Gehen; das Johannesevangelium ist regelrecht konstruiert in der Richtung: »Von Oben« – »Nach Oben«.

Pilgern, Wallfahren ist mehr als nur eine zufällige, durch Auto und Eisenbahn zu ersetzende Ortsveränderung. Gehen ist Vollzug des wachen Menschseins. Nicht umsonst gehört auch zum echten Zen das ganzheitliche Schreiten, Kin-hin.

6. Wallfahren schenkt *die Erfahrung von Gemeinschaft*. Wahre Gemeinschaft formt sich in Grenzsituationen von Not und Gefahr, von Abenteuer und Unterwegssein.

Hier sollte vor allem die eigene Erfahrung befragt werden. Doch auch Abenteuerromane berichten, wie Gemeinschaft, Kameradschaft im Bestehen von Gefahr erwächst. Man sollte zwar das Wallfahrtsgeschehen nicht dramatisieren. Aber das Erleben der Gemeinschaft sollte dazugehören: Gemeinsame Erfahrungen addieren sich nicht nur, sondern potenzieren sich für den, der sich in die Gemeinsamkeit hineinbegibt. Und dadurch entsteht erneute und tiefere Gemeinschaft. Nicht von ungefähr erwuchsen viele christliche Ordensgemeinschaften wie die der Jesuiten aus solchen Pilger-Erfahrungen. Auch die franziskanische Gemeinschaft wuchs – im Gegensatz zur »stabilitas loci« des klassischen Ordens der Benediktiner – zusammen aus einer »Wander«-Gemeinschaft.

7. *Der Klang des gemeinsamen Betens und Singens* ist für mein persönliches Kindheitserlebnis besonders wichtig. Joachim-Ernst Berendt, Jazz-Spezialist und ein prominenter deutscher Esoteriker, beschreibt das Hören: »Werde ganz und gar eins mit dem Ton. Höre die Fülle der Obertöne, die er entfaltet: ganze Akkorde von Obertönen – ständig wechselnd, irisierend, changierend – als würden viele Töne gespielt – und dennoch ist es immer nur der eine Ton. Aus dem Ton wird Klang. Nimm den Ton in dich auf. Werde dieser Ton. Werde Klang.« Die Dorfgemeinschaft allerdings, deren gemeinsames Rosenkranzbeten eine ähnliche Geborgenheit schenkt, bewegt sich auf ein Ziel hin. Im bergenden Gewölbe, das der Klang der alten Lieder gleichsam aufbaut, trägt der Wallfahrer sein Bitten hin zum Wallfahrtsziel. Der Klang des Ur-Tons, der mir vom Rosenkranzbeten der Wallfahrt im Ohr geblieben ist, zeigt nach vorwärts, nimmt meine eigene Personalität auf, will sie befreien zur Begegnung mit Gott. Wallfahrtsbeten und -singen setzt sich aus zwei Elementen zusammen: aus der Geborgenheit im »Urklang«, die dem hinduistischen »Ohm«-Singen entspricht, die aber den Raum freigibt für das andere, und aus dem Meditieren des Rosenkranzgesätzleins, das hinführt zum Wallfahrtsziel, hinschauen läßt auf Jesus, aufs Gnadenbild.

Dies erleben die Pliger auch in der Wallfahrtskirche, in der ihr Pilgern die Krönung findet, unter dem Gewölbe, in dem der Klang gleichsam ausruht und Identität, Geborgenheit schenkt. Doch es ist nur der Raum, in der der Wallfahrer zu Gott betet, ihm sein Bitten vorbringt. Die Geborgenheit im Klang und die Richtung auf Gott hin, dem das Singen gilt, sind die zwei Seiten des einen Wallfahrtsbetens. Auf diesem christlichen Hintergrund wirkt Berendts Metaphysik des Klangs wie ein Musikstück ohne Finale, ein »Gebets-Raum ohne Beten«, eine Frömmigkeit ohne Gott, eine Liebeserfahrung ohne Du.

8. Im *Wallfahrtsziel* finden sich Höhepunkte und Unterscheidung des christlichen Pilgerseins. Das Zeugnis des Neuen Testaments wird hiermit eingeholt: »Wandelt in Furcht während der Zeit eurer Pilgerschaft!« (2 Petr 1,17)

Zum Archetyp des Pilgers aller Religionen gehört die Frage nach dem »Wohin?«. Im Monotheismus, der sich christlich im Glauben an Gottes Menschwerdung verdichtet, tönt sie besonders laut: Gott ist Teil von Raum und Zeit geworden und bleibt zugleich das überschichtliche, transzendente Ziel. Diese polare, nicht auflösbare Spannung von Jenseitigkeit und Diesseitigkeit gehört ins konkrete Wallfahren: Man pilgert zum Ort der Gegenwart Gottes und erfährt zugleich, daß man noch nicht zu Hause ist.

Das Judentum erfuhr ähnliches in der »Wallfahrt« nach Jerusalem, dem Ort der Gegenwart Gottes, die zugleich übergeschichtlich-jenseitig bleibt. In den Wallfahrtspsalmen hat sich dies in ergreifender Weise niedergeschlagen: »Ich freute mich, als man mir sagte: ›Zum Haus des Herrn wollen wir pilgern.‹ Schon stehen wir in deinen Toren, Jerusalem: Jerusalem du starke Stadt, dicht gebaut und fest gefügt. Dorthin ziehen die Stämme hinaus, die Stämme des Herrn, wie es Israel geboten ist, den

Namen des Herrn zu preisen. Denn dort stehen Throne bereit für das Gericht, die Throne des Hauses David.« In der raum-zeitlichen Konkretheit öffnet sich die transzendente Wahrheit von Gottes überzeitlicher Herrschaft.

Weil der christliche Glaube weiß, daß Gott eine Raumzeitstelle dieser Welt berührt hat, treten alle anderen Wallfahrtsorte zwangsläufig zurück. Nur in Palästina lebte der menschgewordene Gott, und damals sprach Gottes menschgewordenes Wort zu uns. Doch nochmals relativiert sich die Raum-Zeitlichkeit Gottes. Jesus hat in der Auferstehung und Rückkehr zum Vater den Ort der Weltwerdung mitgenommen zum Vater. Wo diese doppelte Relativierung in Wallfahrten zu Orten von Heiligen, von Muttergotteserscheinungen, von Reliquien, von Weihungen, von Gnadenbildern usw. übersehen wird, wird eine Grundwahrheit des Christentums verraten.

So sind schon aus den johanneischen Schriften des Neuen Testaments Warnungen vor einer zu hohen Einschätzung des Wallfahrens herauszuhören. Der Tadel an Thomas: »Selig sind, die nicht sehen und doch glauben.« Darin schlug sich die johanneische »Geisttheologie« nieder, die das Sichtbarsein Jesu aufhebt in den Glauben, in das Eindringen in die ganze Wahrheit Kraft des Geistes Jesu Christi und in das Leben der Liebe im kirchlichen Einssein aller, die diesen Jesus gefunden haben.

Aktualität des Wallfahrens

Eine Besinnung auf das moderne Zeitgefühl gegenüber der Vergangenheit möge die Überlegung vertiefen.

»Die Blüte der Wallfahrt«, so überschreibt die französische Untersuchung von J. Chélini und H. Branthomme über »Die Wege Gottes. Geschichte der christlichen Wallfahrten von Beginn bis in unsere Tage« (1982) das Mittelalterkapitel.

Damals war der Raum christlicher Weltanschauung in sich geschlossen. Die Warnung noch der Kirchenväter vor dem Wallfahren beruhte auf einer Konkurrenzsituation zum Heidentum mit den ähnlichen Bräuchen, die als Götzendienst bekämpft wurden. Im christlichen Mittelalter nun konnte man diesen so menschlichen Frömmigkeitsformen wie Reliquien- und Heiligenverehrung, Wallfahrten usw. ohne Angst Raum geben.

Damals entwickelte sich, vom keltisch-germanischen Geist geprägt, ein neuer, konkreter Bezug zur Wirklichkeit. Sprach- und kulturgeschichtlich spricht man von der Ablösung des symbolisch-gradualistischen Denkens durch den Realismus der in die Moderne führenden Naturwissenschaften. Man fragte also nicht mehr, was bedeutet dieses Ding, in welchem übergeordneten, auf Gott weisenden Zusammenhang steht es, sondern untersuchte es in der nackten Realität.

Dieser »Realismus« aber ergriff auch das Religiöse, die Frömmigkeit wurde immer »realistischer« verfestigt. Man wollte die Hostie mit der Realpräsenz Jesu während der Wandlung und in der Prozession anschauen (im symbolisch mystisch bleibenden Fühlen der Ostkirchen bleibt sie hinter der Inkonostase verborgen). Ein konkreter, fürbittender Heiligenhimmel legte sich um Gott herum (aus den Bildern der Herrlichkeit Gottes wurden herrliche Heilige, die um Gottes Thron herumstehen). Greifbare Wunder (bis zu den Stigmata, die erst zur Zeit des Franziskus auftreten) und verehrungswürdige Reliquien gewannen immer mehr Ansehen.

Damals blühte die Wallfahrt zu den konkreten heiligen Stätten selbst. Man wollte die Konkretheit der Welt-Immanenz Gottes erleben. Das brachte die Gefahr mit sich, ob der Immanenz Gottes seine bleibende Transzendenz zu mißachten. Luther wandte sich dagegen.

Heute von einer *»Wiederverzauberung der Welt«* nach Max Webers »Entzauberung der Welt« zu sprechen, ist übertrieben. Aber das Bewußtsein um die transzendenten Züge der Wirklichkeit ist zu überraschend neuem Leben erwacht – wenn auch leider meist außerhalb des Christentums in Sekten, esoterischen Gruppen, im Liebäugeln mit der ostasiatischen Religiosität. Hier nun kann gerade das »Realsymbol« des Pilgers christliche Werte neu bewußt machen. Einerseits greift es den Durst nach »transzendenter« Erfahrung auf, der so manche, nachdem sie der trockenen rationalen Empirie und fortschrittsgläubigen Wissenschaftlichkeit vergangener Zeiten überdrüssig geworden sind, in seltsame Formen von Religiosität hineintreibt. Und zugleich korrigiert die Dialektik von »konkreter Örtlichkeit« und »bleibender Jenseitigkeit« Irrwege der wuchernden modernen Religiosität: Den Irrtum der Flucht vor der konkreten Geschichte in abstrakte, leibübersteigende Erwartungen; und den Irrtum der Fixierung des religiösen Suchens auf einen bestimmten Menschen (Guru) oder eine unfehlbare Praxis wie oftmals innerhalb der Esoterik.

Erweitert werden muß der Archetyp des Pilgerns heute nach zwei Richtungen: Zuerst sei an den ostkirchlichen »Narren in Christo« erinnert, der gerade als Pilger »revolutionär« in die Gesellschaft eingreift. In Puschkins Drama »Boris Godunow« ist es der Bettelmönch und Narr in der Christo, Nikolka. Die andere Erweiterung aber ergibt der Blick auf das bleibende Flüchtlingselend unseres Jahrhunderts: Pilgersein heute darf daran nicht vorübergehen. Erst im Gegenüber zum konkreten Flüchtlingselend unserer Zeit bewährt sich das christliche Pilgersein.

Die christologische Mitte

Beide haben ihre Basis in Jesus Christus, dem Pilger Gottes, dem pilgernden Gott auf Erden: »Die Füchse haben ihre Höhlen und die Vögel ihre Nester; der Menschensohn aber hat keinen Ort, wo er sein Haupt hinlegen kann« (Lk 9,58). Ein Zitat Augustins möge zuletzt dafür stehen:
»Christus ist den Pilgern Weg, wie Er den Engeln Heimat ist. Ermahnen wir uns also gegenseitig, Freunde, und laden uns in wahrer Liebe unaufhörlich ein, den schmalen und engeren Weg zu erwählen; auf ihm verdienen wir es, in die Weite des Paradieses zu gelangen. Der Weg aber, der für kurze Zeit breit ist, pflegt seine Liebhaber in den Abgrund der Unterwelt hinabzustürzen. Ihn müssen wir, so gut wir können, mit Gottes Hilfe vermeiden und verachten. Schlagen wir nicht den linken Weg des Unglücks ein; an seinem Ende steht nur eine leere Hülle. Folgen wir dem rechten Weg, der zum ewigen Leben führt. Zu Ihm sollen wir gelangen, der der Weg, das Leben und die Wahrheit ist. Es ist doch nicht verwunderlich, wenn wir glaubend bei eben Demselben ankommen, auf Dem wir auch gläubig wandeln. Denn Er ist der Weg, auf dem wir eilen, und Er selbst ist das Vaterland, die Vollendung unseres Laufes, wohin wir gelangen. Wie Er in seiner Gottheit Ruhe und Vaterland der Engel ist, wurde Er in seinem Menschsein zum Pilgerweg. Als Ruhe und Heimat der Engel und aller Gläubigen heißt es: Im Anfang war das Wort, und das Wort war bei Gott, und es war Gott, das Wort. Als Pilgerweg aber steht geschrieben: Das Wort wurde Fleisch und wohnte unter uns.«
(Manche Ideen, auch wörtliche Formulierungen wurden aus meinem Beitrag im Jahrbuch der Deutschen St. Jakobus-Gesellschaft e.V. übernommen)

Pilgern – Gehen als kontemplative Übung

Willigis Jäger

Gewöhnlich gehen wir irgendwohin. Wenn wir wallfahrten, geht es um das Gehen selber. Wir wenden unsere Aufmerksamkeit unseren Füßen zu, wir fühlen die Bewegung des ganzen Körpers, ein Fuß vor den anderen ..., wir spüren die Verlagerung des Gewichts usw. Am Anfang kann Langeweile aufkommen, mit zunehmender Aufmerksamkeit wächst eine innere Präsenz und Harmonie.
Am Berg Hiei in Kyoto gibt es ein buddhistisches Kloster, in dem man lange meditative Kurse im Gehen macht. Dreißig Kilometer geht man täglich, und gegen Ende der Übungszeit wird die Kilometerzahl erheblich gesteigert. Erschöpfung wird als willkommene Hilfe im Geschehen angesehen, weil dann auch der Geist zu müde ist, herumzuwandern. Die Übung hilft vor allem jedem, der Angst hat vor dem stillen Sitzen oder vor der Einsamkeit. Auf der Wallfahrt eingeübt, begleitet sie uns dann auch durch den Alltag daheim, wenn wir zum Bus gehen, zur Arbeit, zum Einkaufen. Wir haben plötzlich viel Zeit zur kontemplativen Übung. Die Wallfahrt ist eine wunderbare Gelegenheit, das einzuüben. Nach einiger Zeit merken wir, daß die Übung etwas mit uns macht, daß sie uns zentriert, beruhigt, entspannt, harmonisiert und verinnerlicht, zur Ruhe bringt, zu uns selber und zu Gott.

Die neunte Gebetsweise des hl. Dominikus. Codex Rossianus 3, fol. 150. Vatikanische Bibliothek.

Wie sollen wir gehen?

Wir haben gehen zu lernen, wie Beppo Straßenkehrer in Michael Endes Buch »Momo« die Straße fegt: Besenstrich für Besenstrich, ohne zu hasten oder ständig auf das Ende der Straße zu schauen in der Erwartung, daß man bald dort ist. Immer nur einen Schritt. Da ist vorher keiner und nachher keiner. Da ist nur das Jetzt dieses Schrittes, der zum Jetzt selber wird. Er ist der erste und letzte zugleich.

Kontemplatives Gehen ist ein Zurücknehmen der äußeren Wahrnehmung zugunsten der inneren. Ich bin ganz bei mir. Ich erfahre jeden Schritt von innen. Nur dieser Schritt. Und immer wieder »nur dieser Schritt«. Natürlich möchte unser Verstand ausweichen. Es wird ihm langweilig. So wie man beim kontemplativen Sitzen auf den Atem achtet, achtet man hier nur auf den Schritt. Gehen wird zur kontemplativen Übung.

So ein Gehen kann man nicht »machen«. Man kann sich nur darin üben und hoffen, daß es diese tiefe Erfahrung bringt. Es braucht Zeit, und die Wallfahrt bringt uns Zeit und Gelegenheit. Im kontemplativen Gehen erfüllt sich ihr tiefer Sinn. Wallfahrt ist Kontemplation oder sie wird zum Tourismus.

Gehen ist Gebet

Wir müssen nicht noch etwas zum Gehen hinzufügen. Wer eins werden kann mit diesem Schritt, kann eins werden mit Gott. So wie derjenige, der eins werden kann mit dem Wort »Jesus«, eine Öffnung seines Bewußtseins erfahren kann, erfährt auch derjenige, der wirklich eins werden kann mit seinem Schritt, eine mystische Öffnung seines Bewußtseins.

Gott geht als Mensch, in meinem Menschsein über diese Erde, durch diese Zeit. Im Gehen praktizieren wir Gott, demonstrieren wir Gott, leben wir Gott aus. Gott vollzieht sich in unserem Gehen. Es ist nicht länger unser Gehen, es ist Gottes Gehen. Gott erscheint auf dieser Erde in unserem Gehen. So trägt das Gehen seinen tiefsten Sinn in sich selbst. So wird unser Leben zu einer heiligen Pilgerreise.

Es wird erst »mein Gehen«, wenn ich es verzwecke, wenn ich ankommen will, wenn ich den Weg hinter mich bringen will. Dann manipulieren wir das Gehen. Wir suchen nicht mehr Gott darin, sondern machen etwas daraus. Wenn wir Gott darin erfahren wollen, »lassen« wir es gehen. Nicht im Ankommen ist Gott, er ist im Schritt, in diesem einen Schritt. Gott gibt uns nicht ewiges Leben vielleicht morgen oder übermorgen, wenn wird dort sind, er kann Leben nicht zurückhalten, er lebt dieses Leben in jedem Schritt, den wir tun. Er lebt es auch in unserem Leid, in unserer Heimatlosigkeit, in unseren Ängsten und in unseren verzweifelten Stunden.

Das führt zu einem ganz neuen Gottesverständnis, nicht einem, das uns jemand vermittelt hat, sondern einem, das wir selber er-gangen und er-fahren haben. Gehen wird zur Einübung in eine echte Lebensspiritualität. Wenn wir so wallfahrten, üben wir unseren Alltag ein. Denn so sollen wir nicht nur gehen, sondern stehen, essen, trinken, uns freuen und leiden. Angelus Silesius dichtet: »Gott tut im Heil'gen selbst all's, was der Heil'ge tut. Gott geht, steht, liegt, schläft, wacht, ißt, trinkt, hat guten Mut«. So und nur so wird unser Leben zum immerwährenden Gebet. Das ist das Geheimnis des Weges, das sich dem erschließt, der um des Gehens willen geht. Gehen ist der einfachste Weg, Wachheit in unser tägliches Leben zu bringen.

Für die meisten Menschen existiert der Körper vollkommen unabhängig von ihrem tiefsten Wesen. Andere vernachlässigen ihn ganz bewußt. Manchen scheint er sogar ein zu überwindendes materielles Äußeres, ja ein Hindernis zu sein. In Wirklichkeit kann der Körper zum Weg nach innen werden. Er ist ein Produkt unseres Geistes und steht in enger Verbindung mit ihm. Unser Geist schuf sich einen Körper, in dem er sich ausdrücken kann. Unser Körper bildet mit dem Geist eine Einheit. Er ist gleichsam materialisiertes Bewußtsein. Wir modifizieren ihn in jedem Augenblick durch unsere Taten, Gedanken und Vorstellungen. Das Gehen beruhigt, führt nach innen zu uns selbst und verwandelt uns.

Menschen erzählen mir immer wieder, daß sie beim Jogging eine tiefe Gotteserfahrung hatten. »Eines frühen Morgens ging ich joggen, und anstatt des Rosenkranzes, den ich gewöhnlich betete, rannte ich einfach. Ich kam in die Präsenz dessen, was ist, und war überwältigt von Seiner Gegenwart in allen Dingen. Jeder Klang und jeder Augenblick, jedes Blatt und das Pflaster unter meinen Füßen waren mit göttlichem Leben erfüllt. Jedes Ding war Er. Ich war allen Dingen verbunden. Die Erfahrung dauerte durch den ganzen Lauf, und noch tagelang war ich von Seinem Überallsein überwältigt.«

Jemand anderes schrieb mir: »Das Gehen des Weges gleicht mehr einem Gezogenwerden. Es gilt, selber nicht einmal e i n e n Schritt zu tun. ›Sich gehen lassen‹ – wie leicht klingt das, wie schwer ist das! ... es betet innen, es atmet innen ... es geht innen. Ich merke: ich selbst muß gar nichts leisten. Ich bin nur der Stoff, aus dem Leben vollzogen wird – der Faden, aus dem der kosmische Teppich gewebt wird. Diese Dimension von Leben ist weder einsehbar noch ergründbar – nur entdeckbar und erfahrbar, jenseits aller Gründe. Du selbst wirst aufgeschlossen für diesen Grund; du bringst nichts dafür auf – außer daß du alles wegläßt und nichts durch dein Tun hinzufügst. Nicht einmal das Weglassen geschieht willentlich, es ist ein Über-sich-ergehen-Lassen, ein Geschehen, das du weder herbeiführen noch verhindern kannst, nur wahrnimmst, zuläßt, ›erleidest‹.«

Alle Sinne öffnen sich

Man darf beim Gehen auch schauen. Aber das Schauen hat einen ganz anderen Charakter. Das äußere Hinsehen ist gleichsam nur der Anker, an dem sich das Auge anbindet. Wenn man mit dem Gewahrsein ganz offen ist, sieht man alles, auch das, was nicht direkt im Blickwinkel liegt. Der Wille ist ganz entspannt. Das Bewußtsein ist zwar an etwas festgemacht, aber dieses Etwas wird nicht fixiert. Man nimmt auch den Vordergrund und Hintergrund in sich auf.

Castaneda berichtet von seiner Unterweisung im Gehen. Er läßt Don Juan sprechen: »Am Anfang unserer Verbindung hatte Don Juan mir noch eine weitere Technik geschildert. Sie bestand darin, lange Strecken zu wandern, ohne den Blick auf irgend etwas zu konzentrieren. Er hatte mir empfohlen, nichts direkt anzusehen, sondern mit den Augen leicht einwärts zu schielen, um alles, was sich dem Blick darbot, peripher im Aug zu behalten. Er hatte auch behauptet – auch wenn ich es damals nicht verstand –, daß es möglich sei, beinahe alles gleichzeitig wahrzunehmen, was in einem Winkel von 180 Grad vor einem liegt, wenn man den Blick,

ohne zu zentrieren, auf einen Punkt über dem Horizont richte. Er hatte mir beteuert, diese Übung sei das einzige Mittel, um den inneren Dialog abzustellen« (Castaneda, Der Ring der Kraft, S. 20).
Je weicher die Wahrnehmung, desto weiter die Wahrnehmung. Sie wird zum Schauen, Hören und Spüren. Entspannung kehrt ein. Die Übung des Gehens ähnelt der Übung mit dem Atem. Damit unsere Gedanken nicht von einem zum anderen springen, heften wir unser Bewußtsein an den Atem. Damit unsere Augen nicht von einem Objekt zum anderen springen, heften wir sie an eine einzige sichtbare Sache, ohne sie zu fixieren. Auf nichts stellen wir sie scharf ein. Nichts ist besonders wichtig. Wir schauen nirgends hin und sehen alles. Was wie eine Augengymnastik aussieht, ist in Wirklichkeit eine intensive geistige Sammlung. Damit wir bei uns bleiben, heften wir unser Bewußtsein ans Gehen. Dieser Schritt, sonst nichts. Und immer wieder: Dieser Schritt. Das hilft uns, selbst inmitten größter Aufregung Ruhe zu bewahren, und der Weg wird kurz.

Zusammenfassend läßt sich sagen, daß die meditative Bewegung zu allen esoterischen Wegen gehört, ob es der Tanz bei den Sufis ist, das Kinhin im Zen, das Schreiten in der christlichen Prozession oder die Erfahrung des Körpers im Hatha Yoga. Der Leib wird zur Brücke nach innen.

Pilgern – Das Herzensgebet als innerer Weg

Emmanuel Jungclaussen

Wenn wir Pilgern als »kontemplative Übung« auffassen, müssen wir nicht unbedingt noch etwas zum Gehen hinzufügen. Wer innerlich gesammelt eins werden kann mit jedem Schritt, ist auf dem Weg, eins zu werden mit Gott. Ähnlich wie derjenige, der eins werden kann mit dem Wort »Jesus«, eine mystische Öffnung seines Bewußtseins gnadenhaft zu erfahren vermag, so erfährt unter Umständen auch derjenige, der wirklich eins werden kann mit seinem Schritt, eine Öffnung seines Bewußtseins hin zu einem Einswerden in einem umfassenderen Sinn.

Wir können aber dem Gehen etwas hinzufügen. Dieses »etwas« kann z. B. das Herzensgebet, das Jesus-Gebet sein. Wenn hier über das Jesus-Gebet als innerer Weg gesprochen werden soll, einem inneren Weg, den heute nicht nur orthodoxe Christen gehen, sondern den in immer stärkerem Maße auch abendländische Christen, Katholiken wie Protestanten, beschreiten, dann muß zuallererst auf jenes Buch verwiesen werden, das für viele Suchende im Westen zur ersten Einübung ins Jesus-Gebet wurde. Das Buch erschien 1884 in der russischen Stadt Kazan mit dem Titel »Aufrichtige Erzählungen eines Pilgers, seinem geistlichen Vater mitgeteilt«; so der deutsche Titel des Buches[1], das in zahlreiche europäische und außereuropäische Sprachen übersetzt wurde und mittlerweile die Welt erobert hat. In den meisten Ausgaben gilt 1884 als das eigentliche Erscheinungsjahr. Die Ausgabe dieses Jahres aber war, wie wir heute wissen, bereits die dritte Auflage. Den schwierigen Fragen sowohl nach dem Verfasser wie auch nach der äußerst komplizierten Redaktionsgeschichte der beiden früheren Auflagen 1881 und 1870 (?) soll hier nicht weiter nachgegangen werden. So viel scheint sicher zu sein, daß die Ausgabe von 1884, die allen heutigen Ausgaben und Übersetzungen zugrunde liegt, von dem großen russischen Starez Bischof Theophan dem Klausner (1815–1894) redigiert wurde. Bei dem 1911 in Moskau ebenfalls anonym erschienenen zweiten Teil haben die Erzählungen bzw. »Begegnungen« einen mehr lehrhaften Charakter; so sollen die im ersten Teil aufgeworfenen Fragen vertieft werden. Die im ersten Teil berichteten Ereignisse lassen sich etwa in die Jahre zwischen 1853 und 1861 einordnen.

Worin liegt der Erfolg oder, besser gesagt, das Geheimnis dieses Buches? Zunächst ist es das Buch selbst, das eine starke Anziehungskraft ausübt, weil es sich weithin um einen lebendigen, anschaulichen – und mitunter spannenden – geistlichen Erlebnisbericht handelt.

Ein unbekannter Mann aus dem Volk, eben dieser Pilger, erzählt, wie er einmal in der Kirche beim Gottesdienst das Wort des heiligen Paulus hört: »Betet ohne Unterlaß!« (1 Thess 5,17). Dieses Wort läßt ihm keine Ruhe, bis er nach langem Suchen in einer Einsiedelei einen geistlichen Vater, auf russisch »Starez« genannt, findet, der ihm zu einem tieferen Verständnis dieses Wortes verhilft. Er unterweist ihn im Jesus-Gebet. Das Jesus-Gebet verwandelt das Leben des Pilgers von Grund auf. Er berichtet von einer Fülle beglückender geistlicher, wenn man so will, mystischer Erfahrungen, aber auch von inneren und äußeren Schwierigkeiten, die er jedoch mit Hilfe des Jesus-Gebets meistert.

Darüber hinaus lesen wir von zahlreichen Begegnungen mit suchenden Menschen, die der Pilger nun seinerseits mit dem Jesus-Gebet vertraut macht. Er selbst darf von Menschen, die mit dem Jesus-Gebet tiefere Erfahrungen gemacht haben, und das sind keineswegs nur Mönche, Bestärkung auf seinem inneren Weg erfahren. Das alles rechtfertigt jedoch nur zum Teil den Erfolg des Buches. Dieser beruht wohl überwiegend auf der Tatsache, daß das Buch gerade in unseren Tagen von vielen Menschen als eine Antwort empfunden wird, und zwar genau auf die Frage, die sie bewegt: wie nämlich trotz der Belastungen und der Beanspruchung durch die Lebensformen unserer Gesellschaft noch ein Weg zur Verinnerlichung gangbar sei. Für viele, die meinten, im heutigen Christentum einen solchen Weg zur Verinnerlichung nicht mehr finden zu können und die zum Teil deswegen schon in engeren Kontakt mit einer jener zahlreichen Meditationsbewegungen getreten waren, die außerhalb des Christentums ihren Ursprung haben, wurden deshalb die »Aufrichtigen Erzählungen eines russischen Pilgers« zu einer Entdeckung; freilich zu einer, mit der richtig umzugehen gar nicht so leicht ist.

Das Jesus-Gebet ist ja zunächst eine, wie es scheint, sehr einfache Gebetsmethode. Der Starez erklärt sie dem Pilger folgendermaßen: »Das unablässige innerliche Jesus-Gebet ist das ununterbrochene, unaufhörliche Anrufen des göttlichen Namens Jesu Christi mit den Lippen, mit dem Geist und mit dem Herzen, wobei man sich seine ständige Anwesenheit vorstellt (das heißt bewußt macht) und ihn um sein Erbarmen bittet, bei jeglichem Tun, allerorts, zu jeder Zeit, sogar im Schlaf. Es findet seinen Ausdruck in folgenden Worten:

›Herr Jesus Christus, erbarme dich meiner!‹ Wenn sich nun einer an diese Anrufung gewöhnt, so wird er einen großen Trost erfahren und das Bedürfnis haben, immer dieses Gebet zu verrichten, derart, daß er ohne das Gebet gar nicht mehr leben kann, und es wird ganz von selbst aus ihm hervorströmen.«[1]

Diese kurze Anweisung läßt schon erkennen, daß das Jesus-Gebet weit mehr ist als eine bloße Methode. Es ist letztlich eine ganz bestimmte Art und Weise, das Evangelium zu leben, oder, wie man heute sagt, eine ganz bestimmte Form christlicher Spiritualität: ein innerer Weg. Das wird besonders in der Belehrung des zweiten Teils der Erzählungen des Pilgers über »Das Christenleben, welches im Gebet beschlossen liegt«[1] deutlich.

Was uns durch den Pilger übermittelt und interpretiert wird[2], hat eine Geschichte von anderthalb Jahrtausenden. Die Anfänge der Spiritualität des Jesus-Gebetes treten schon im frühen ägyptischen Mönchtum zutage; sie findet später auf dem Berg Athos ihre weitere praktische Ausformung und genaue theologische Begründung, vor allem in der ersten Hälfte des 14. Jahrhunderts. Schon früh nach Rußland gelangt, erlebt die Spiritualität des Jesus-Gebetes dort ihre eigentliche Blütezeit im 19. Jahrhundert, und zwar zusammen mit einer Blütezeit des russischen Starzentums; beides ist initiiert durch die sogenannte »Philokalie«[3], zu deutsch »Tugendliebe«, die in den »Aufrichtigen Erzählungen« immer wieder genannt wird. Dieses Buch ist ein Sammelwerk von verschiedenen kirchlichen Schriftstellern des Ostens vom 3. bis zum 14. Jahrhundert. Es handelt sich um Texte, die sich alle in irgend einer Weise auf das Jesus-Gebet beziehen. Die »Philokalie« wurde 1792 erstmalig auf Griechisch durch den Mönch Nikodemos vom Berge Athos in Venedig herausgegeben. Der Pilger benutzte eine kirchenslawische Übersetzung. Da dieses umfangreiche Werk zum Verständnis der Spiritualität des Jesus-Gebetes und der orthodoxen Kirche überhaupt unentbehrlich ist, sind mittlerweile große Teile daraus in westliche Sprachen übersetzt worden, einige auch ins Deutsche.[3] Der Starez sagt über die »Philokalie« zum Pilger: »So hoch steht dieses Buch und so nützlich ist es, daß es als der vornehmste und erste Lehrmeister im beschaulichen geistlichen Leben gilt.«

Der Hinweis auf den Lehrmeister führt uns zur Beantwortung oft gestellter Fragen: Wie kann ich das Jesus-Gebet erlernen? Ist ein lebender Lehrmeister, ein Starez, unbedingt notwendig, wie so oft behauptet wird? Wir sehen beim Pilger, daß er nur am Anfang einen solchen hatte; denn sein Starez stirbt bald. Danach ist es in erster Linie die Bibel, die ihm zusammen mit der »Philokalie« Führung und Geleit gibt. Hinzu kommen jene Hilfen, die er in der Gemeinschaft der Kirche erfährt, d. h. durch Gottesdienste und geistlichen Austausch in Gesprächen mit Glaubensgefährten. Wer das Jesus-Gebet wie der russische Pilger unterwegs auf seinem eigenen Pilgerweg üben möchte, möge sich zunächst die Ratschläge derjenigen, die diesen Weg durch die Jahrhunderte schon vor ihm gegangen sind, anschauen[4] und berücksichtigen, daß die großen Meister – nicht nur des Christentums – für diesen Weg der Übung immer wieder betont haben und auch heute immer noch betonen: richtige Motivation, Geduld und Disziplin. Wer einen weiten Pilgerweg zu gehen hat, läuft nicht; er versucht nicht, Stufen seiner Entwicklung zu überspringen, sondern er schreitet geduldig, ohne Hast und ohne falschen Ehrgeiz, Stufe für Stufe, Schritt für Schritt voran, so wie auf dem Weg der großen Sehnsucht nach Santiago de Compostela.

Anmerkungen

[1] E. Jungclaussen (Hrsg.), Aufrichtige Erzählungen eines russischen Pilgers, Freiburg 1989.

[2] S. Bulgakov, L'Orthodoxie, Lausanne 1990; vgl. dazu die Ausführungen in: H. Le Saux, Die Gegenwart Gottes erfahren, Mainz 1980, S. 83–93.

[3] J. Gouillard (Hg.), Kleine Philakolie zum Gebet des Herzens, Zürich 1957; Kleine Philakolie. Belehrungen der Mönchsväter der Ostkirche über das Gebet. Ausgewählt und übersetzt von M. Dietz, eingeleitet von I. Smolitsch, Zürich 1988; Byzantinische Mystik. Ein Textbuch aus der Philokalie, Band I. Das Erbe der Mönchsväter. Ausgewählt und übersetzt von K. Dahme, Salzburg 1989.

[4] G. Wunderle, Zur Psychologie des Hesychastischen Gebets, in: Das östliche Christentum, Heft 2, Würzburg 1947, S. 1–62; A. Selawry, Voraussetzungen zum immerwährenden Herzensgebet. Ein meditativer Weg, in: U. v. Mangoldt (Hrsg.), Wege der Meditation heute, Weilheim 1970, S. 189–205; Schule des Herzensgebetes, Die Weisheit des Starez Theophan, übersetzt von F. Buchheim mit einer Einführung von J. Sudbrack, Salzburg 1985; J. Lafrance, Das Herzensgebet. Schriften zur Kontemplation, Band 5, Münsterschwarzach 1988; K. Ware/E. Jungclaussen, Hinführung zum Herzensgebet. Freiburg 1988; Schimmonach Ilarion, Auf den Bergen des Kaukasus. Gespräche zweier Einsiedler über das Jesus-Gebet, Salzburg 1991. C. Schütz (Hrsg.), in: Praktisches Lexikon der Spiritualität, Jesus-Gebet, Freiburg 1988, S. 672–677; E. Jungclaussen, Das Jesus-Gebet als innerer Weg – heute, in: J. Thomassen (Hrsg.), Christliche Spiritualität für unsere Zeit. Gestalten, Meditationsweisen, Lebensformen, Würzburg 1991, S. 159–167.

Bildnachweise

S. 9: Hundertwasser. (224) DER GROSSE WEG, St. Mandé/Seine, 1955 © 1992 Harel, Wien.
S. 10, 11, 14, 16, 19, 26, 32, 37 unten links und rechts, 38 unten links, 43, 46, 47, 48, 58, 59, 60, 61, 72, 74, 75, 76, 79, 81, 82, 91, 92, 95, 97, 100, 104, 106, 108, 113: Manfred Zentgraf, Volkach.
S. 22, 78, 88: Elisabet Petersen, Würzburg.
S. 23, 52: Hans Heer, Würzburg.
S. 24: Stadtarchiv Rothenburg o. d. T. Foto: Merz Reichsstadtmuseum.
S. 31, 40: Diözese Würzburg.
S. 37 oben: Hauptstaatsarchiv Stuttgart.
S. 38 oben: Skulpturengalerie. Staatliche Museen Preußischer Kulturbesitz, Berlin (West). Foto: Rudolf Nagel, Frankfurt.
S. 38 unten rechts, 45, 77: Germanisches Nationalmuseum, Nürnberg.
S. 51: Stadtarchiv Würzburg.
S. 56: aus: P. Stephan Fridolin SJR, Der Schatzbehalter. Nach der Originalausgabe von Anton Koberger, Nürnberg. Text und Bildbeschreibungen von Richard Bellm, Wiesbaden 1962, V3v.
S. 65, 73: Mainfränkisches Museum, Würzburg.
S. 67 oben links und rechts, unten links: Helga Schmidt-Glasner, Stuttgart.
S. 67 unten rechts, 68: Bischöfliches Bauamt Würzburg.
S. 70: Galleria degli Uffizi, Florenz.
S. 71: FZB-Ateliers Würzburg/Gerchsheim. Foto: Eberhard Zwicker.
S. 89: Wolfgang O. Hugo, Würzburg.
S. 105: Detlef Willand.
S. 123: Biblioteca Apostolica Vaticana.

Orte der Jakobusverehrung

In Klammern steht der Verweis auf die Abbildungen

Abenberg 39
Adelsheim 39
Allersberg 39
Amorbach 25, 32
Ansbach 23, 32, 46
Aschaffenburg 31, 63
Auerbach 23, 39
Bad Kissingen 26, 64, (92)
Bamberg 21 ff., (22), 32 f., 36, 41, 49, 56, 59, 63, (88), (89)
Baunach 43, (92), 46, 60
Billigheim 32
Bronnbach 26
Brück 60
Burgwindheim 39
Coburg 49, 58
Creussen (26), 26, 39, 60, 64, 73, (73)
Dettelbach 49
Dollnstein 39
Ebing 39, 58
Eckartshausen 71 f., (95)
Effeldorf (43), 60, (81)
Eibelstadt 49
Elbersberg 39, (43), 58, 60
Elbersroth 39
Enchenreuth 39
Etzelskirchen 26, 39
Fischbach 59, (81), 61
Frickenhausen (10), 74
Fulda 22 f.
Gadheim 59, (59), 60, 70
Gaukönigshofen 39
Geiselwind 40
Geroldsgrün 28, 39
Greding 39
Großburschla 21

Großlangheim 39, 61, 70f., (82)
Guttenberg 39
Hafenlohr 39
Hafenpreppach 39
Hamberg 39
Heilbronn 49
Heng-Postbauer 39
Herrnsdorf 39, 60, (82), 61, 71f.
Hilpoltstein 39
Himmelstadt 39
Hof 39, 46, 49
Hohenberg (43), 49, (113)
Hollstadt 74
Hünfeld 26
Impfingen 49
Ittelhofen 39
Karlstadt 49, 61, 70f., (71), 74, (76)
Kirchahorn 39
Kirchrüsselbach 39
Kirchschönbach 60, (61)
Kleinrheinfeld 61, 72, (82)
Kleinschwarzenlohe (38), 63
Köhler 71
Königsfeld 26, 39, 59, 62, (92)
Kronach 61, (82)
Küps 39
Lauda 39
Leidersbach 39, (43), (49)
Lengfurt 39, 60f., (81)
Leutenbach 39
Lichtenfels 39
Machtilshausen (95)
Markt Bibart 39
Marktschorgast 39, 59
Michelfeld 22f.
Miltenberg 39, (43), 49
Mitwitz 39
Modlos 40
Mömlingen 74, (74)
Münchberg 49
Münsterschwarzach 22, 32

Neudrossenfeld 39, 63
Neustadt/Main 50
Neustetten 49
Niedermirsberg 39
Nußbühl 39
Nürnberg 25, 33f., 36, (38), 39, (45), 46, 77
Oberbuchfeld 39
Obersinn 60, (61)
Oberwildflecken 40
Ochsenfurt 61
Ornbau 39, 43, 79, (79)
Pflochsbach (46)
Poppenhausen (37), 74
Prichsenstadt 46, 63
Rothenburg (24), 25, (38), (47), (48), 50, 64ff.
Röthlein (32), (43), 63, (91)
Rugendorf 39
Schimborn 11, (11), 12
Schraudenbach 72, (72)
Schwäbisch Hall 25
Schweinfurt 54
Sindelbach 39, 49
Tagmersheim 39
Teuchatz 39
Thurndorf 39
Tschirn 39
Urphar (26), 26f., (37), (57), 58, 65
Üchtelhausen (43), 63, (91)
Vasbühl 73, (82)
Versbach 39
Viereth 39, (43), 63
Waigolshausen 72
Weichtungen 59, (60), 61
Wiesenbronn 56
Wimpfen 49
Windsheim 69
Winnenden 64
Würgau 39
Würzburg 21ff., (23), 30ff., (37), 41, 49, 59, 60, 63, 65ff., (67), (68), (75)
Würzburg-Heidingsfeld 49, 50ff., (52)